U0330085

大夏书系——《中国教育报》四十年文存精选

变革与创新

通向更美好的教育

丛书总策划 范绪锋
总主编 周飞
副总主编 张圣华 蔡继乐 张国华
主编 张晨
副主编 赵秀红 武文君 赵岩

华东师范大学出版社
·上海·

图书在版编目（CIP）数据

变革与创新：通向更美好的教育 / 张晨主编；赵秀红，武文君，赵岩副主编.
—上海：华东师范大学出版社，2024
（《中国教育报》四十年文存精选）
ISBN 978-7-5760-5015-8

I. ①变… II. ①张… ②赵… ③武… ④赵… III. ①教育—中国—文集 IV. ① G52-53

中国国家版本馆 CIP 数据核字（2024）第 101218 号

大夏书系 | 《中国教育报》四十年文存精选

变革与创新：通向更美好的教育

主　　编　　张　晨
副 主 编　　赵秀红　武文君　赵　岩
策划编辑　　李永梅　卢风保
责任编辑　　卢风保　潘琼阁
责任校对　　杨　坤
装帧设计　　奇文云海 · 设计顾问

出版发行　　华东师范大学出版社
社　　址　　上海市中山北路 3663 号　邮编 200062
网　　址　　www.ecnupress.com.cn
电　　话　　021-60821666　行政传真 021-62572105
客服电话　　021-62865537
邮购电话　　021-62869887
地　　址　　上海市中山北路 3663 号华东师范大学校内先锋路口
网　　店　　http://hdsdcbs.tmall.com/

印 刷 者　　北京密兴印刷有限公司
开　　本　　700 × 1000　16 开
印　　张　　20.5
字　　数　　303 千字
版　　次　　2024 年 7 月第一版
印　　次　　2024 年 7 月第一次
印　　数　　5 100
书　　号　　ISBN 978-7-5760-5015-8
定　　价　　82.00 元

出 版 人　　王　焰

目 录 c o n t e n t s

第一辑 探寻素质教育的真谛

第二辑 全面落实立德树人根本任务

第三辑 基础教育走向公平优质均衡

第四辑　加快构建现代职业教育体系

第五辑　高等教育从大众化迈入普及化

第六辑　教育领域综合改革全面深化

第一辑

探寻素质教育的真谛

咬定青山不放松
——湖南汨罗市大面积推行素质教育的探索

本报[①]记者·苏婷

1996年5月11日，到湖南考察工作的国务院副总理李岚清专程从长沙来到百里外的汨罗市，考察这里大面积推行了12年的素质教育情况。李副总理走进这里的乡间小学和一中的教室，听了课，看了普通高中学生动手修理自行车，了解这里的教师们在教育教学中是怎样培养学生能力的。在听取了全面的汇报后，李岚清同志高兴地说，汨罗可贵之处是在整个社会的大环境还没有创造出来时，他们就自己创造条件，大面积推行素质教育，创造出了宝贵的经验。李岚清同志充分肯定了汨罗的做法，并指示要逐步在全国推广汨罗经验。

建造教育立交桥

1984年，全国性的片面追求升学率冲击着基础教育，浩浩荡荡的千军万马争挤高考独木桥。于是，考不上高中、大学，就要重新“回炉”复读，直到目的达成，因为“只有上了大学才是人才”。

就在这时，汨罗市教委毅然做出一个着实有些惊人的决策：在全市范围内对重复教育、班级学额、学生年度留级率全面进行整顿控制，实行单方面“裁军”！

汨罗的“裁军”自有道理。我国教育的特点之一，就是以相对有限的经费支撑着世界上最庞大的事业之一。然而重复教育、扩大班级学额、人为的

---

① 即《中国教育报》，下同。

高留级率这样一个恶性循环系统，恰恰是在无休止地浪费有限的教育资源。同时，在升学重压下，挤独木桥的学生很难全面和谐地发展，这又在更大的范围里，造成人才质量的扭曲，陷入更广意义上的恶性循环，这是背离教育方针的恶性循环。

汨罗的“三控制”就是在这恶性循环系统上选定的一个突破口。谁都明白，这是涉及社会方方面面切身利益的事情，打这样的战役有怎样的难度。铁了心搞改革，而且不惜以自己“丢官”为代价的汨罗教育界第一把手黄泽南带领他的一队人马就以硬碰硬了。

1986年秋季开学，汨罗打了一次全面控制重复教育的攻坚战：召开全市乡镇教育办主任、初中校长会，动员他们自报自己单位的清退情况。这一报就报出了有名单的600多名复读生，按要求全部清退掉！再把初中校长、教导主任请来，再自报一次，又有200多人被清退；教育局搞一次全面大检查，又查出100多号；最后再到“有疑点”的乡镇“剃了一次头”。几个回合下来，共清退了1112名复读生，同时有多名乡教育办主任、校长、教导主任因为“顶着不办”受到严肃处分。这次硬仗打下来，以及紧紧跟上的严格的学籍管理，“三控制”目标在1987年如期实现了。从那时起，汨罗的普通高中班额控制在50人，初中和小学55人。当时难度最大的市一中，从1984年到1992年，班额一直没有突破50人，有的班甚至不满额。到1990年，全市普通高中留级率仅1%，义务教育阶段没有人留级。

“三控制”的目的，是要为大面积实施素质教育铺平道路。说超前意识也好，说胆识勇气也好，汨罗从1984年起就开始比较自觉地探索全面贯彻教育方针、全面提高教育质量的途径。几乎是在抓“三控制”的同时，汨罗的改革者就在勾画着一座教育“立交桥”的蓝图，给初中毕业生开辟一条高考之外的新路——堵与疏双管齐下：不让千军万马去挤独木桥，就要让这支队伍合理分流，这是从宏观上为实施素质教育创造优化的教育环境和氛围。

也是1984年，县教委做出决定，将当时条件最好、已有45年办学历史的汨罗二中改制，创办成县第一职业高中（1989年改为市职业中专学校）。这一动，非同小可。当地的老百姓和基层干部不理解甚至很不满，形成了多种压力。黄泽南和他领导的教育局态度非常坚定：这件事就要这样做，而且“打一面旗帜，脚不踩两只船”。现在，这所风景如画的职业学校办有工民建预算决算、牧种养殖、农村家庭经营、家用电器维修、服装制作等专业，近两年又根据需要创办了农村后备干部班和国防预备役专业等，去年被确定为首批国家级重点职业中专。这里先后走出了 3000 多名毕业生，有的成为经理、厂长，有 800 多人成为乡村干部或科技示范户、致富能手。

继改二中为职校后，汨罗全市又新征土地、新建校舍，与相关部门联合办起了财贸、卫生、工业方面的 3 所职业高中。到 1990 年，职业学校的毕业生大多成为农村致富的带头人，其中 90% 回到了农村。

表面上看是分流的问题，实际上深层却是人们教育观念的转变——学了文化技术就可以奔小康，不光考上大学才有出息，他们不再挤高考独木桥，主动走上立交桥。

动真的、硬的、实的

在汨罗，素质教育的目标不是号召与口号，它已被教育领导者变成每所学校、每个教师的教育行为，同时靠真的、硬的、实的措施保证教育行为到位。

汨罗素质教育的总目标被分解成“四个面向”：面向每一类教育，面向每一所学校，面向每一个学生，面向学生的每一个方面。

上面我们的话题已经涉及第一个“面向”，在落实其他几个“面向”时，汨罗同样是动了“真的、硬的、实的”。

面向每一所学校。汨罗的素质教育开始之初，小学和初中都已经不设重点校、重点班了，高中怎么办?

让我们从汨罗一中的与众不同处来看看汨罗搞素质教育的决心。

一中，在各地、县、市都是“宝贝疙瘩”。因为，几乎所有的一中都被“重点包装”了：办学条件最好、师资最好、生源最好。这些“最好”加到一起的结果，当然是高升学率。然而与此同时，其他学校由于没有保护性措施而显出“先天不足”加“营养不良”，办学没底气而没人爱来，仅有的好老师和好学生也心系他方。

汨罗的一中以前也有那种优越的地位。可是 1992 年，当“三控制”等各项整治措施取得成果后，改革便“革”到了一中头上。市教育体育局决定，一中不再面向全市择优招生，而只能按计划择优 50%，另外一半是市里按区划给的几个乡的生源。这样，一中减少得天独厚的优势，形成了一种竞争态势，有利于各校开展素质教育。按照“投入产出”的规则，通过核算教育成本核算效益，教育经费投入的重点不再是少数重点学校了。

“面向每一所学校”的生源、师资、经费的兼顾，使各校都有了奔头，教育教学质量都稳步提高，使汨罗在高考中不再有“剃光头”的学校。1992 年和 1993 年，省里根据条件确定向高校保送新生的资格，汨罗的 5 所普高学校全部获得了这种资格，成为全省唯一的“满堂红”县市。

面向每一个学生。搞素质教育就要让每一个应受教育对象进得学校又留得住、学得好，让每一个学生成才。汨罗人用这样一组数字来展示他们在这方面取得的成绩。

小学：人学率 100%，巩固率 99.98%，合格率 98.5%。三率比全省平均水平高出 2.52、1.59 和 12.34 个百分点。

初中：适龄少年进人初中的比率达到 96.3%，学生年度巩固率 97.5%，三年直升率 89.5%，分别高出湖南省平均水平 17.73、4.61 和 15.95 个百分点。

普通高中：巩固率 96%，合格率 99.5%。按全市总人口计算，1995 年汨罗每万人中，就有 16.1 人考人大学，这个数字高出省平均水平一倍以上。

面向每一个学生的“真功”是抓流失生和“差生”。对于前者，汨罗有大面积推行素质教育的保障机制——目标管理中有相应的针对措施，所以出现了一个流生，就会有多位教师、主任、校长、乡教育办主任甚至乡镇长、书记一齐出马劝学。这种刚性管理有效地控制住了流失，像大荆乡三年没有一个学生流失，沙溪乡只流失一个。流失背后的问题除少数学生因特殊困难外，主要是“差生”，很多“差生”就是隐性的流失生。转化“差生”工作相比之下就更难了。我们仍去看看一中，因为“差生”问题正是摆在他们面前的新问题，而转化“差生”又恰恰是他们针对新问题打出的“新牌”。

汨罗一中在探索素质教育的过程中，贯彻了整体优化的思想。在他们的办学模式中，第一条便是构建“不选择学生的教育”。罗校长反复跟全校教师讲，“教育好‘差生’是教师最大的德行，是教师最高水平的体现。我们不能选择适合教育的学生，只能选择适合学生的教育”。学校与教师们签订了转化“差生”的责任制，转化工作要承包到人。“双差生”由大家承包，包括年级党支部、年级组；学习成绩差的，由单科老师负责，承包通过目标管理来实现。学校开展了“差生工程”的设计研究，比如一项“成功五阶梯系列设计”，运用学生喜欢唱的流行歌曲中的词句，贯穿起转化“差生”的过程：“少年壮志不言愁”（唤起觉悟，重塑自我）—“让我一次爱个够”（寻找闪光点，鼓励成功）—“欲说当年好困惑”（从理性上认识自我）—“让梦划向你心海”（发动大家向“差生”献温暖）—“敢问路在何方”（鼓励“差生”在取得成绩的基础上再接再厉）。该校190班许勇同学入校时学习成绩、学习习惯、行为规范都比较差。在学校转化“差生”的“集中攻势”下，经过两年，他的成绩跃为全班第一，他在全校1000多名学生中被提名参加“十佳”竞选，毕业时考入了大学。

汨罗实施素质教育的目标管理中，有一项指标是“三年直升率”。这本身就意味着限制排斥“差生”。所以各学校都必须紧抓此事。“差生工程”就是实施素质教育的主要工程。

在汨罗采访素质教育，所到学校都会向你介绍他们是如何做“差生”转化工作的：每所学校都有相关的计划，包括“差生”名单、差因和转化措施。因为与升学率相比，汨罗的学校更重视合格率。

面向学生的每一方面。素质教育的真谛是使每个学生的潜能得到最大限度的开发和培养，使每个学生都能主动适应未来。合格加特长则是素质教育培养人的目标。汨罗在大面积推行素质教育的过程中，一直强调让学生在德智体等诸方面实现全面发展，并充分发展个性特长。在这一点上，汨罗有真的硬的办法。在目标管理中，他们取消了小学的优秀率这一指标，“优秀”的概念在这里就是合格加特长。比如小学生，只要语文、数学及格，又有一门特长，就可以被评为优秀学生或优秀干部。反过来，如果没有特长，即使语文、数学都考 100 分，也不能被评为优秀。1985 年汨罗就是按这个标准来评优秀学生和优秀干部的。为了把培养特长落到实处，市教体局连续八年举办全市中小学特长生培训班，每年都有 500 人以上参加培训。同时，汨罗在学校日常工作中推出了一项“春笋计划”，口号就是“人人冒尖”。进入 20 世纪 90 年代以来，汨罗参加中考的学生中，每年被省、市认定的特长生占岳阳全市总数的三分之一以上。

搞素质教育，不但要让学生全面发展，还要让他们生动活泼地发展。对于生动活泼，汨罗的同志常说，素质教育不光是搞几节活动课和课外活动，让学生蹦蹦跳跳，真功夫是在课堂上，要让学生学习得生动活泼、轻松愉快。

教师们在教学常规之外要搞教学改革，在进行教育实践的同时要学习教育理论，参加教学竞赛，还要接受教学评价。每年，汨罗的每一位教师都要上一堂课，然后从村到乡到片再到市，层层选拔参加教学竞赛。为了评这一节课，要考察教师的师德、平时教学质量，教师要写一篇科研论文，还要写一篇新近的国内外教改综述。人们告诉我，二中的省优秀教师彭俊成，连续三年在全市教学竞赛中夺得第一名。他来参加教学竞赛，竟是用一副担子挑着两麻袋材料，可见一位教师为了一节课要做多少积累！在汨罗的学校里，我们听课、座谈，老师们津津乐道的是如何改革课堂教学，学习运用先进方法，让学生愿学、会学，从而学得愉快、学得好。

保驾护航的教育督导

在汨罗推行素质教育的 12 年中，教育督导起了保驾护航的作用。督导独特的督政功能，使大面积实施素质教育和为教育发展办实事真正成为各级政府的行为。

督导要督学是无疑的，而汨罗的督导能有效地督政，是因为有了市委、市政府给的“尚方宝剑”，而且列入了人大决议案，所以具有很高的权威性。汨罗几届市委、市政府都在全市大会上宣布，对全市党政教育工作的评估，全权委托教育督导室具体实施。近两年来，市委、市政府政令严禁年终各类检查，但市委书记却在全市大会上提出，由于教育优先发展的战略地位太重要了，唯有教育督导检查可以例外。

说到督政，先要说说汨罗的以量化、刚性为主的双线目标管理。所谓“双线”，一条是对教育系统的目标管理，另一条就是对党政教育工作的目标管理。前者每年由市教体局制定，以“一号文件”形式下发到基层学校并组织实施评估总结；而后者则是以市委组织部、市教体局和市人民政府教育督导室三家名义，下发到全市各乡镇，市委、市政府授权教育督导室组织实施检测评价——这就是“尚方宝剑”了。同时，各乡镇政府还要制订与市级方案接轨的村级教育工作目标管理方案，并组织实施评估。

汨罗经验中重要的一条，是党政一把手抓教育，因为教育本身就是个社会问题。要变应试教育为素质教育，也绝不仅仅是教育内部的事情。实践一再证明，离开了各级党政领导的高度重视和大力支持，要进行这种大面积的、牵动多层面的改革是寸步难行的。而汨罗的一把手们之所以能抓教育，很大程度上是教育督导督促的结果。

在汨罗，无论是每年的督政还是督学，都是各乡镇的大事。乡镇书记、乡镇长都要接待、汇报、陪同，听取教育督导对本单位教育改革和发展的意见。当接待教育督导与其他会议、活动有冲突时，这些“头头脑脑”或者要压掉其他会议、活动，或者向督导人员请假，经批准后才可以另行参加其他会议、活动。督政总结会要求党政主要领导和有关领导、教育部门领导参加，打出评估分数后，由当地一把手认定并签字。对这个评估结果，这些领导都看得很重，因为它既是市委组织部门考察使用干部的依据之一，又是市委宣传部门评选乡镇年度双文明建设先进单位的重要参数，也是教育部门对各乡镇办学水平评价的全部依据。同时，每年度高中招生就按当年督导的结果分配名额，全市年度教育工作会议上要按督导结果表彰先进，而且还要将督导结果打印成册，通报全市。

高权威、大威力的督政，确实发挥了教育行政部门不能替代的作用。比如，控制流失生写进了干部年度目标管理责任制。每学期开学后，乡镇主要领导挂帅亲征，和乡司法所干部一道组成一个班子，专做这件事。如果家长不送孩子上学，就要把孩子的家长请来学《中华人民共和国教育法》，直到孩子进学校。这样形成了政府、学校、家庭、社会全方位“控流”的立体网络，使控制流失生真正成为政府行为。再比如，教育投入、办学条件都是党政干部教育工作目标管理方案中的一级指标。督政时，要查投入，看学校“六配套”情况，督促党政领导自觉、不断地抓好这件大事。大家“竞赛”的结果，是近三年，全市52所高、初中新建了12个400米标准运动场，沙溪等乡镇全部实现了校舍楼房化……

汨罗的督导通过督学工作，不断提高了素质教育的实施水平。在对学校的督导评估中，用“五查五看”的方法，引导和督促学校贯彻“两全”：查课表，看学校是否按委颁（国家教委颁布）课程计划开课；查年级工作计划、总结和奖惩记载，看学校德育工作是否到位；查教案、课后小结，看和谐发展是否落到了实处；查活动记录，看学生是否百分之百参与；查考评结果，看学校贯彻“两全”是否形成了运行机制。再通过另一个“五查五看”，引导学校向标准加特色、合格加特长努力，促进中小学办学上水平、学生培养上层次：查教改课题记载，看专项改革是否进行了两轮以上实验；查改革基础，看是否在全面发展前提下抓特色特长；查学生参加活动的普及面，看专项改革是否形成规模、气候；查教改成果，看是否得到了主管部门的承认和学生中具有特长的人才是否辈出；查专项改革的远景规划，看这项改革的生命力如何。十几年来，汨罗在推行素质教育过程中涌现了一大批具有办学特色的学校，他们曾多次在全国性会议上介绍经验。

当然，搞素质教育离不开大批优秀的校长、精良的教师队伍、一系列教学改革等。由于汨罗改革的触角伸向了教育的里里外外、方方面面，这里限于篇幅，不能详尽介绍了。

区域性、大面积推行素质教育，需要形成“规模效应”。汨罗的各项改革措施正是因为产生了这种效应，所以取得了令人瞩目的成绩。

素质教育的自然结果应该是高质量。1984年底，汨罗就成为全省第二个普及初等教育的县，两年后被评为全国基础教育先进县；汨罗的职教、成教与普教三类教育比翼齐飞，在省、市都名列前茅，是全国农村教育综合改革先进单位……从这些成绩中，黄泽南局长很有信心地推测，现在汨罗24岁以下的青年都是小学毕业的文化程度，初中生的巩固率是97.5%，到2005年左右，由于人口文化、技术素质的提高，汨罗的经济状况、社会发展水平都会有一个新的飞跃。

（1996年6月10日，有删改）

◆◆短评◆◆

大面积推进素质教育

本报评论员

大面积地加快推进应试教育向素质教育转轨，创建以提高国民素质为宗旨，面向21世纪的基础教育新模式，乃是20世纪教育改革的重大主题，是迎接新世纪、落实科教兴国战略、实现两个转变的迫切需要。此时，我们向读者推荐湖南省汨罗市大面积实施素质教育的经验，是有重大意义的。

20世纪90年代的中小学生，就是21世纪的建设者和接班人。今天不为他们打好全面素质基础，21世纪我们整个国家和民族就会陷入被动，难以自立于世界民族之林。我们要从这个高度来认识推行素质教育的迫切性，增强我们的责任感和使命感。因为20世纪留给我们的时间已经十分有限了。

汨罗市大面积推行素质教育的经验之所以可贵，是因为它从教育思想、教育目标、教育内容、方法、途径等方面为我们构建了素质教育的雏形。他们抓住素质教育的三个“要义”，即在“面向全体”“全面发展”“生动活泼”等方面，提出了一整套教育措施，使素质教育的要求变成所有教师的教育行为。在这里，教育的功能不再是“选择”可上高一级学校的学生，而是真正转移到发展人与培养人上，使每个受教育者各个方面的潜在能力都能得到最大限度的开发与培养，学会做人、求知、办事、健体，为他们日后成才打好基础。

汨罗市实施素质教育经验可贵之处，还在于他们把全面贯彻教育方针、全面提高教育质量落实到课堂，并有一个保障机制。应试教育也好，素质教育也好，主渠道都在课堂，问题的要害是课堂上如何体现“两全”要求，汨罗抓课堂改革不是追高分，而是让学生愿学、乐学、会学。学生有了“学、思、乐”的主动性，何愁教学质量不高，何愁不全面发展。当然，强化一种教育行为，必须有“指挥棒”，汨罗用“目标管理”与督导作为强化素质教育行为的评价与保障机制，这就把每个教师都推到实施素质教育的前沿，“片追”（片面追求升学率）也就没了生存的土壤。

大面积推进素质教育是一项综合性社会工程，汨罗用了12年时间，才逐步得到教育界内外的认同，才得到学校、社会、家庭的理解和支持，可见改革之艰难。但是，有党和政府的支持，有教育部门领导者坚定不移的信心，终会迎来新曙光。今天，当汨罗人给我们提供了成功经验的时候，全国的教育工作者应在他们实践的基础上继续前行，创造出各具特色的素质教育新模式。

为了每个孩子都享受优质教育

——河北靠管理创新促进区域均衡推进素质教育

本报记者·杨占苍　通讯员·梁永良

“过去我们上大学的时候，班里农村的孩子几乎占到80%，甚至还要高，现在不同了，农村学生的比重下降了。这是我常想的一件事情。”当记者把温家宝总理这句话说给河北省承德县深山黄旗湾村村民李凤云听时，这位朴实的山村妇女一定让记者把她两个女儿的故事讲给温总理听：“我有两个女儿，姐姐杨晓娟，今年20岁，妹妹杨珊，今年17岁，3岁之差使我两个女儿走上了两条完全不同的人生道路！”

杨晓娟2005年初中毕业，那一年，她所在的老爷庙乡中学共有50多个考生，中考成绩揭晓后竟没有一个考上县一中的。初中毕业后，杨晓娟随着打工的人流到了北京，在一家饭店打工。杨晓娟的命运轨迹是老爷庙乡当时几乎所有青年走过的轨迹。

2007年，县里搞学区建设，老爷庙乡中学合并到上板城中学，教师资源也重新整合。当时正在上初二的妹妹杨珊便到上板城中学就读，2008年妹妹参加中考，以505分的高分被承德市二中录取，当年老爷庙乡竟有6个孩子考上了县一中。母亲李凤云说：“如果早三年建学区，大女儿今天肯定正坐在哪个大学教室里读书呢！”

河北省教育厅厅长刘教民说：“来自农村的大学生减少，病根在义务教育，义务教育阶段的不均衡使农村孩子考上高中特别是优质高中的，远不如城市孩子多。因此，义务教育的不均衡，是教育最大的不公平，而这种不公平不只存在于城乡之间，城市市区与郊区之间、城市内区域与区域之间义务教育办学水平也都存在差异。所以，我们要追求教育公平，就是要下大力气缩小和消除这些差异。”

学区建设：实现城乡义务教育优质均衡

承德的学区建设对于“医治”义务教育的城乡差异真的能“药到病除”吗?

承德县于 2007 年全面开展学区建设，一年以后农村考生升入县一中的比例达到 20%，比 2007 年提高了近一倍。

围场县于 2004 年开展学区建设，2005 年中考，农村考生升入县中学的人数比 2004 年多 331 人；2008 年高考，农村孩子本科上线 1463 人，比 2007 年增加了 350 多人。

再让我们看看两所县城中学和两所最偏僻的农村中学的对比：平泉县一中 2004 年招公助生 500 人，县城两所初中——平泉二中、回民中学分别录取 107 人、59 人，两所最偏僻的农村中学——小寺沟中学、台头山中学分别录取 81 人、12 人；2008 年招公助生 1050 人，两所县城中学分别录取 97 人、69 人，而两所最偏僻的农村中学分别录取 232 人、70 人。据介绍，2004 至 2008 年平泉一中公助生规模从 500 人增加到 1050 人，新增生源主要来自农村中学。

学区建设为何能一下子大大缩小城乡之间的教育差距？黄旗湾村村委会主任李奎这样说：“原来老爷庙乡中学一个数学教师上 3 个年级的课，怎么能教好?！现在只带两个班一个年级，学区还有专门的教研员带着他们搞研究，怎么能教不好?！”

还是让我们走进承德农村去实地看一看。

十里挑一的校长：四合永中学从原来的 10 名初中校长中竞争优选出了 1 名校长。

二选一的教师：平泉县黄土梁子中学，由原 6 个乡 7 所初中合并，现有的 114 名教师，是通过专业知识考试、讲课和平时的教学成绩考核，从原来 224 名教师中选聘的，平均年龄由原来的 40 多岁下降到 32.7 岁，学历达标率也从原来的 80% 迅速提高到 100%，其中，县级骨干教师 50 名，市级骨干教师 8 名，这样一支教师队伍就是在城里的初中也很难找到。

教师的教育思想发生深刻变化：李长春是承德县上板城中学语文教师，他这样描述过去教学的情景："一天上 3 个年级的课，备 3 套教案，每个年级只有一本教科书和一本参考书。学区建设后，每天一个年级两节课，同时还有 4 名老师每天一起说课。"学校还专门把他送到外地培训了一个月。李长春说，这时他才知道什么是新课改，才知道教学要反思。

教师研训常态化：每个学区都成立了承担教研和教师培训双重任务的研训室，设研训员 3 ～ 4 名，形成县教研室—学区研训室—校本教研的三级研训网络，专职教研人员一下子比原来增加了一倍多。学区研训室的设立，扭转了过去教研人员远离教学的局面，使教研真正植根于教学。闫海波——原围场县黄土坎乡中学校长，学区建设中，他所在的初中被并入四合永中学。闫海波到学区竞聘当了一名教研员。他发现老师们对新课标中的"综合性学习"非常茫然，于是就把如何进行综合性学习作为课题进行研究。前不久，他组织学区内语文教师搞了一次"课本剧汇演"，在《字典公公》中，孩子们把舞蹈、唱歌、英语等与课本内容融为一体，表演得绘声绘色，不但学了课本内容和英语，还学了不少舞蹈、音乐知识。闫海波说，教学研究如此深入教学、深入课堂，这在过去是无法实现的。

在承德市学区建设取得成功经验之后，河北开始在全省大力推广承德学区建设经验，2006 年 7 月，河北省出台《河北省教育厅关于开展农村学区建设试点工作的意见》，其中规定：打破乡（镇）行政区划界限，4 ～ 6 万人口设置一个学区中心校，学区设研训室，研训员 4 ～ 5 人。2006 年 9 月，河北省政府在承德召开河北省第一次义务教育均衡发展现场经验交流会。2007 年 9 月，河北省教育厅下发《关于做好农村学区建设规划编制工作的通知》，开始在全省全面推广承德经验。目前，全省 173 个县（市、区）都已制定学区建设规划，40 多个县（市、区）已完成学区建设。

学校联盟：实现城市市区与郊区义务教育优质均衡

前不久，石家庄市桥西区西岗头小学获得了区“教育教学优胜单位”称号，全校上下欢欣鼓舞——这一荣誉过去可是市区优质学校的“专利”！一所郊区薄弱学校获此殊荣，在西岗头小学的历史上还是头一次。不仅如此，近年来西岗头小学喜事不断：老师在各级评优课、素质竞赛中连连获奖，学生也在作文竞赛、数学竞赛中屡创佳绩，学校还承办了省市两次均衡教育现场会、省远程教育现场会。

最高兴的还是住在西岗头小学附近的居民和在此租住的农民工。为了给孩子选择一所好学校，过去不少家长把孩子送到市中心的小学就读，饱受奔波之苦。这一两年，西岗头小学新建了塑胶操场，图书室、美术室、微机室、实验室也整得像模像样，比优质小学毫不逊色，特别是教学质量步步登高，一些舍近求远的孩子又回来了。

这一变化缘于石家庄市桥西区近年来实行的一项“一拖二联盟校”改革措施。所谓“一拖二联盟校”，即将市区一所义务教育阶段优质学校与一所城郊学校、一所城区薄弱学校捆绑成紧密联合的“办学共同体”，以城区优质学校为龙头学校，对口帮扶城郊薄弱学校，以三年为一个周期，三年后龙头学校再次更换，形成不同优质学校对城郊薄弱学校的第二次辐射。3所学校不仅要统一工作计划，统一管理制度，还要统一活动安排，统一质量要求，统一年终考核。并且每年要交流教师和中层以上管理干部，共享联盟校内各类教育资源。

河北省教育厅在大力推广学区建设经验，解决农村义务教育均衡发展的同时，2006年又开始探索如何解决城市市区与郊区义务教育发展不均衡问题，“一拖二联盟校”就是他们进行的一种尝试。

西岗头小学与市区优质学校中山路小学及另一所市区内薄弱学校永安街学校结为联盟体。陶广玉是中山路小学的英语老师，交流到西岗头小学任教，陶老师的“精细化教学”成为西岗头老师们竞相学习的“绝技”。西岗头小学共有 8 个班、300 多名学生，70% 的学生来自外地到石家庄务工的家庭。陶老师的绝技让这些孩子的成绩突飞猛进。西岗头小学老师柯蕾交流到中山路小学，学校有意安排她多参加公开课和各类交流活动，使她的教学水平和综合素质有了很大的提高。

2007 年 12 月，河北省在石家庄桥西区召开全省第二次义务教育均衡发展现场会，并决定在全省推广学校联盟经验。2008 年 1 月，河北省政府下发《关于着力解决民生问题的若干意见》，要求全省城市“通过建立联合校”的形式，转化改造城市及郊区薄弱学校，探索建立优质学校与薄弱学校结对联合的机制，进行一体化管理和“捆绑式评价”。目前，全省大部分城郊薄弱学校都与市区优质学校建立了盟校关系。

跨区统筹：实现城市市区义务教育优质均衡

2007 年 7 月，邯郸市政府召开新闻发布会，向全社会承诺：“三年内实现城区内义务教育均衡发展，打造无择校城市！”此言一出，许多人都为身为教育局长的赵浩军捏了一把汗。“其实，义务教育的不均衡不只是存在于城乡之间、城市与郊区之间。”邯郸市教育局局长赵浩军说，“城市不同区域之间存在的差异并不比城乡之间、市区与郊区之间小，这种差异带来的负面社会影响甚至更大！”

赵浩军对此有着切身的体会，在 2006 年之前，一年一度的市“两会”期间，是赵浩军最难受的日子，代表们对教育表示强烈不满，问题大都集中在市区。他不得不集中全部精力去回答代表们提出的问题。后来，赵浩军进行了梳理：代表们提出的问题虽然题目各异，但集中在三个方面：一是择校问题严重，二是一些学校乱收费，三是教育发展不平衡。再回答起这些问题，赵浩军就“轻车熟路”了。

“三个问题其实是一个问题，前两个是现象，第三个是本质！”赵浩军发现，对许多困扰教育的热点难点问题追根溯源，都指向教育不均衡。

当时，邯郸市区内择校现象达到了怎样的严重程度？2006 年，优质初中如汉光学校、市 11 中等学校班容量达 100 人，而班容量最小的 29 中只有 21 人。初中的不均衡在一定程度上影响了小学：部分家长为了孩子将来能上优质初中，不得不从小学开始就转移到优质初中的“片内”小学，如属于汉光学校“片内”的丛台区实验小学 2006 年班容量达 93 人，而班容量最小的十里堡小学只有 16 人。

邯郸 11 中副校长李晓伟介绍：11 中每年招生规模为 400 人，但 2005 年、2006 年“片内”生达到 1400 多人，经调查，有 1000 多人是小学阶段从其他区域转移过来的。

汉光学校在邯郸市应该是最优质的初中，但副校长蔡彦广却有苦难言：“100 多人在一个 54 平方米的教室里上课、教师上课不得不背着麦克风、学生的作业都无法看完，这样的教育无论如何也不能算优质，即便这样，家长还是千方百计把孩子往里塞——义务教育陷入了这样一个极不正常的状态！”

但是，无论是承德模式还是石家庄市桥西区模式，都是力求在县域范围内实现义务教育均衡，而邯郸市区共有 4 区（县级），优质学校如汉光中学、11 中、丛台区实验小学等集中在丛台区不到 3 平方公里的区域，要实现整个市区的义务教育均衡，就要使这极度集中的优质资源迅速向其他区域辐射。跨区域（即县域）统筹规划，就成为必须迈过的第一道门槛。

在“以县为主”的背景下，教育要实现跨区（县）的均衡，困难重重，但邯郸市教育发展史上的一次“阴差阳错”却为这次跨越埋下了伏笔：20 世纪末，在各市纷纷把市直属初中下放到区办的时候，邯郸市由于各种原因，初中始终没有下放，到今日，市直初中有 27 所，分布于 4 区，而且，优质初中几乎全部为市属。这对全市初中统筹资源调配，实现跨区（县）域的均衡来说，是一个得天独厚的前提条件。

2007 年 7 月，邯郸市开始了一系列大动作。

撤弱扶优：取消市二职中、六职中等职业学校的初中部，撤销了 13 中等教育质量低、办学规模小的薄弱初中，撤销了 11 中等优质初中的高中部，扩大其初中招生规模。

跨区划片：扩大 11 中、汉光中学等优质初中的招生范围和招生规模，最大限度地发挥优质教育资源的作用。一些优质初中实现跨区招生。

跨区域合并：将优质初中与薄弱初中实质性合并，如原24中并入11中，成为11中西校区，统一领导班子、统一教师调配、统一教学管理。

跨区域建分校：如地处丛台区的汉光中学在邯山区建汉光中学南校区。

振兴弱校：集中全市之力，在干部、师资调配、资金投入上向复兴中学等薄弱学校倾斜，迅速提高薄弱学校的办学水平。

就这样，邯郸把不太现实的事变成了现实，市区择校热迅速降温：2007年24中与11中实质性合并，当年使该校片内生报到率由合并前的34%提升到86%，2008年提升到100%；2007年建汉光中学南校区，当年实现片内生报到率96%，2008年达到100%。

初中的"择校热"降温使小学的"择校热"也迅速降温，家住邯郸市邯山区农林路的市民冯强高兴地告诉记者："我的孩子原来在农林路小学上学，为了让孩子毕业后上汉光中学，早就把孩子的户口转到了那边，还在那边租了房子，汉光中学建南校区后，孩子又转回来了。"

热点学校班容量迅速降下来，如汉光中学、11中班容量从100多人降到50多人。汉光中学教师任爱芳说："现在实行分层次教学、分层次作业，学生的作业全批全改，学困生、特长生面批面改，每个教师都有校本教研课题，学校还开展全员大比武，这在过去是不可能的。"

2008年10月，河北省在邯郸市召开全省第三次义务教育均衡发展经验交流现场会，河北省教育厅厅长刘教民将邯郸经验总结为四种模式：联合校模式（优质学校和薄弱学校联合）、兼并校模式（优质学校兼并薄弱学校）、建分校模式（优质学校异地建分校）、新建校模式（集中优质资源高起点建新校）。

从农村学区建设到城郊联盟校，再到城市区四种模式，河北省推进义务教育均衡发展一年一个脚印，涵盖了全省不同经济社会发展水平的区域，全省义务教育均衡发展上了一个新台阶。

（2009年8月5日，有删改）

◆◆ 短评 ◆◆

破解深层次矛盾的创举

本报评论员

提起义务教育均衡发展，人们自然想到的是城乡之间义务教育的不均衡，而城市市区与郊区之间，城市内不同区域之间同样存在不均衡问题。因此，义务教育均衡发展如果只着力于缩小城乡之间的差距是不全面的。河北省在努力促进城乡之间义务教育均衡发展，并探索出学区建设经验的同时，还十分注重解决城市市区与郊区之间、市区内不同区域之间义务教育发展不均衡问题，并探索出学校联盟、跨区统筹等很好的经验，使全省义务教育呈现出全面均衡发展的大好局面。

全面发展之外，还有一个科学发展的问题。教育政策和措施一定要符合教育发展规律。河北教育行政部门根据义务教育均衡发展和素质教育发展的不同特点，有针对性地采取不同的推动措施：教育发展不均衡主要是资源配置不合理，要让资源合理流动就必须打破区域限制，于是采取了体制创新的办法解决均衡发展问题。而素质教育主要是靠改变施教者的教育价值观来实现，而改变施教者的教育价值观则要从机制入手。机制创新使应试教育这个难题迎刃而解，使素质教育水到渠成。

当前，教育改革发展进入“深水区”，河北从管理体制、管理机制创新入手，把义务教育阶段教育均衡和素质教育发展大大向前推进了一步。他们破解教育深层次矛盾的好做法值得其他地方借鉴。

为了每一个学生闪闪发光

——黑龙江省齐齐哈尔市泰来县大兴镇中心学校实施发展目标教育纪实

本报记者·苏令①

这里的学生几乎全员成才，不仅升入优质高中的学生数在当地名列前茅，而且本校举办的职高也有近 80% 的学生能升入高职院校，周边的高等教育毛入学率因此达到 60%。未升学的学生，从本校职高毕业后，大多成了当地的种植养殖能手和致富带头人。

这里的学生身体是壮的、眼睛是亮的。学生近视率 9.7%、肥胖率 3.2%，远低于全国平均水平。学生人人会乐器、个个有特长。学校足球队获得省级以上冠军 13 次。

很难想象，这所学生成长成才“一个都不能少”、两次荣膺“全国教育系统先进集体”称号的学校，只是一所位于小镇上的中心校。黑龙江省齐齐哈尔市泰来县大兴镇中心学校，这所距县城 60 多公里的乡村学校，由于办学水平高，甚至带动其所在镇上的房价达到基本和县城持平的水平。

2019 年上半年，泰来县刚刚摘掉贫困县的帽子，大兴镇自然也不富裕。不像城市学校拥有丰富的办学资源，作为一所农村学校，大兴镇中心学校是如何做到让每个学生都能成长成才的？是如何做到优秀教师不流失的？又是如何因地制宜，助力乡村振兴的？带着这些问题，记者走进大兴镇，进行了深入采访。

---

① 中国教育报刊社融媒体采访报道组成员：夏越、苏令、曹曦、冀晓萍、崔斌斌、彭诗韵，执笔：苏令。

“教育要不抛弃不放弃任何一个学生”
不能因为成绩前 30% 的学生而放弃另外 70% 的学生

走进大兴镇中心学校，首先映入眼帘的，是先后投资 6000 余万元新建的红色教学大楼、鹅黄色的学生公寓和教师周转房、宽阔的塑胶运动场。校长李果是一个朴实的东北汉子，言谈举止间流露出执着和自信。

李果 1985 年参加工作。当时，他每年都能看到不少学生要么辍学，要么毕业回家务农。“除了教这些农村学生读书识字，还能为他们做点什么？”这个问题李果想了很久。

1996 年，国家教委推广汨罗素质教育典型经验，1997 年又在山东烟台召开了全国中小学素质教育经验交流会，这给了李果很大启发。

素质教育要面向全体学生，促进学生全面发展，而不是仅仅关注“知识、分数、升学”。当时学校每届毕业生有 200 多人，升学的只有 30% 左右，近 70% 的学生直接走向社会，对他们来说，应试教育体系下学到的东西用处有限。“这些学生也需要得到发展，即便是毕业后从事体力劳动或者回家务农，我们也应该让他们能够比父辈做得更好。”李果说。

1997 年 3 月，李果担任大兴镇中心学校（当时名为大兴镇综合中学）副校长。当时，为了提高升学率，许多学校都加班加点，搞起了题海战术。这种做法，虽能提高考试分数，但不利于学生全面发展，同时也忽视了很多成绩落后的学生。

在李果看来，教育工作者一定要关注学生初中毕业之后“上什么学”“做什么人”“干什么事”。

“农村学校要不要一味地围绕升学搞应试教育？”在一次学校领导班子会议上，李果抛出了这个问题。他的想法得到了时任校长李德君的支持，但问题一提出，还是引起了轩然大波。

“不在乎升学？那我们在乎什么？”“这不是瞎胡闹吗？”一些老教师反应强烈，这也在李果的意料之中。会上，他把思考许久的东西娓娓道来，一讲就是一个多小时。李果提出，要克服应试教育，提倡教师全面培养学生、引导学生自主学习，改变之前的加班、加点、加量的做法，要抓教材、抓课堂，教学以“精”和“准”取胜。

虽然带着些许疑虑，但教师们还是跟着李果进行了探索。随后几年的中考，大兴镇中心学校考上当地重点中学泰来一中的学生人数逐步增加。这下，教师们信服了，原来用素质教育的方式也可以提高升学率。

1997 年，学校设立了职教班，有针对性地开设养殖、种植等课程，让那些没机会读高中的学生，不用远行也可以继续读书，为农村发展培养人才。后来，学校调整课程设置，在普教班也增设了职业教育和劳动技术课程，普及农业生产知识和农民实用技术，为学生走向社会奠定基础。

除了学生，当地农民也有学习农业技术的需求。为此，学校于 2000 年建立了“为农服务中心”，针对普通农民、养殖大户、种植大户、致富带头人等群体开展实用技术培训，为农户提供土壤检测、病虫害防治等服务，促进了大兴镇经济和社会发展。

2003 年，李果接任校长，他在心中酝酿了很久的“发展目标教育”也开始进入实施阶段。“发展目标教育”的核心理念，是关注和促进每个学生，不抛弃、不放弃任何一个学生，使每个学生都能得到最适合的发展。

“大兴镇办好家门口的教育，让每个孩子都有适合自己的出路。”泰来县副县长顾宇佳说，为让学生有人生出彩的更多机会，大兴镇中心学校与全国制造企业 500 强企业——德龙钢铁集团签署培养订单，成立了“德龙班”；新增设钢铁冶炼和机电设备安装维修专业，学生毕业后到印度尼西亚德信钢铁有限公司工作。

“虽然已经毕业了，但在我特别迷惘时，还是学校给了我机会！我要改掉自己身上的不良习惯，不断提升自己。”“德龙班”学生奚国旭说。穿着蓝色西装、打着红色领带的奚国旭温文尔雅，丝毫看不出他曾是让学校头疼不已的“打架王”。奚国旭读初中时经常打架斗殴、违反校规校纪，2016 年被学校推荐到大连一所中职学校读书，不到一年就因为打架斗殴而退学，退学后无所事事。了解到这一情况，学校多方派人劝说，让奚国旭回来上了

"德龙班"。

"这孩子以前老惹事，真没想到现在变化这么大，这让全家少了一块心病。"说起大兴镇中心学校对儿子的帮助，奚国旭的妈妈李丽莉激动不已。

"像奚国旭这样，被我们半道'捡'回来的孩子还有许多。"大兴镇中心学校副校长吴昊说。

大兴镇中心学校现有学生 2883 人，是全县规模最大、在校生最多的学校。学校初中生源几乎无流失，不但教学成绩在全县同类校遥遥领先，职业教育也吸引了不少学生就读。

截至目前，大兴镇中心学校已为当地培养出 1500 多名职高毕业生，有 864 人升入高职院校，其中 119 人后来又升入本科院校、10 人考上研究生，还有 3 人在全省专业技能大赛中获得一等奖。此外，学校还为当地培养了数百名高素质农民，学生中有 10 余人已成为年收入几十万元到上百万元的种植、养殖大户。不仅如此，学校的艺体特长教育也有声有色，2019 年有 30 多名艺体特长学生被齐齐哈尔市优质高中及体校抢招。

如今，大兴镇中心学校不仅成了每个学生都能充分发展的乐园，也成了大兴镇的人才培养中心、文化活动中心、为农服务中心、科技示范中心。

"适合自己的目标就是最好的"

每个学生都根据实际情况，自主确定长远目标、阶段目标和近期目标

沙宏玉是大兴镇中心学校九年级（2）班学生，理想是当一名幼儿教师，于是选择了读职高预科班。现在，沙宏玉学习成绩在班里名列前茅，自信心大幅提升，学习自觉性、自主性也有了很大提高。

大兴镇中心学校副校长晏景跃告诉记者，九年级共有 6 个班，其中两个班为初职班，另外 4 个班为普通班。与普通班相比，初职班虽然上的文化课一样，但难度有所降低，会多一些培养素质能力的活动型课程。

对于自己的选择，沙宏玉动摇过。她分别在初职班和普通班上课体验，最后决定在初职班学习，学校 100 多名上中职后考上大学本科的师哥师姐，

也让她看到了进一步深造的希望。

在初职班，沙宏玉做了班长，成绩也名列前茅，用她自己的话说，“感觉棒极了”。

和沙宏玉一样，大兴镇中心学校每个学生都确定了适合自己的发展目标。为什么帮每个学生制定发展目标？因为李果发现，许多农村学生因为对自己的人生缺少恰当的规划，学习成绩又不理想，中学毕业后走向社会时感到无所适从。

在晏景跃看来，方向比努力重要，适合自己的才是最好的。

儿子晏飞读八年级面临选择方向时，晏景跃多次和他沟通、提出建议。最终，晏飞自己选择了读职高，通过职高三年的努力，考上了齐齐哈尔大学市场营销专业本科，现就职于一家上海公司的苏州分公司。

“儿子当初选择读职高，你支持吗？”有同事这样问晏景跃。晏景跃坦言，当时自己确实有些纠结，但不后悔，“让学生做幸福的普通人”是他一直秉持的教育观。

不光晏景跃的儿子，学校很多教师的子女也都根据自己的实际情况选择了读职高之路，皆因他们都认可“职教之路也能成才”。

大兴镇中心学校开展的发展目标教育，目的就在于引导学生从生存与发展的角度出发，设计自己的未来，寻找适合自己的出路。

经过近 20 年的探索，大兴镇中心学校的教师们形成了一个共识：如果能把学生的发展目标放在首位，落实立德树人根本任务、调动学生在教学中的主体性这些目标就都很容易实现。学生确立自己的发展目标，就能以此形成受教育的内驱力。

要把这项工作落到实处，最主要的就是构建学生的发展目标体系，帮学生形成自己的目标。按照大兴镇中心学校的规划，学生的发展目标不仅有长远目标，还有阶段目标、近期目标。长远目标即理想，用来引领学生的人生方向。阶段目标则是在初中之后“做什么人、干什么事、上什么学”，对学生来说主要有三种：一是初中后上普通高中，考大学；二是上职业高中，考高职院校；三是初中毕业后上中职，然后就业。近期目标是为实现阶段目标而设立的具体成长目标。不同的目标形成教育在不同年段有所侧重，小学主要培养兴趣和习惯，六年级侧重理想教育，七年级侧重阶段目标的引领，八年级明确阶段目标，九年级要践行并达成阶段目标。近期目标的形成教育则融入各学年的日常教学中。

大兴镇中心学校把发展教育目标细化为品行目标、学业目标、专长目标，建立了《大兴镇中小学生发展目标菜单》，供不同情况的学生参考。学生根据自己的身心发展实际、愿望、学业水平、兴趣爱好等，对照菜单确定适合自己的发展目标，并经班主任审定后录入个人发展目标评价卡。

为了将目标形成教育落到实处，学校还将其纳入日常教学任务。班主任和任课教师要对学生的各类目标心中有数。

通过一系列合理的制度设计，大兴镇中心学校基本实现了学生“人人有理想、个个有目标”，“为目标而努力”的共识蔚然成风。

“能培养出幸福放牛娃的教育也是成功的”
校本课程 67 门，学生社团 60 多个，每个学生都有艺体专长

记者一行来到大兴镇中心学校时正赶上大课间，凛冽的寒风中，学校操场上有三组学生开展活动，一组是五年级（4）班的足球课，另外两组分别是正在训练的学校男女足球队。铲球、抢断、射门，学生们踢得不亦乐乎。为了实现场地利用最大化，学校按不同的规格和尺寸，将操场划分为一个十一人制足球场、6 个五人制足球场和两个八人制足球场。

操场北侧的小学教学楼里，学生们合唱着旋律优美的歌曲《声声慢》；操场西面的篮球场上，九年级（3）班的学生在进行压腿活动；篮球场南的排球场上，学生们在进行下手垫球、上手传球、发球等排球基本技术训练；排球场南侧的学校乐队奏出的悠扬音乐不断传入耳中……

精彩纷呈的大课间活动，只是学校丰富艺体活动的一个缩影。在当前一些乡村学校艺体课程还没有开齐开足的情况下，大兴镇中心学校已经在小学普及了足球，在中学普及了排球。排球队多次获得县冠军，足球队已获得省

级冠军 13 次。学校田径队是县运动会的冠军队，轮滑、乒乓球多次获得省市比赛冠军，冰上运动也多次在市、县比赛中获得佳绩。除了体育活动，学生的绘画、书法、铜管声乐、舞蹈、合唱等也分别在省市大赛中屡获殊荣。学校不仅是全国中小学校园足球特色学校、全国足球“菁英”基地，还是国家冰上基地、省级美育基地、市级田径运动基点校。

值得一提的是，与一些学校只是专门组织少数学生组队比赛、其他学生很少参与的情况相比，大兴镇中心学校所取得的这些成绩，是建立在普及基础上的。

泰来一中校长杜君彪告诉记者，从大兴镇中心学校考到泰来一中的学生，发展全面、综合素质高，泰来一中艺体社团的积极分子大多来自这里，甚至有的社团成员全都是从大兴镇来的。

仔细想来，这并不奇怪。当大兴教育人把“全面贯彻教育方针，真实实施素质教育”的办学追求与“关注和促进每一个学生发展”的办学理念落到实处时，学生实现全面成长也就在情理之中了。

为了满足学生不同的兴趣爱好，大兴镇中心学校开发了目标形成教育类、艺体特色类、职业体验类、素质提升类、文化修养类等各类共 67 门校本课程，并引进健康与幸福、STEAM 等融合性课程，培养学生的综合素养，各种特色活动在这里遍地开花，目前，学校社团已有 60 多个。

结合学生的专长目标培养，大兴镇中心学校在艺体工作中努力做到普及与提高相结合、社团活动与基地校创办相衬托。在美术和音乐活动上，实行一班一品，保证每个学生在每个学期都学会一种小乐器、一个新的美术品种，坚持创新型的大课间、小型多样化比赛的常规化，坚持校合唱团、乐队的常规训练。在体育活动方面，除了足球、乒乓球等，还深化全校性的排球普及特色活动，同时进一步做好市级的田径运动基点校组队训练工作。

在课堂教学上，学校着力推进学生的自主学习，越是毕业班越坚持。学校的每个班级都分成若干个学生自主合作小组，每个合作小组都有自己的名字，组员们围坐在一起，每个小组都有自己的桌牌，桌牌上写着组长、组员、口号和组规。

为使课堂更加高效，学校创建了分学科、分课型的课堂教学模式，创新班级座次设计及小黑板使用方式，探索形成了合作学习、探究学习模式。学校要求教师清楚地掌握每个学生的阶段目标和近期的学业目标，参照学生的目标情况去分析学生、研究学生、做教学设计，把学生的学业目标与新课程的三维目标相结合，使三维目标落到实处。同时，学校要求教师要依据目标，少讲多学，以学定教，大力开展分层教学，作业、辅导、测试都要分层，指导学生填好用好"学业目标评价册"。

目前，大兴镇中心学校形成了以学生的近期目标和阶段性目标的确立和达成为依托的综合素质评价体系，真实反映了学生的成长轨迹，真正使评价成为促进学生发展的核心环节。

依托学生发展目标的确定和达成，学校形成了目标形成教育的"八有原则"，制定了自主学习的规则以及学习常规培养的基本要求等，印制了学生发展目标评价卡，让教师评价、家长评价有抓手，学生自评互评有尺度。评价一月一汇总、一学期一统计、一学年一分析，学生通过评价来判断自己、找出差距、提升自己，学校通过评价发现问题、反思工作、提升办学水平。

"把一个放牛娃培养到可以吹着牧笛去放牛的教育才是成功的，而把一个放牛娃的成绩提高了十几分，但最后只能垂头丧气地去放牛的教育是失败的。"李果说，"只要方向对，抓住根本，假以时日认真做，自然就会出成效。"

泰来县县长安剑亮告诉记者，在大兴镇中心学校，"千军万马挤独木桥"的现象已不复存在，学生心中有"目标"、教师培养抓"目标"、学生锁定"目标"发展的良好氛围已然形成，学校的育人质量大幅度提升。

"农村教育需要有情怀、耐得住寂寞的实干家"
一个个草根教师在这片沃土上成长，把学校办成了农村教育的高地

在大兴镇中心学校采访期间，记者偶然走进一间无人的办公室。在一张办公桌上，记者看到一本夸美纽斯的《大教学论》，在第 198 页和 199 页中

间还夹着一支签字笔。往前翻看，有着明显的阅读痕迹和标记。翻到扉页处，上面写着“董红丽”三个娟秀小字。

和董红丽一样，喜欢思考、喜欢做研究成了大兴镇中心学校绝大部分教师的真实写照。难能可贵的是，绝大部分教师都是本校土生土长的，而且几乎没有流失。

民办教师出身，1978年5月参加工作的陶立新，是一名土生土长的乡村教师。参加工作以来，陶立新从未离开过大兴。由于起点低，陶立新不断学习，在黑龙江省教育学院完成了专科学习，在东北师范大学完成了本科学习。

陶立新在教育教学过程中，能够很好地结合学生的学业目标进行分层教学，而且分层不定层，让学生根据自己的实际学习情况灵活恰当调整分层目标。对不同层次的学生，在认识的深度、广度，接受新知识的速度，以及练习、测试等方面提出不同层次的要求。在分层教学时力争做到“下要保底，上不封顶”，既能达到基本要求一致，又能鼓励个体发展。

由于教育教学业绩突出，2005年，陶立新被评为黑龙江省特级教师，2018年又通过正高级教师职称评审，成为齐齐哈尔市唯一一名乡村正高级职称教师。

“我就是一个草根，是这片沃土滋润我日渐成长，让我底气十足。我深深地热爱这片沃土，我愿为这片沃土奉献我的一切。”陶立新说。前几年，陶立新爱人调到县城工作，希望她能随迁去县城中学工作，但她拒绝了，宁愿夫妻两地分居，也舍不得离开大兴。

为了将教师的教育观念从应试教育转到素质教育上来，大兴镇中心学校采取了课题研究及科研带动的方式。学校将改革试验的方案定为学校的总课题，下设5个子课题，共计近30个子课题项目。子课题由对应主管领导负责组成子课题组，教师自己选择适合的研究项目。教师的研究项目采取小课题研究的策略，短周期求实效，要求一个学期一结题。这项工作也是以校本培训为先导展开的，以发展目标教育的专题研讨会、辩论会、反思和案例分析等方式对教师进行引领和培训。

“低起点、小课题、短周期、求实效，立足行动研究”的课题研究，让教师们收获了成长。教师们每学期都可以拿出自己的研究成果，一些教师因为研究获得了省市县荣誉，有的研究经验在省市县里交流。

通过一组数据可以看出大兴教师队伍的成长：目前，学校教职工231人，教师学历达标率100%，其中研究生学历1人、本科学历142人、专科学历80人；教师职称结构合理，其中正高级职称1人、副高级职称42人、中级职称79人；有黑龙江省十佳“魅力校长”1人，黑龙江省“优秀乡村教师”2人，省级优秀教师5人，省师德先进个人、市师德标兵各1人，全市“学生最喜爱的十佳教师”1人，省级学科带头人、骨干教师8人，市级学科带头人、骨干教师19人。

在大兴，教师们不仅收获了成长，也时刻感受到学校领导班子的人文关怀。齐齐哈尔市教育局副局长姜林向记者透露，今年起初是准备推选李果申报全国教育系统先进个人，但李果多次请求不要申报个人，而改为申报全国教育系统先进集体。不仅李果，大兴镇中心学校的领导班子成员在评优晋级上也都是“向后转”，将机会让给其他普通教师。

“教育事业需要耐心与毅力，特别是办好农村教育，不需要社会活动家，而需要有定力、有情怀、耐得住寂寞的实干家。校长是一个学校的灵魂，只有选出好校长，培育名校长，才能带出一批名师，办出一所名校。”泰来县委书记李岩松说。李果心中始终有一个大兴梦，20年来一直在大兴镇中心学校深耕厚植，专注于学生成长成才，专注于办人民满意的学校，把工作干成了事业。

在大兴，教师们还收获了社会和家长的尊重。在采访家长时，记者听到最多的两个字就是“感谢”。大兴镇党委书记李彦会告诉记者，尊师重教是大兴的优良传统，多年来，大兴各校从未出现过家校纠纷和“校闹”现象，学校召开的家长会就像是家长的谢师会，学校每年的运动会也成了大兴老百姓的一件大事、喜事，他们积极提供各种各样的帮助和便利。今年运动会，大兴的商户自发组织起来，在校门口扎起了七座庆祝拱门，并为运动会提供奖品。

在2019年的齐齐哈尔市教师节表彰大会上，李果登上大会主席台，坐在了市委书记孙珅旁边。齐齐哈尔市教育局党委书记、局长刘凤德告诉记者，不仅是大兴，整个齐齐哈尔教育系统当前正享受着前所未有的环境、政策激励，市委书记孙珅、市长李玉刚抓教育改革，全市召开教育改革推进会，各区、县“一把手”必须参加，并逐一表态如何为教育保驾护航、如何为教育改革发展扫清障碍。教育发展也被纳入市县区主要领导的工作，以及市委市政府目标考核。末位差距较大的区县主管领导会被约谈，约谈半年后还没有改善的免职。

“大兴镇中心学校的经验是立体、丰富的，给出了农村义务教育发展的范式。”黑龙江省教育厅副厅长姜同河说。2019年7月10日，黑龙江省教育厅在齐齐哈尔市泰来县大兴镇中心学校召开了全省农村义务教育工作现场会。

“大兴教育的成功之处就在于找准了人民群众期盼的更加公平、更高质量教育的最大公约数。人民群众的期盼，就是我们教育改革的方向。”刘凤德说。

正是有了市县党政“一把手”重视教育、支持教育，有了尊师重教的良好氛围，有了“用一根筋”的方法做扎根教育的领路人，有了一批有情怀的高素质教师，才有了大兴镇中心学校的成功改革。

（2019年11月14日）

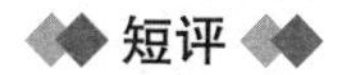

抓住办好农村教育的“根”

本报评论员

一所偏远的农村学校，几乎没有一名学生辍学，没有一名教师流失，学生成长成才全面开花，这样的办学成果，黑龙江省齐齐哈尔市泰来县大兴镇中心学校是如何实现的？究其原因，就是抓住了办好农村教育的“根”。

这个“根”，是面向全体，不放弃任何一个农村孩子。正如世界上没有两片完全相同的树叶一样，每个农村孩子都是独一无二的，都有其不同的发展潜质。考高中升大学是一种人生可能，上职校未来也不乏精彩，即便是回乡务农，也能掌握一技之长，靠技能致富。“关注和促进每一名学生的发展”，大兴镇中心学校不仅说到了，而且做到了。

这个“根”，是为每个农村孩子提供适合的教育。认真贯彻党的教育方针，脚踏实地地开展素质教育，对一所农村学校来说，说起来容易做起来难，但大兴镇中心学校做到了。67门校本课程，60多个学生社团，美术、音乐“一班一品”，让每一名学生都有艺体特长，每一名学生都可以根据自己的身心发展实际、愿望、学业水平、兴趣爱好，自主确定适合自己的发展目标。仅有目标还不够，学校建构了完善的发展目标教育体系，确保这些目标都能够得到较好的落实和实现。学校不仅帮学生找到了人生方向，还搭建了跑道，提供了出口。

这个“根”，是办出让群众满意的教育。教育是最大的民生，办出让群众满意的教育，是农村教育的最高追求。大兴镇中心学校不仅把一批批农村孩子培养成才，还因地制宜开设职教专业，对村民开展实用技术培训，面向农户提供土壤检测、病虫害防治等服务，促进了大兴镇经济和社会发展。一所农村学校如果不仅是当地的人才培养中心，还是文化活动中心、为农服务中心、科技示范中心，就会理所当然地成为乡村振兴的“加油站”和“助推器”。这一点，大兴镇中心学校也做到了。

“只要方向对，抓住根本，假以时日认真做，自然就会出成效。”大兴镇中心学校校长李果的话，道出了“根”的重要性。当然，“根”并不能生活在真空中，只有在适宜的土壤中才能茁壮成长、开花结果。这个“土壤”就是各级党政领导的重视和尊师重教的社会氛围。正因为有了这样的“土壤”，大兴镇中心学校才拥有了一支留得住的高素质教师队伍，才办出群众交口称赞的教育。

万物皆有根，抓住根，农村教育一定大有可为！

江苏省睢宁县骑路小学：跳绳八年，跳出两个“零”[①]

本报记者·孙其华　李大林　通讯员·王琼　朱珺清

江苏省徐州市睢宁县庆安镇骑路村有一所村小，该校坚持八年花样跳绳取得显著育人成效，特别是学生近视率、肥胖率均为零。他们是怎样做到的？近日，本报记者先后两次深入该校采访，一探究竟。

骑路小学地处睢宁西北，距县城 23 公里。学校仅 210 名学生，其中留守儿童 130 名。全校 15 名教师，多数在 50 岁以上。学校仅有一幢两层楼房、两排平房，我们站在学校门口，可以一眼看遍全校，这是一所典型的农村小学。

说起骑路小学的花样跳绳，有两个人绕不过去，即该校跳绳队教练、六年级语文教师刘彦和她的丈夫、该校校长刘恩。自 1987 年参加工作以来，刘彦和刘恩一直在农村学校工作。2001 年，他们一起转到了骑路小学。

“农村家长教育意识弱，留守儿童隔代教养，导致不少孩子养成了爱玩手机和电子产品的不良习惯。”刘恩告诉记者，由于不注重生活和学习习惯培养，前些年有些学生三四年级就近视了，还有的学生存在学习动力不足、社会适应能力较弱、合作意识不强等问题。

怎么办？怎样通过学校教育，引导农村孩子健康成长？受场馆设施设备等限制，学校能开展的音体美项目有限。2012 年前后，通过校际交流学习，他们发现花样跳绳投入较少，学生们也感兴趣，于是就开始了新的尝试。那时学校没有教师熟悉花样跳绳，仅接受过几天培训的刘彦做了教练，边摸索边带着学生练习。

---

① 原标题：江苏省睢宁县骑路小学学生近视率、肥胖率均为零——跳绳八年，跳出两个“零”。

全员参与，跳出多种花样

“这是我儿子在和同学一起完成‘彩虹跳’。”采访时，家长严艳指着办公楼墙面上的一幅喷绘说。严艳家住骑路村，两个孩子都在骑路小学读书，女儿六年级，儿子三年级，女儿冯冬梅还是校跳绳队队员。

简单的跳绳较为枯燥，怎样才能让孩子持之以恒地练习呢？学生们通过不断观察、反复练习，慢慢摸索出了窍门。单摇跳、双摇跳、车轮跳……他们学会的花样越来越多，劲头也越来越足。就这样，越来越多的学生参与进来。2015 年，刘彦还带出了全校第一个花样跳绳队。

“在创新方面，学生的能力比我们强。”刘彦说，随着参与跳绳的学生越来越多，跳绳的花样也层出不穷。为提升学生创编花样的积极性，只要是学生发明的跳法和花样，学校就用他们的名字命名。目前，骑路小学师生探索出的基础跳法已逾 30 种，花样跳、合作跳和创新跳等多达 200 余种。

肖雅是该校第一个学会二人车轮跳的学生。由于父母离异，她以前一直与年迈的奶奶一起生活，直到升入初中，才跟随父亲前往常熟。通过跳绳，肖雅很快就融入了新的集体。“真心感谢老师带我们坚持跳绳，不光让我有了一技之长，还给了我生活的信心！”肖雅说。

多点开花，跳出综合育人

仅因为跳绳，学校就可以让近视率、肥胖率均为零？学生每天要练习多长时间？“学生在校跳、回家跳、三五成群到老师家跳，每天基本都要两个小时以上，跳绳队学生跳的时间更长。”刘彦说，正是保证了两小时的跳绳时间，学生们才跳出了健康。

课外上跃下跳、闪转腾挪，课上聚精会神、自信阳光——坚持跳绳让该校学生身体越来越好，精气神也越来越旺。2019 年 3 月，徐州市教育局与市卫计委公布的学生体质健康测试数据显示，骑路小学学生近视率和肥胖率均为零，全校学生平均身高高于同龄人 0.8 厘米，到了今年，这一数据已提高到 1 厘米。

“除了跳绳，我还加入了绳画社团，感受到了跳绳的另一种魅力。”骑路小学六年级学生刘想说，现在除了体育课，在语文、美术、综合实践活动等科目中都有跟绳子相关的内容，感觉绳子真神奇。

“以花样跳绳为载体，我们初步形成了一套较为完整的‘花样跳绳’课程体系，提炼出了以绳健体、以绳增智、以绳促德、以绳创美的育人目标。”刘恩说。以“绳文化”课程建设为突破口，该校从“创”“跳”“画”“做”等方面入手，设计校本化融合课程，分别在语文、体育、美术等学科中渗透绳元素，完成话绳、写绳、跳绳、画绳、编绳等课程任务。2017 年 4 月，该校“绳韵少年”特色项目以苏北第一、全省第十五的成绩，获江苏省小学特色文化课程基地立项，2019 年 3 月，该项目顺利通过省教育厅验收。

一根绳不仅跳出了“健康第一”的生动意蕴、跳出了团结与自信，还跳出了智慧与创造。近几年，学生们在身体越来越好的同时，学习兴趣也大大提高，习作水平、计算能力、美术技能、动手操作能力等都有了显著提升。在睢宁县教育局组织的 2018 年度质量检测中，骑路小学五、六年级全部进入农村小学第一方阵。在 2019 年度镇中心小学组织的所有年级、所有学科的质量检测中，骑路小学的获奖率达 55%，6 个学科遥遥领先。

就这样，通过持续探索，骑路小学逐渐走上了花样跳绳促进学生德智体美劳全面发展的育人之路，这个村小的孩子们不仅体会到了跳绳之乐，还收获了很多意想不到的东西。

创新举措，跳出村小新高度

村小如何办？对农民来说，同样需要家门口的好学校。

54 岁的教师张都平，一辈子都在农村小学教书。他由于年龄偏大，信息化等教学手段不熟练，赛课赶不上年轻教师，评职称更是没机会。“到了快退休的年纪，我原本想着只要上好课，不出错就行。”张都平说，但 2018 年来到骑路小学工作后，学校的氛围改变了他的想法。因为跳绳，全校教师相互配合，心往一处想，劲往一处使。不会跳绳，张都平就给学生摇绳，向其他老师学习编织中国结、织毛衣、织手套，带学生社团。离退休的日子一天比一天近，张都平工作的劲头却一天比一天足。

跳绳改变了骑路小学教师的精神面貌，虽然全校只有 15 名教师，但现在大家都干劲十足。教师王荣弟从家中带来自己种的红麻，剥皮、晾晒，用废旧的课桌椅制作了一个打绳机，带领学生在社团活动中制作麻绳；教师程艳秋、葛雅静积极参加徐州市心理健康培训，顺利拿到初级资格证书；结合跳绳特色，葛雅静发挥自己体育专业特长，开始围绕学生体质健康展开深入研究……

坚持跳绳八年，学生在变，教师在变，学校也在变。家门口的学校办好了，家长们更支持。原先，学校附近的百姓纷纷把孩子送到中心小学或城区民办学校就读。近两年来，陆续有十几名孩子又转学回来了。2018 年，骑路村在新农村建设中面临拆迁，因该校跳绳特色已成为睢宁教育的一张新名片，庆安镇政府决定在骑路村设置村民集中居住点，长久保留骑路小学为定点小学。

江苏省教育厅厅长葛道凯说：“骑路小学的八年跳绳给我们呈现了德智体美劳相辅相成、‘五育并举’、立德树人的生动案例，接下来，我们要推动更多乡村学校在全面发展基础上的特色发展。”

（2021 年 4 月 15 日）

阅读的力量
——湖南省双峰县书香校园建设纪实

本报记者·阳锡叶　赖斯捷　通讯员·陈敏华　唐炜逸

在2023年湖南省教育工作会议上，娄底市双峰县得到了重点表扬。自2016年以来，该县3次参加国家和湖南省组织的义务教育质量监测，每次的监测结果都位居全省前列。

作为一个有着92万人口的农业大县，地处湘中腹地的双峰县，地理位置并不优越，经济也欠发达，教育投入、办学条件、师资力量等更是远远比不上大城市，为何能实现义务教育高质量发展？

“这把‘金钥匙’，就是阅读教育。”双峰教育人说。自2009年以来，双峰县开启了书香校园建设的征程，营造引领全县青少年爱读书、读好书、善读书的浓郁氛围。通过14年的努力，双峰阅读项目校从最开始的4所试点学校，到如今全县265所义务教育阶段学校（含教学点）全覆盖，掀起了一场深刻的阅读教育改革。

阅读教育正以其“腹有诗书气自华，最是书香能致远”的独特魅力，深刻地影响着文化底蕴深厚的双峰，一个区域性展开阅读教育并大面积获得丰收的“双峰模式”已经形成。

阅读成为破解教育难题的“金钥匙”

“你大王乌贼可以破案，我大名鼎鼎的福尔摩斯更可以！我的案件要复杂得多。”“我查理九世可不是浪得虚名！我破的案子可是有关外星人的……”

这是2023年3月7日，记者在双峰县沙塘乡中心小学三楼阅览室阅读课上看到的一个场景。在展示环节，37 个孩子高高举起了手，五年级（59）班的阳皓、黄文轩、李鸿浩成为幸运儿。他们卖力地“推销”，赢得满室的笑声和掌声。

记者看到，该校图书馆以黄色、浅蓝色为基调的设计风格，温馨而清新。内设的读书长廊，由图书管理员精心布置，设立了“好书推荐”“新书推荐”“学生作品展示”等专栏。四周书柜上，整整齐齐地摆放着各类书籍，阅览室后面墙壁上有一行大字：理想的书籍是智慧的钥匙。

沙塘中心小学是双峰县 265 所学校的一个缩影。“我们双峰每个学校图书馆、阅览室都是融为一体，都是统一标准设计，每个图书馆都是学校最美丽、最温馨的地方！”双峰县教育局阅读督导员朱丽娜说，全县学校变化的不仅仅有图书馆，还有在每间教室的角落设立的图书角，摆放的图书常有一两百册；还有学校建筑物的墙壁，上面多了经典文学故事、名言名句、著名人物形象等；甚至，连许多家庭也有了变化，添置了家庭书柜……

双峰为什么要区域性推进阅读教育？

这要从十多年前说起。2006 年 7 月，时任双峰县教育局局长王贵升任职伊始，下乡入校调研，发现学校教学都是围绕高考、中考这些“指挥棒”转，很难突破“应试教育”的藩篱，大都停留在“考什么，教师就教什么；考什么，学生就学什么”上。“教师苦教、学生苦学、家长苦送”的教育“三苦”现象十分突出。

王贵升还发现，农村学生优良的行为习惯、阅读习惯、思维方法、品质性格难以形成，呈现出动笔就写错别字，听课坐姿东倒西歪等不良现象。教育教学质量不高，学生综合素质较低，成为王贵升经常思考并想要改变的主要问题。

2009 年，双峰县教育局选择 4 所农村小学，建设装备了第一批“阅读·梦飞翔”图书馆。2009 年 9 月 24 日，甘棠镇中心小学图书馆正式开馆，这所地处双峰最西部，离县城 33 公里的偏远农村小学成为双峰县第一所阅读项目校。自此，双峰种下了第一颗阅读的“种子”。

这并不是一次简单的学校图书馆建设，而是在全新的阅读教育理念指导下，拉开的一场双峰教育重大改革的序幕。

14 年来，双峰县教育局前后四任局长把阅读教育作为学生终身发展的基础工程，长期不懈地抓了起来。双峰县通过“财政拨一点、公用经费挤一点、勤工俭学筹一点、爱心人士捐一点”的办法，多渠道筹集阅读项目建设所需经费，每年投入阅读资金均达到 300 万元以上，并建立了一支 375 人的专业指导团队。

通过不断探索，双峰县逐渐形成了“八个一”的阅读教育管理模式，即一支县级专职管理团队、一套系统完整的阅读操作流程、每天一节午读课、每周一节阅读课、每月一个阅读报告、每年一次年度综合考评、教师每人有一本阅读指导手册、学生每人有一本阅读笔记本。

2021 年 12 月 30 日，下着大雪，随着石牛乡桥亭中学图书馆的开馆，双峰县 265 所学校（含教学点）全部成为阅读项目校，成为湖南省首个义务教育阶段阅读项目学校全覆盖的县（市区）。

掀起从阅读到阅读教育的变革

“阅读让我重拾学习兴趣，也找回了自信心。”双峰县丰茂学校初三学生陈奥镏告诉记者，由于此前没找到正确的学习方法，学习成绩总是“上不去”，久而久之，学习主动性、积极性受到了影响。

后来，在学校的推动下，陈奥镏开始接触阅读，他惊喜地发现，一些在课堂上很难记住的知识点，通过所阅读文字的“转换”后，不再“苦涩难懂”:《物种起源》等书籍通过图文并茂的形式将物种起源与进化的奥秘展示了出来;《中国国家地理》等则让他足不出户就可以游历祖国的大好河山……

找到了学习的“秘诀”后，陈奥镏对学习的兴趣愈发浓郁。原本在课堂上总是“埋头苦读”的他，将腰杆挺得笔直，被老师点名回答问题时，开始对答如流，学习成绩也有了提升。用陈奥镏自己的话来说，“阅读改变了我的人生”。

随着一个个图书馆的开馆，随着一个个学校阅读课程的开设，随着越来越多的师生把越来越多的时间交付给书籍，阅读，正在以不可思议的方式，悄悄改变着双峰教育的面貌和质地。

很多人不禁要问：阅读有这么大的魔力吗？

要回答这个问题，首先要弄清楚“阅读”在双峰的真正含义。“双峰的阅读教育不仅是阅读教学，也不仅是语文教育的延伸，还是实施素质教育的突破口，培养学生的阅读兴趣、核心素养和综合能力。”双峰县教育局党委书记、局长张波说，“核心就是以学生全面发展为中心。”

在他看来，阅读教育与养成教育相融，就成为学生品行的定型器；与学科教学相融，就成为教育质量提升的助推剂；与课改教研相融，就成为课改推进的参照物；与校园活动相融，就成为“五育”并举的主渠道。

因此，双峰县教育局响亮地喊出“推进阅读教育，造福双峰学子”的口号，并树立起一条旗帜鲜明的理念：抓阅读教育就是抓养成教育、抓教学质量、抓素质教育，就是对学生的终身发展负责，抓好阅读教育就能确保双峰教育的科学、健康、均衡和持续发展。

在这种理念指导下，双峰县教育局制定阅读教育细则 140 多条（后根据实际情况，调整至 60 多条）。比如，为了让学生养成良好的习惯，学生进入阅读室时，要脱去鞋子；在触碰书本前要先洗手，避免不慎将书本弄脏；就连看书的姿势都要求端正，学生借阅完毕后还要把书本放回原处，离座前要检查座椅是否摆好、座位下是否有垃圾。

由于阅读教育远比单纯的“阅读”复杂，最初几年，双峰县很多教师乃至部分校长，要么摇头，要么走开，要么消极抵抗，不配合、不重视、不支持。尽管县教育局想尽办法推进，但到 2012 年，阅读项目学校才建了 19 所。

但双峰县教育局没有放弃。张波说，我们以“结硬寨、打呆仗”的精神始终坚持推动，以校长观念的转变带动教师观念的转变，以少数学校的成功带动全体学校行动。到 2013 年，大家发现，凡是阅读项目校，学生行为习惯普遍好转，综合素质普遍提升，教学质量普遍提高，教师的信心和接受度大大增强。

梓门桥镇育才小学是一所村小，只有103名学生。2016年该校开始推行阅读教育时，教师有畏难情绪。“但是，组织教师去其他学校看了之后，看到学生回答问题对答如流，十分振奋，觉得自己落后了，回去还是要做。”校长宋新良说，现在，教师思想观念转变了，齐心协力抓阅读教育，学生阅读素养提高了，成了全镇教学质量强校。

“现在每天阅读30分钟，已经成为全县12万多名师生的自觉习惯。”采访时，双峰县教育局副局长彭少华不禁感叹：从最初4所学校的“破冰”，到2012年19所的艰难探索，到2015年143所的迅速铺开，到2020年191所的大面积推广，再到2021年265所的全覆盖，这组数据见证了双峰阅读教育的艰难发展历程，也见证了双峰阅读教育大面积丰收的喜悦。

阅读与学科有机融合提升教学质量

2016年5月的一个下午，双峰县教研室原主任王曙良碰到一位老朋友，某中心学校主管阅读的负责人。老朋友见面，难免吐槽：“我们学校抓阅读，数学成绩却越来越差。”这句话让王曙良心下一惊，阅读教育虽然着眼于学生一生的发展，但不能忽略眼下学业这个关，否则，将难以为继。

“怎样处理读书与考试的关系？”无疑，这是一个具有全国普遍意义的“老大难”问题。怎么办？

双峰选择的路径是，阅读与学科教学有机融合。与学科融合，文科好说理科难，浅尝容易深入难。如何破解“理科”这一难题？如何让阅读与学科“有深度而高质量”融合？在不断试水后，双峰给出“解题方式”——在供给侧和评价侧分别发力。

供给侧的思路是培养理科教师的阅读指导能力。具体办法有两条，一条是软措施，倡导理科教师担任阅读指导教师；一条是硬规定，一年一度的教师阅读素养大赛中，规定学校选送的教师不能全为文科教师。

“软硬兼施”下，效果颇为显著：全县共2480个班级，理科教师担任阅读指导教师的约有 500 人；2022 年各级教师阅读素养大赛中，理科教师参赛人数约 200 人。

评价侧也有两条。一是修改教学比武的评分标准，增加阅读与学科教学融合这一评分维度，促使“阅读与学科教学融合”成为教师教学时的常态思考；二是试题的命制，每次模拟考、期末考，各学科考卷根据中高考改革方向，增加阅读量和阅读难度，一些阅读素养不高的学生做不完、考不好，这就倒逼学校在学科教学中融入阅读，不断提高学生的阅读素养。

“指挥棒”一变，极大地推动了各学科与阅读的融合力度。刘耀春是永丰街道城北学校的一名数学教师。如何把数学课变成学生的最爱？在阅读教育推动下，她想到：何不把数学变成故事？

她申请“听刘老师讲数学”公众号，以一名从不爱学数学到酷爱数学的学生为原型，推出“小糊涂虫学数学”系列故事。平时学生们学习过程中的困惑、作业中的错误、课堂上的争执，都成为“小糊涂虫学数学”的素材。故事推出后受到学生、家长广泛欢迎。至今，“听刘老师讲数学”发表原创文章 20 多万字，其中“小糊涂虫学数学”10 多万字。

刘耀春结合多年的教学实践，采取故事激情导趣、故事突破瓶颈、故事编写提升素养等教学策略，创新“数学课堂五环节”教学模式，经常插入讲故事、猜谜语、做游戏等学生感兴趣的“节目”，学生听得津津有味，不知不觉中打造了“多快好省”的高效课堂。

不仅是数学，所有学科都有份：科学课堂，孩子们成了小小科学家，激烈地研讨“点石是否真的可以成金”；美术课堂，孩子们化身“舞美师”“道具师”，为神话人物造型；音乐课堂，一名名“小小乐评人”漫话中国神话影视作品里的传统乐器……

随着阅读与学科教学融合的深入，教师的研究课题也越来越多。2014 年，该县 7000 多名教师所有立项课题仅有 4 项，但到 2022 年，该县立项省市县课题达 140 多项，教师专业成长成效显著。

目前，全县各学校积极开展“相约阅读，携手课改”“学科教学中的阅读课堂实践”等交流探讨，小组合作学习模式在全县普遍推广，经典诵读、阅读校本课程的开发如雨后春笋，让双峰阅读教育逐渐步入优质高效的发展轨道。

“阅读教育已经成为双峰教育的常规，彻底改变教育‘三苦’现象，成为提高课堂教学效率、提升教学质量的‘金钥匙’，这是我们14年推进阅读教育最大的收获。”双峰县教研室主任朱立贤说。

校园阅读引领全民阅读新风尚

2016年，杏子铺镇龙返学校图书馆开馆，正式开展阅读教育。一些家长却对此存在抵触情绪，公开质疑：“我们把孩子送到学校是为了学习知识的，怎么能看这些乱七八糟的‘杂书’呢！”

也正因如此，双峰县一直把家庭阅读摆在重要位置，要求学校、班级、家庭“三位一体”推进，建立家校联动机制，让家长成为学校阅读教育的支持者、宣传者、参与者；大力开展亲子共读、家长阅读交流会、书香家庭评比等活动，鼓励家长和孩子一起阅读；倡导家长在孩子过生日时以书为礼品，过春节时送好书给孩子压岁。

同时，深入挖掘“蔡和森同志光辉一家”、曾国藩家教理念等本地家教文化资源，建立雅致国藩图书借阅中心、创客职业培训学校两个家庭亲子阅读体验基地，带动广大家庭乃至社会形成浓厚的阅读氛围，助推双峰阅读教育深入开展。

“每年农历十一月十一日，我们都会举办曾国藩读书节。”特级教师、双峰县曾国藩学校党总支书记李润良告诉记者，读书节上，学校会开展好书分享会、优秀读书笔记评比、十佳演说家等一系列专题活动，激发学生的阅读兴趣。不仅如此，每年母亲节，都倡导学生与父母之间相互写家书，学校编印成册，作为一份特殊的礼物，在成人礼上送给每一名学生和每一位家长。

十多年来，在学校阅读教育的带动下，双峰县的家庭阅读氛围日益浓厚，双峰“耕读”文化的内涵更为丰富，得到更大提升。

“现在只要学校办学有需求，村支两委都会全力支持，家长们对学校阅读工作也愈发认可，甚至2022年还有学生家长给龙返学校捐了1000本书呢！”从开始的不理解到现在的全力支持，杏子铺镇中心学校副校长肖绍贵一番朴实的话语，反映了双峰县老百姓阅读教育观念的华丽转变。

杏子铺镇龙返村党支部书记宋金明告诉记者：“阅读不仅让学生的行为习惯发生了很大的变化，就连村里的社会风气都有所好转，晚上聚在一起打麻将的少了，陪着屋里的小孩看书的多了起来。”

目前，双峰县全民阅读蔚然成风，助推家教家风建设：杏子铺镇龙返村举办首届读书节；荷叶镇天坪村成立曾国藩家风家训馆，定期举办国学讲座；石林村、荷塘村、富托村用曾国藩家训、耕读文化等内容打造家风文化墙；梓门桥镇长来村打造家风馆，定期开馆讲课。

（2023年3月30日）

短评

以阅读推动学生全面发展

本报评论员

在建设高质量教育体系的新发展理念之下，在义务教育迈向优质均衡的新征程上，全面提高义务教育质量，不少地方反映有困惑，或缺少思路，或缺少抓手，“破局”难度还不小。

作为一个中部省份农业大县，湖南省双峰县大力推进书香校园建设，掀起了从阅读到阅读教育的变革，推动阅读与各学科深度融合，进一步提升了学生综合素质，促进了学生全面发展，找到了促进县域义务教育高质量发展的好路子。

双峰县委、县政府坚持从实际县情出发，找到了一把破解中小学生综合素质提升难、教师队伍成长难、课堂教学提质难的“金钥匙”，以每年300余万元的阅读教育投入，积十几年之功，建立起覆盖全县所有中小学校的阅读教育体系，推动了义务教育高质量发展，实打实地走出了一条“低投入高效益”之路。

双峰的阅读不仅是阅读教学，不仅是语文教育的延伸，还要定义为阅读教育，并同养成教育、课程改革、学科教学、教研教改、校园活动深度融合，成为实施素质教育的突破口。其目的是培养学生的阅读兴趣、核心素养和综合能力，其核心是以学生全面发展为中心，最终指向立德树人。因此，这是一场颠覆传统阅读的变革。双峰的实践表明，阅读教育之所以成功，还是因为回归到了立德树人根本任务上来，回归到了遵循规律办教育的本质上来。

教育之事，绝非一日之功。双峰 14 年坚持推进阅读教育，四任局长一任接着一任干，始终坚持一种理念，始终朝着一个目标奋进，用他们的话来说就是“结硬寨、打呆仗”“认准了就一干到底”，这是一种专业主义精神，教育需要坚守。尊重教育规律、扣准育人规律，创新工作、全心奉献，促进孩子更加健康成长，这种执着是宝贵的财富，需要大力弘扬。

第二辑

全面落实立德树人根本任务

北京理工大学本科生毕业要进行德育答辩[①]

本报记者·唐景莉　杨晨光

在北京理工大学，本科生毕业前夕不仅要进行学位论文答辩，还要进行德育答辩。学生把德育答辩论文当作自己对四年大学生活的梳理与反思，把交流答辩视为和老师真情话别、共叙情谊的过程。作为在全国高校中率先开展的学生思想政治教育的新形式，北理工的德育答辩在全国引起了极大的反响。

北京理工大学学生工作部日前组建了由德育答辩优秀论文获得者组成的“大学青春人生”报告团。10月30日晚，报告团在能容纳5000人的北理工体育文化综合馆举行了报告会。报告团成员来自不同的学院，他们中有自强不息、奋发向上的家庭经济困难学生，也有品学兼优、志存高远的学习标兵。他们的报告饱含真情，打动了数千名刚走进大学校园的新生。人文与社会科学学院新生郭晋希用“震撼”两个字形容自己听完报告的感受。

北理工学生工作部部长刘明奇向记者介绍，德育答辩是指应届本科毕业生将自己在大学学习生活中接受政治、思想、品德、法纪、心理等教育的效果，按照规定的格式，以总结报告的文体进行全面系统总结，形成个人德育状况论文，并以班级为单位，通过答辩会的形式，向班级的同学、答辩委员会成员宣读，同时接受提问，回答问题，并由同学和答辩委员会就其德育表现作出评价。

德育答辩作为新形势下加强和改进大学生思想政治工作的新探索，引起各方关注。教育部有关领导针对此项工作专门作出批示，很多高校致电致信

---

① 原标题：总结成长历程　申请思想“毕业”——北京理工大学本科生毕业要进行德育答辩。

北理工咨询此项工作的开展情况。随着德育答辩工作成效的日益凸显，学校师生的认识进一步深化。北理工党委副书记、副校长杨宾说，在即将结束大学生活之际，学生们需要有一个平台和契机，把自己大学生涯的经历和感悟系统、认真地予以回顾和审视，寻找并弥补不足，调整发展方向，德育答辩就是要提供这么一个宝贵机会，增强学生对自身思想道德的内省和行为的自律，帮助学生客观评价学校、教师以及本人在成长成才过程中承担的责任与义务，不仅有效地疏导了离校前学生中存在的各种不良情绪，更是思想道德的洗礼和升华。

虽然德育答辩的重要性等同于毕业答辩，但形式上却相对灵活多样。记者在德育答辩现场看到，学生们运用图片、声音、视频等多种媒体，形象地回顾自己的大学时光，他们精心制作的 PPT 和光盘也成了相互馈赠的珍贵礼物。参与答辩的有关专家指出，德育答辩现场的气氛热烈、融洽，这是在学位论文答辩中不可能出现的情况。评审老师会对学生个人总结中存在的问题、学生之间的争议进行说明和纠正，达到了引导教育的目的。与其说是答辩，不如说这是专门为欢送毕业生而打造的一次毕业前的盛大聚会。

信息科学技术学院学生牛传欣这样评价德育答辩："德育答辩是一次对四年人生的回顾，回顾的过程和留下的文字给自己以反思、给学校以纪念、更给后人以启迪。德育答辩的所说所想我会珍藏一生。"

教育部有关领导指出，尽管只有应届毕业生直接参与德育答辩，但广泛宣传和典型示范却能使全校学生共同受益，它扩大了大学生思想政治教育工作的受众面，让每一个学生都积极参与其中，将思想政治教育落到了实处；同时，它是大学生思政工作的有效创新形式，具有探索性和引导性，应该予以示范推广。

（2006 年 11 月 11 日）

追寻教育的本质

——北京十一学校创新育人模式改革纪实

本报记者·李曜明　高靓

当全国大部分中学生每天在题海中埋头苦读，为提高分数而殚精竭虑时，有一所学校的学生，自己开办广告公司、组建投资银行，甚至还可以用盈余设立奖学金。

当全国大部分中学生每天在同一间教室上课，拿着全班一样的课表时，有一所学校的学生，课间穿梭在没有班级和班主任的校园，奔向自己所选课程的教室。

当全国大部分中学生每天在学校的每一分钟都被他人安排好时，有一所学校的学生，不仅能够选择学什么，还能选择什么时候学、在哪里学、跟谁一起学、以什么方式学。

这是一所全新形态的学校。不久前，教育部在这所中学举行了一场新闻发布会，北京十一学校实施五年的“创新育人模式改革”首次公之于众，引起社会强烈反响。

为什么是十一学校？它究竟有何不同？自主选课会不会影响目前的中考和高考？取消班级会不会让师生无所适从？慕名而来的参观者急于找到答案，一拨拨前来采访的记者也希望揭开谜底。

在森林中发现那棵不一样的树

“我还想跟您谈谈数学、语文免修的事。”刚到十一学校，记者就碰上了这样一幕。高二学生郑子豪来找年级主任王春易，声称自己要拿出更多的时间学习专业知识，明年报考一所知名艺术院校的导演系。

出乎记者意料，郑子豪得到的答复是“我们支持你的选择”。

王春易告诉记者：“这不是拍脑袋的决定，我们已经讨论了半年，数学、语文教师会为他制订专门的学习方案，学校还在影视中心给他安排了专业教室和指导教师。”

这样的学生在十一学校绝非个例。可以说，这里的每名学生都有一个“私人定制”的未来。

谈起改革初衷，十一学校校长李希贵说得很形象：“当我们走过一片森林，只会感叹森林的壮观，却对每棵树的情况语焉不详。就如同我们过去只关注学校办得好，但对每名学生发展得好不好缺乏关注。”

“但是，校园不比森林，我们没有权力通过竞争去实现优胜劣汰，而是要发现每棵树独特的生存需求和生存价值。”这位在中学教师、班主任、教导主任、校长、县市教育局长等多个岗位历练了大半辈子的教育人，决心让“创造适合每名学生的教育”成为现实。再加上十一学校一脉相承的以学生为本的改革文化，以及老校长李金初为学校打下的良好基础，都让他对把这个理想变为现实充满信心。

从2009年开始，十一学校开始对现有的国家课程、地方课程、学校课程进行整合，通过分层、分类设计，开发出近300门学科课程供学生选择。

在这里，数学、物理、化学等理科课程采取分层设计，语文、英语、历史等人文学科采取分类设计。

在这里，国家普通高中课程方案中的信息技术和通用技术两门课程，开发出了数据库、移动互联应用、电子技术、机器人、电脑平面设计、影视技术、机械技术、汽车造型设计、服装设计与制作、厨艺等15个模块课程。

在这里，体育课变成了田径、篮球、足球、排球、网球、游泳、艺术体操、击剑、滑雪、龙舟等22个模块。

在这里，艺术类课程开发为中国画、油画、书法、动漫、声乐、戏剧等24个模块，仅戏剧课就有音乐剧《歌舞青春》、京剧《三岔口》、话剧《雷雨》等12个剧目的不同选择。

除此之外，学校还设计了综合课程和特需课程，以满足学生的个别需求。更有意思的是，所有课程，学生都可以自主选择。

当同类学校的学生每天埋头题海，为分数而无暇他顾的时候，十一学校的学生前所未有地根据自己的需要和兴趣选择学习内容，开始关注自己的梦想和未来。

希望将来做导演的郑子豪将精力放在了影视编导与制作课上。在老师樊勃的指导下，这个过去大家眼中“意见多、主意大”的“刺头”学生，在光影世界中汲取成长的养分，还成了全校学生微电影大赛的主办人。

秦雨菲是517生物学科教室的“主人”，大年初二她还在教室里接生了一窝小兔子。虽然文科生只需要选修生物I，但身为文科生的秦雨菲，选择的却是最高难度的生物III课程，还打算向全国中学生生物竞赛发起挑战。

“你高考又不考，何必浪费时间？”面对家人的不解，秦雨菲回答：“因为我喜欢，谁规定文科生不能学生物了？”正是因为学校将选课的权利交给了学生，秦雨菲这个文科生才有接触生物学科前沿的可能，这让她一下子被生命的奥秘深深吸引。至于未来，“兴许会诞生一门生物与人文交叉的学科呢”。

2013届学生黄婧怡，本是一名学习成绩优异、性格偏内向的女生，正是选修了戏剧课《雷雨》，并在剧中扮演了女主角繁漪，让她对自己有了全新的认识。这名一直以为自己没有艺术细胞的学生说：“这已经不是一门选修课，或许是一场命中注定的经历……我也知道了，有那样一个灵魂，是为镁光灯而存在的。”

课程一词源于拉丁语，原意是“跑道”。十一学校课程研究院院长秦建云说，开设不同的课程，就是为了给学生开辟成长所需要的不同“跑道”。“过去，我们的学生就像一节节车厢，在升学、分数的单一跑道上被动前行；现在，学生装上了‘发动机’，变成了‘动车’，在不同的跑道上奔驰。”

十一学校采取的是一种大课程观，时时处处都有课程。学校除了有通常意义上的课程，还开发了“思方”“行圆”“志远”“意诚”等许多“非典型”课程。打扫卫生、参加社团、看电影、听讲座、接待外宾都成为有评价、有学分的课程。

十一学校甚至鼓励学生自主设计课程。上学期，高二学生刘毅伦创建

“校服文化中心”，和一家知名服装公司合作，把学校单一的校服变为近 50 种款式，深受同学欢迎。前不久，刘毅伦和他的中心被评为自主实践课程“精品项目”。

十一学校提供如此丰富、可选择的课程，着眼点并不止于“提高学生的综合素质”，而是让学生在不断选择的过程中，自己发现兴趣、才能和需求，将学习与自己的人生方向联系在一起。只有从内到外的充分了解，才能谈得上为每个学生提供“适合的教育”，学生才能走出“被因材施教”的尴尬境地。课程改革，触及的是这场育人模式改革的核心。

在校园中寻找自由呼吸的空间

学生自主选课后，同一个班里的学生课程安排千差万别，固定的班级授课制已无法容纳变化了的课程。于是，学校索性将所有教室改造成学科教室，任课教师常驻教室，学生走班上课。

走班上课后，行政班和班主任消失了，学校呈现出另一种生态。

高一学生王立婷告诉记者：“过去，我们三年待在一间教室里，只认识自己班里的 40 多名同学，有事就找班主任，学校里大多数同学、老师、教室跟我都没什么关系。而现在，我一个学期就和 200 名同学一起上过课，我的朋友里既有初中生，也有高中生，不同的事情可以向不同的老师求助。”

当了 20 多年班主任的历史教师李亮，在取消行政班后找一名学生谈话，用了整整一个下午时间，使出浑身解数，还是没有效果，只好约定下次再谈。“过去做班主任时，这种情况不可能发生，再难对付的学生，最多 15 分钟结束‘战斗’。现在看来，那时的教育是不真实的。”

而一旦还原为真实的教育，教师的管理权威立刻受到了挑战。

年级主任于振丽也经历过丢面子的事情。她曾想约谈一名沉溺于网络游戏的学生，这名男生反问道：

“谈什么？”

“谈你的学习，我觉得我得关注你。”

“回头再说吧。”男生漫不经心地回绝了。

面对这样的回绝，于振丽不能强制，只能等待，因为十一学校规定，未经学生同意，教师擅自占用学生时间属于“违法”。“如果强制，学生心里积怨，更不会真正从心里服你。”

等待基于耐心，基于师生间隔膜的消失，基于彼此成为朋友。当师生成为朋友，就无话不谈了。

曾有一男一女两名学生主动“约谈”一名教思想政治的教师，“我们互相有好感，但怕影响学习，想问问老师该怎么办”。甚至有学生直接发短信给校长，袒露自己暗恋女生的心迹。

取消班主任、实行全员育人，这些看似因走班选课而不得不改的地方，实际上是改革链条中不可或缺的一环。因为，因材施教也好，个别差异也好，首先需要教育者走进学生的内心，而平等的师生关系才是一切真实教育的起点。为此，十一学校不惜刻意制造一些“看得见的平等”。

十一学校用了近两年的时间拆掉了所有教室里的讲台。“这意味着，教师只能站在学生中间，平等的对话交流成为常态。”语文教师闫存林如此解读。

每年6月的“泼水节”，学校会在操场上晒好几大箱水，师生抄起水枪、水盆、水桶一起上阵，每个人都被泼成落汤鸡，教师和学生难分彼此，玩得不亦乐乎。

每年最后一天的“狂欢节”，校长必须按学生的意愿进行装扮。他已被学生安排扮演的角色就有“加勒比海盗船长”“邓布利多校长”和“变形金刚大黄蜂”。

处于平等状态中的学生，深知这样的氛围来之不易。一名女生对记者说：“其实，我们心里都明白，为了我们，老师牺牲了很多。”

在无拘无束中发现最好的自己

“我不是标准定义下的好学生。在学习上，我只是个成绩浮动在平均分上下的学生，甚至考过班里的倒数第二，没有任何值得偷偷自豪的资本。但在这个崇尚个性的校园里，我照样可以活得很精彩。”高二学生徐子晗说。

如果你知道他有多么丰富的社会活动，你就能明白为什么徐子晗那么自信。他的诸多“头衔”中包括星月共辉文学社创始人、校文学院院士、模拟联合国骨干成员、松林书院特别管理员以及“名家大师进校园”活动常任主持人。

2013年，这个文质彬彬的男生完成了一项“壮举”——带领80多名同学组成的团队，历时一年，编写出版了十一学校历史上第一部学生年鉴。他也因此成为校园明星，上了校刊《瞰十一》的封面，还获得了校长奖学金。

徐子晗说，自己“成不了学霸，也不期待成为大神；我只是特立独行与非主流的代表；我和你一样，都是世界的奇葩”。

在十一学校，像徐子晗这样的“奇葩”随处可见。

2012届毕业生王栊正酷爱画画，在美国前任驻华大使骆家辉到学校访问时，亲手为骆家辉画了一张全家福。当初，因为父母让他学金融，这个孩子曾长期拒绝学习。为了满足王栊正的心愿，学校为他设立了“工作室”、举办画展，并为他举办了个人表彰会。现在，他已被世界顶尖的芝加哥艺术学院录取。

高三女生叶大家，是生物课上的“奇葩”。别人坐着讨论、看书，她像老师一样来回巡视。从没听过一节课，却次次考年级第一。她找到了属于自己的学习方法——给老师当助教。学生有任何问题必须问她，如果问了老师，她还会着急。为了给同学解答问题，背地里她要多学很多内容。当年高考，她考了十一学校的生物最高分。

在这个校园里，“奇葩”们还开了咖啡店，当上了广告公司总监、银行总裁……

在这个校园里，任何不特别的学生，处于这样的教育环境中，都可以变得很特别。学生认为，对自己影响最大的，是这所学校给予他们的“自主”。

每周一的“校长有约”是十一学校雷打不动的传统，“有想法”的学生都可以跟校长共进午餐。一次，两名学生因为就寝时间，当着校长的面争论起来。于是，李希贵让这两名学生负责调研，拿出解决方案。两人回去后在全校范围发放问卷，访谈调研，历经 4 个月拿出一份详细的“分层睡觉”建议书。现在，十一学校住宿生的就寝时间有了三种不同选择。

最近一次“校长有约”，高二学生袁烨提出设立“乐群奖学金”。原来，他组建的十一学校青年成就社团，因售卖“校服熊”的创意，赚了 1.6 万元。他希望用这笔钱设立一个奖学金，专门奖励处于成长期的小社团。

高一学生家长房纳女士说：“如果以功利世俗的眼光来看，无论是经营咖啡厅还是设立奖学金，这些事情似乎都与孩子的学习、高考毫无关系。但是，如果我们审视一下教育的目的，他们表现出来的那种积极进取、坚持不懈以及责任心，不正是我们所希望的吗？”

十一学校的教师都喜欢说这样一句话，“如果把人生比作一枚硬币，其正面是选择，背面就是责任”。

那名曾经不期待成为“学霸”的徐子晗，现在又为自己作出了新的选择——放弃所有社会工作，转向学习。“不仅仅因为摆在面前的高考，更是因为我需要在学业方面突破自己，于沉潜的平静下积蓄新的力量。”

在自由宽松的环境里，学生渐渐学会了“对自己负责、对同伴负责，对周围环境乃至社会负责”。

在十一学校，你很少见到东游西逛的闲人，每名学生都行色匆匆地奔向自己的目标。但是每天下午 4 点 15 分以后，学生又会遍布校园的各个空间，和志同道合的伙伴一起讨论问题、制订计划、交换信息，或者聊聊今天的校园新闻、公众人物、社会热点，学校俨然成了学生的公共社区。

在这样的环境里，学生也渐渐有了公民的样子。

有一次，著名媒体人崔永元来学校参加活动，休息时在教室外点起了香烟。两名男生发现了说：“谁在抽烟？”当他们发现是崔永元时，一点不给面子，说：“请把烟掐掉，学校里不能吸烟。”

“让孩子们觉得学校是他们的，我认为这件事太重要了。因为教育的最终目的就是这样，当孩子们在学校时认为学校是他们的，当他们走上社会时，他们才会觉得国家是他们的，才会真正做到‘匹夫有责’，否则他们永远只是旁观者。”崔永元深有感触地说。

在这座校园里，课程的选择性、平等的师生关系和学生的自主管理，带来了整个学校的转型，使每名学生的个性充分张扬、潜能充分挖掘、内动力充分唤起。这种育人模式的改变，折射的是教育价值的转变。让学生发现自己、唤醒自己，然后成为更好的自己，正是十一学校努力追寻的教育本质。

（2014 年 4 月 1 日，有删改）

短评

让教育回归本真

本报评论员

教育是培养人、造就人的崇高事业，其终极目标是为了人的自由发展，关乎学生的命运，关乎民族的未来。本报推出的北京十一学校创新育人模式改革的报道，全面诠释了该校创新育人模式的真谛，系统展示了改革给学校带来的冲击、变革和活力，读后令人振奋，令人鼓舞，令人深思。

我国传统的应试教育更多关注的是学生考试分数、学校升学率，衡量教师与学生仅有分数这把标尺，课堂教学只注重教师讲，学生只是被动听，这种填鸭式教育教学方式不仅压抑了学生学习的积极性，也扼杀了学生学习的创造性。特别是在当下社会心态浮躁、过分追逐功利化教育和过分强调分数的环境下，北京十一学校的教育教学改革独树一帜，抓住了教育的核心、教育的本质，具有独特的样本意义和示范作用，给予我们深刻的启示。

启示之一，把培养人、造就人作为学校的第一要务。教育的首要任务是立德树人，重点在于育人，其本源意义应该是激发人的真善美。北京十一学校教改以育人为本的现代教育思想理念为指导，坚决贯彻党的教育方针，注重教育本质、本源，以尊重学生主体、对学生未来负责的以人为本的价值追求，彰显了对学生个性、人性和生命的尊重。这是该校教改的本质和核心，也是其改革呈现一派生机的关键。

启示之二，把学生放在教育教学的第一位。李希贵校长提出，北京十一学校的办学理念是学生第一。以一切为了人的自由发展、尊重每个孩子的个性发展为己任，最大程度地保留学生的学习个性，针对每名学生的个性需求因材施教，最大限度地引导学生发现自我、自主学习，激发学生学习的主动性、积极性、创造性和学习潜能，给学生充分施展才能的舞台，让学生全面健康成长。这是北京十一学校教改的精髓，也是其改革的灵魂所在。一切为了学生的健康发展，以学生个性化、发现学生的需要为育人目标，北京十一学校取消行政班、实行走班选课，拆掉讲台、实行导师制，真正实现了教育成为服务的思想转变。教育上，坚持教育的主体性，实施不被拒绝的教育，着力于培养志存高远、诚信笃志、行为规范、思维活跃的民族脊梁和社会栋梁。教学上，充分考虑学生的兴趣，创造条件努力让教室成为学生最喜欢的地方之一，让课堂教学成为学生最喜欢的活动之一，重视教学常规，尊重教学规律，坚持多元评价，促进学生多元发展，实现学生多向成才。

启示之三，创造适合学生发展的教育。十一学校提出，新时期学校的使命是：创造适合学生发展的教育，将学生塑造成为一个值得信任的卓越的品牌，把学校建设成为一所受人尊敬的伟大的学校。学校的文化价值观是：改革创新，敢为天下先；创造适合学生发展的教育，办人民满意的学校；与共和国一同成长，共和国的利益高于一切。从学校教育的核心课程改革入手，给学生多样选择，让学生找到适合自己的教育。以课程教学改革为核心，课程目标是一切为学生成长服务，为每一个学生选择适合生命成长的课程。4000多名学生，每人都有自己独一无二的课程表，做值日、社团、游学、职业考察随处都有课程，学生的个性化需求得到了充分的尊重和彰显。课程选择已经成为学生成长发展的路标。你要知道你现在在哪，要知道到哪里去，然后自己决定路线。这就是十一学校课程改革的思路。在这里，课程价值不再是盯分数、做题，而是重在培养学生思维和能力，注重观察能力、分析能力、表达能力、探索精神、好奇心等的培养。

全面实施素质教育是现代教育的历史使命和时代课题，是我国教育事业的一场深刻变革。北京十一学校是我国基础教育领域教改的一面旗帜，也是全面推进实施素质教育的典范，该校以坚持不懈而丰富生动的实践探索，让教育真正回归其本质、本真、本色，让教育真正回归其本源、规律。这正是其重大的典型意义所在。

落实立德树人的路径选择
——山东省中小学德育一体化建设纪实

本报记者·魏海政

“我们学校围绕德育目标，将国家课程‘道德与法治’‘品德与生活’‘品德与社会’，地方课程‘传统文化’‘环境教育’‘安全教育’，以及校本课程‘舜文化’三级课程进行了整合，形成了一到六年级贯通衔接的‘孝、悌、信、礼、勤’五德序列化教育，目前已基本实现了德育课程、学科课程、传统文化课程、实践活动课程‘四位一体’的德育体系。”近日，济南市舜耕小学校长胡爱红告诉记者，该校“润德课程”校内外融合、“践、习、修、养”一体化的德育实践，受到师生家长的欢迎。

舜耕小学“四位一体”的德育体系，与以往一些枯燥乏味的传统德育课大不相同，这也是山东省深入推进中小学德育一体化建设的一个缩影。

山东近年来开展的德育一体化改革实践，以问题为导向，坚持全域育人、全员育人、全课育人、全程育人的“四全”育人理念，创新理念推进德育一体化建设，通过有计划、有组织的课程体系建设，形成了德育课程、学科课程、实践活动课程和传统文化课程“四位一体”，各学段纵向衔接、各学科横向贯通、课内外深度融合的一体化德育课程体系，德育改革取得了明显成效。

问题导向：“五大困扰”倒逼德育改革

近年来，随着时代发展和社会变迁，传统德育模式不能满足当前中小学生发展成长需要的矛盾日益凸显。

“原来很多德育课针对性不强，内容空泛，形式单一，灌输、说教多，互动、共鸣少，实效性差，对学生缺乏足够的吸引力，德育课枯燥乏味，德育效果不佳的问题突出，传统的学校德育工作模式和方法，已不能满足当前中小学生发展成长的需要。”临沂十一中校长刘书君几年前就对这一问题深有感触。

山东于2014年开展的一次调研发现，学生思想道德素质的主流积极健康向上，展现出良好的精神风貌。但中小学德育还存在一些薄弱环节和突出问题：德育目标碎片化、德育课程专门化、学科教学知识化、德育脱离生活化、校内外教育割裂化。

“在日常工作中，学校往往重视了德育学科的主渠道作用，但忽视和淡化了其他学科的德育功能；重视了德育理论与知识的传授，忽视了学生的德育实践能力培养等。德育工作面临的这些问题和困扰，倒逼德育工作从针对问题出发，深化综合改革，寻找新的有效路径。”山东省教育厅一级巡视员张志勇说。

此外，由于种种因素的影响，一些地方和学校的德育工作往往会扮演“说起来重要，做起来次要，忙起来不要”的角色，德育的首要地位难以真正落到实处。

这些问题的存在，引起了山东省委、省政府及教育部门对德育改革的高度重视，并下决心要破解立德树人工作的这道难题。在前期德育改革调研及德育一体化建设过程中，这一问题得到了省委、省政府领导的高度重视。

山东省委书记刘家义在党的十九大召开后不久，专门提议组织召开了“落实十九大精神，深化基础教育改革”座谈会，明确要求教育工作遵循教育教学规律，以学生为中心，发展素质教育，培养德智体美全面发展的社会主义建设者和接班人。

此前，时任山东省委副书记、省长郭树清高度关注中小学德育改革工作，对改革建设工作作了详细的批示指导。时任山东省委常委、常务副省长孙伟更是多次深入学校听课调研，要求开辟中小学德育新境界、新局面。

“也正是得益于山东省委、省政府领导的高度关注和指导引领，确保了德育一体化改革的正确方向和建设工作的顺利推进。”山东省委教育工委常务副书记、省教育厅厅长邓云锋表示。

理念突破：构建一体化中小学德育体系

自 2007 年起，山东即在全省启动实施了文化育人的研究实践工作，在义务教育阶段开设了“传统文化”“人生规划”等四门地方必修课程。从 2009 年开始，山东又全面开启了以家长委员会建设为主要标志的家校合作育人工作，并在山东教育改革发展规划纲要中明确提出构建大中小学有效衔接的德育体系。

“我们在深入调研论证过程中认识到，没有系统性、综合性的改革，德育面临的一系列难题就很难取得突破。”时任山东省教育厅厅长左敏说，“我们在改革实践中逐渐突破原有德育理念的局限，形成了德育一体化建设的新理念，以此来全面统筹推进德育改革，增强德育的系统性、精准化和适切性，打造德育改革的升级版，建设整体育人的新格局。”

在此前十年探索实践的基础上，2015 年山东又创造性地提出并全面启动实施德育一体化建设。这一改革的首要特点，是突出“四个全”的德育新理念。

“‘四个全’即全域育人、全员育人、全课育人和全程育人。这四个方面分别对应了德育的空间、主体、载体和时间四个维度，有严密的内在联系。”张志勇介绍，“其中，‘全课育人’的理念涵盖了学校德育的载体和实施途径，是德育一体化的核心要素，主要是指学校所有有计划、有组织地培养学生的课程，都应承担德育的任务。‘全员育人’则是德育一体化的关键要素，‘全程育人’与‘全域育人’是德育一体化过程中必备的时间和空间要素。”

此外，张志勇认为，“一体化”的要求，主要体现在德育在中小学各学段的纵向衔接和各学科的横向贯通上。实现课内外深度融合，能够紧密结合学生日常生活实际，形成按学生年龄特点梯次推进的德育课程实施体系，在教育教学的每一个环节，全方位、立体化落实立德树人的根本任务。

在这一新理念的指导下，山东启动实施了德育课程、学科课程、实践课程、传统文化课程“四位一体”的德育一体化建设进程。

顶层设计：提纲挈领研发德育一体化指导纲要

要真正在中小学推进德育一体化建设，头绪纷繁复杂，需要做的工作很多，从哪里下手突破呢？

“推进德育一体化建设的突破口，关键是将社会主义核心价值观的培育作为一项系统工程，在融入教育教学全过程上下功夫，提纲挈领做好顶层设计。”张志勇说。

2014 年至 2015 年，山东经过一年多的深入调研论证后，组织各方面专家和学科骨干教师千余人次，编制完成了囊括小学、初中、高中 17 个学科，包括德育课程、学科德育、优秀传统文化课程、实践活动德育四个大类的《山东省中小学德育课程一体化实施指导纲要》，提纲挈领统筹课程育人、文化育人和实践育人工作。

“其中，德育课程是其它课程的导向标和灵魂，学科课程、文化课程和实践课程则是在德育课程的总目标下，共同承担起促进学生道德发展的目标和任务，且后三类课程对学生道德的发展都有其独特的不可替代的责任和作用。”张志勇说。

记者采访了解到，山东的德育一体化指导纲要，还重点挖掘、突出了德育特点、德育范畴、实施建议和评价案例四个方面的内容。

“其中，德育特点指学科或活动特有的育人价值和教化功能，德育范畴指学科或活动内容所蕴含的德育要素，强调学科核心素养与德育的契合，实施建议结合具体教学内容，对学科或活动德育实施提出建议，评价案例则根据德育特点、德育范畴，给出 3 ～ 5 个典型评价案例，让教师实施起来得心应手。”山东省教育厅基教处处长仲红波介绍。

“指导纲要构建起了德育课程、学科课程、中华优秀传统文化课程和实践活动德育课程‘四位一体’的德育课程新格局，形成了各学段纵向衔接，各学科横向贯通，课内外深度融合，按学生年龄特点梯次推进的德育课程实施体系，突出了一体化、系统化、精准化和适切性的要求，使德育目标明确清晰、德育过程有序渐进、德育内容贴近学生生活实际。”中国教育学会教育学分会德育论专业委员会常务理事、山东师范大学教师唐汉卫说。

全面推进：一体化改革迎来德育新气象

在一体化德育新理念及指导纲要的高端引领下，山东的德育一体化建设实践蓬勃开展起来，现已然落地生根、开花结果。

“如果说旅游让我发现世界，那么研学让我发现自己。”经过革命老区临沂枣庄线、北京线和西安线的三次研学旅行后，济南十四中八年级学生卢雨辰说，“研学实践不仅让我抛掉课堂上的禁锢，在枯燥的知识基础上进行实践体验，更让我发掘出了自身的勇气与潜力，懂得了自立、自律和自强不息！”

研学旅行课程是济南十四中的综合类课程之一，也是实践活动德育课程的重要载体之一，但此前该校并未系统地研究实施过，一切都要从头开始。

“2016 年的第一次研学旅行线路考察，我们项目组 7 天跑遍了国内 6 个城市的 28 个考察点，行程 2100 多公里。成功推出第一季研学课程后，不到 7 分钟，几乎所有的研学路线名额就被学生一抢而空。”济南十四中研学旅行课程项目组主管李海燕老师告诉记者，“项目组不仅要打破课内外的限制，负责研学线路设计和实施等，还要充分利用社会资源，设计出属于学校自己而非旅游公司的研学课程，保障研学课程质量。”

“我们到数字国学体验馆上课了！”在东营经济技术开发区东凯实验学校，一提起传统文化，学生们就津津乐道、热情高涨。原来，该校借助“互联网 +”，建起了数字国学体验馆，将传统文化元素融入环境、情境教育教学设计，开发实施诵读、节日、礼仪、书法等传统文化数字资源课程，集体验、学习、传播、检索、应用于一体，在孩子们心中种下“文化的种子”。

在地处沂蒙革命老区的临沂市，包括党史国史馆、廉洁馆、心理健康教育馆等在内的青少年综合实践基地，自 2014 年 9 月投入使用以来，已在计划内、外接待 31.5 万人、140 万人次的中小学生前来实践学习。临沂市沂南县率先启动的“沂蒙精神红色研学旅行课程”，目前已接待学生 5000 余人次。“这一课程把爱国主义教育、理想信念教育、知识学习、实践体验紧密结合在一起，对于引导学生践行社会主义核心价值观具有重要意义。”山东省教科院战略发展研究所所长曾庆伟说。

近日，第三方机构关于山东省中小学德育课程一体化实施工作的调查结果显示：超过 90% 的中小学生认为当前德育课程的内容与自己的生活联系紧密，大部分学生认为思想道德教育课程的内容容易接受。有约九成的中小学师生表示，除了品德课老师，其它科目老师也开展了学科德育融合渗透工作。学生对学校德育工作选择满意和非常满意的人数比例均超过了 90%，德育一体化改革受到师生欢迎。

“下一步，我们还将紧紧围绕立德树人根本任务，坚持以社会主义核心价值观为统领，不断完善和改进中小学德育工作，培养德智体美全面发展的社会主义建设者和接班人。”邓云锋表示。

（2018 年 4 月 26 日，有删改）

◆◆短评◆◆

向立德树人的根本回归

本报评论员

山东省近年来开展的中小学德育一体化建设新探索，在破解德育难题、提升德育成效以及建立机制保障诸多方面，积累了宝贵的经验，值得认真思考和总结。

山东的德育一体化探索，坚持了问题导向，强化了改革引领。以往，和其他地方的中小学一样，山东省一些中小学德育工作也存在针对性不强、内容空泛、形式单一、实效性差等问题。这也说明传统的学校德育工作模式和方法，已不能满足当前学生发展成长的需要。面对这些问题和困扰，山东的教育决策者们自觉强化责任担当，在深入推进基础教育综合改革的同时，积极探索实践德育一体化改革建设的新路。

山东的德育一体化探索，完善了体制机制，突出了价值导向。山东的教育决策者不断引领育人为本的教育政绩观和教育评价标准，把推进教育事业科学发展作为各级党委和政府政绩考核的重要内容，并完善考核机制和问责制度，为努力破解立德树人过程中遇到的难题，提供可靠的体制机制保障。尤其值得称道的是，山东省以社会主义核心价值观为统领，在全国率先将优秀传统文化教育纳入了义务教育地方必修课程，以中华优秀传统文化经典为主要学习内容，以传承中华传统美德为主旨，努力培育中小学生正确价值观、高尚情操和传统美德。

山东的德育一体化探索，突破了课程局限，夯实了立德树人。他们紧紧围绕着全面贯彻党的教育方针，引领学校教育不断向立德树人根本任务回归。为构筑中小学德育工作新格局，山东省制定实施了《山东省中小学德育课程一体化实施指导纲要》，总体引领中小学把德育融入学校教育的全过程，努力实现全员育人、全科育人、文化育人和实践育人。该省创新思维推进中小学德育工作的扎实努力，为更多更好培养德智体美全面发展的社会主义建设者和接班人，提供了一个可资借鉴的极具实践意义的操作样本。

青少年是国家的未来、民族的希望，他们的价值取向决定了未来整个社会的价值取向。山东中小学德育一体化的教育实践，把社会主义核心价值观教育，落实到了教材和课堂上，落实到了各个学段和各个环节，也落实到了文化育人和实践活动之中。党的十九大报告强调要“落实立德树人根本任务”，山东的改革探索，正体现了新时期贯彻党的教育方针、发展素质教育的时代要求。

“高校第一课”照亮青春底色

——上海高校思政教育启示录

本报记者·高毅哲　董少校

上海高校的思政课，“红”了。

“红”在一课难求。一些高校设立的思政选修课，开放选课之时，学生要如同网购秒杀一般比“手速”，一两百个名额在短短数秒内就被一抢而空。

“红”在“红人”辈出。不仅是思政教师，其他专业的教师也因为讲思政，成为学生口耳相传的名嘴。

“红”在效果显著。国家、复兴、责任、情怀，日益成为上海大学生的人生行动指南，成为追求人生理想的鲜明底色。一流学校一流专业的一流毕业生，了解到国家需要，宁愿放弃光鲜的外企工作，跑到基层工厂从事技术攻关。

上海高校思政课，为什么这样“红”？

是顶层设计。既站稳思政核心课程的主阵地，又构建全员、全课程育人的思想政治教育教学课程体系，打造思政教学共同体，为思政教师谋求职业上升通道。

是持续创新。课程创新、教学创新、教材创新，不论是个人还是团队，都在琢磨学生的口味，都在变着花样满足学生的好奇心。

是职业追求。一批批思政教师真心热爱讲台，热爱专业，自觉把培养合格接班人的崇高使命化为精神和行动追求。

上海高校思政课，正在经历一场华丽蜕变，成为当之无愧、名副其实的“高校第一课”。

从“单花绽妍”到“百花齐放”

人们不会对传统思政课堂中的师生关系感到陌生。

在传统课堂里，教师是“导演”加“主演”，学生的角色很单一，是“观众”。有时候，“导演”“主演”很卖力，“观众”却不一定认真听、认真看。

这样的场景，在如今的上海高校思政课堂里，已经很少见到。

在复旦大学马克思主义学院教师张晓燕的一堂思政课上，学生分成两方，就“程序正义”和“实体正义”的价值，轮番发言。发言中，经典学术观点、中外案件纷纷“跳出”，被学生拿来论证自己的观点。

张晓燕说：“我希望学生以案例为依托，以学理为根据来讨论法律与道德、与正义的关系，让他们在对待周围世界时更客观、更具责任感。”为此，她会设计上课流程，会掌控现场气氛，在关键时刻加以点拨，引导讨论方向。

目前，高校思想政治理论课程主要包括4门必修课和1门形势政策课（简称“4+1”），承担着显性的思政教育功能，是对大学生进行思想政治理论教育的核心课程。

上海市教卫工作党委书记虞丽娟说：“上海高校多方探索、多种尝试，打破原有的课堂模式，重构传统的师生关系。教师依然是‘导演’，但‘主演’却是由教师和学生共同担纲。”

教改后，上海师范大学新生的思政课堂“闻道中国”分成三大教学模块：五分之三课时开展中班教学，五分之一课时开展专题报告，五分之一课时开展小班辅导。“让大课变身小课，听讲关系翻转。”上海师范大学马克思主义学院院长周书俊说。

张晓燕喜欢这样的思政课堂。在热火朝天的讨论中，她能清晰地了解学生的知识结构，也能更精准地把握课堂，一堂课往往当场就有反馈。

主讲思修课、在复旦具有颇高人气的教师陈果，也是此类课堂模式的拥趸。她常常惊讶于学生的见识、思考的深度以及精确的表达能力。

有一次，陈果向学生们抛出话题：如何区分欲望和理想。热烈的讨论中，一个小组发言："欲望是'我想要什么'，理想是'我热爱什么'。如果人的快乐仅仅来自得到结果，那就接近欲望；如果人享受整个为之奋斗的过程，虽不能至，心向往之，离目标每近一步都心生喜悦，那更接近理想。"

"他们只是大一的学生，能有这样的见识，非常厉害。"陈果说。

思政课的内涵越来越丰富了。前不久，在高校学生思想政治理论课学习成果展示系列主题活动中，上海海事大学李明同学团队制作的微电影《他》获得全国一等奖，这是他们用手机拍摄的作品，就是这门课的一项平时作业。

"几年下来，学生们的作品拍得一个比一个好，有的作品会被作为示范作品展示给学弟学妹观看和学习。对于社会热点以及社会公德、人生价值、爱国主义等内容，在作品点评时经常会引发学生们的大讨论。"指导教师张苑琛说。

课堂在变，课程也在变。

从最初的一门到"五朵金花"，上海大学的"大国方略"系列课在沪上赫赫有名。首开的"大国方略"课程紧贴时代前沿，围绕大国崛起设计主题，把社会主义核心价值观巧妙地融入课堂，通过"项链模式"教学、情景模拟与角色体验、随堂反馈考核等形式，从不同角度分析当下大势，解读中国道路和中国梦。

更与众不同的是，讲台上，不是由专职思政课教师从头讲到尾，而是由各学科的名师"大咖"同时登台，联袂讲学。180人的阶梯教室，发言不断，辩论不停。系列课策划人——上海大学社会学院教授顾骏和教务处副处长顾晓英不仅担纲策划，还经常担任大课堂的串场和主持，拿着麦克风满场飞。

"它完全推翻了我以前认为的'一个老师一堂课'，能见识那么多名师'大咖'，无疑在各方面带给我们视觉上、听觉上的享受，大大增强了我们对中国的认知。"一名听课学生说。

如今，上海高校已形成一个“中国系列”思政课选修群，如复旦大学的“治国理政”、上海大学的“创新中国”、上海交通大学的“读懂中国”、同济大学的“中国道路”等。很多课的影响力已经冲出校园，每逢开课，课堂里不仅坐满了学生，后排还常常挤满拿着“长枪短炮”的记者和慕名而来的社会人士。

从“思政课程”到“课程思政”

在77岁的上海交通大学教授刘西拉的“土木工程概论”课堂上，常常出现邓稼先的名字。

20世纪50年代，在国外学有所成的邓稼先毅然回到一穷二白的祖国，投身于“两弹一星”的伟大事业中，为国家民族作出了巨大的历史贡献。

刘西拉在课堂上，常常和学生们探讨应该如何学好专业，将来该干什么。刘西拉希望学生们视邓稼先为人生偶像，每次讲完邓稼先的故事，听完大家的讨论和总结，他都会问一句:“我们选择交大，就是选择了——”

“责任!”学生们往往异口同声地回答。

“选择交大就选择了责任”，这是凝结在历届交大师生血液中的精神。常年的教学实践中，刘西拉深感加强思想道德建设、培养有民族精神和时代精神的新一代是关系国家前途的一件大事。因此，刘西拉除了上好自己的专业课，还特别重视大学生的思想政治教育，“学校的思想教育工作不能全是思政课教师的事，专业课程的教学也应该是思想教育的载体”。

刘西拉的课堂，是上海近年来大力推行“课程思政”的生动体现。综合素养课、专业核心课的思政教育功能逐渐体现出来。

思路的转换，既打开了思政教育新世界的大门，也带来了挑战。

复旦大学教务处副处长徐珂还记得，学校最初决定要在专业里体现思政内容时，很多教师不解，甚至反对。

“我一个教数学的，怎么讲思政?”有的教师看见徐珂，直言不讳。

大家慢慢摸索。马克思主义学院的教师参与进来了，很多专业的教师参与进来了，大家对专业课的内容一点点梳理，一点点抠备课的细节，进行头脑风暴。

“如今我们可以说，终于摸着一点门道了。”徐珂一脸开心。

那是复旦的一堂医学课。讲到中国防治血吸虫病的巨大成就，教师从医学技术角度分析后，又分析道：“不是每一个国家，不是每一种制度，都能组织起如此多的技术人员，前往最基层最偏远的角落，为饱受血吸虫病困扰的人民群众送医送药。”

短短几句话，就凸显了一个国家的情怀、一种制度的优越性、一个政党的执行力。“这几句话，就是‘课程思政’的点睛之笔。专业课上讲思政，不是说一定要拿出多少时间长篇大论，关键内容上的关键几句，就能起到良好的效果。”徐珂说。

上海各高校的思政教育形式，正如雨后春笋一样纷纷勃发。

在上海中医药大学的解剖课上，每次上课前，教师都带领学生向遗体鞠躬，上完课又献花表达敬意。有时，教师还带领学生走进遗体捐献者家庭，与家属座谈。中医七年制岳阳班学生吴雯倩至今对一位捐献者的话刻骨铭心，“你们可以在我身上划错几十刀、几百刀，将来千万不能在病人身上划错一刀！”

就这样，原本“冷冰冰”甚至令人望而生畏的人体解剖课，逐渐透出温暖的人文情怀，学生们在收获专业知识之外也得到人格的历练与精神境界的提升。几乎每一名学生在实验报告中都写到了将来要以“仁心仁术”报答捐献者们的无私奉献。有学生说：“我一辈子都会怀着感恩之心治病救人。”

2017 年 12 月 17 日，华东师范大学学生排练的最新数学话剧《几何人生——大师陈省身》正式上演。

令人意外的是，这部剧的演员并非来自话剧社，而是全部来自数学系。原来，数学系的师生们在平时的教学和学习中，萌生了用话剧表现数学的人文精神的想法。近年来，他们已经排演出 8 部数学话剧。最新的这部《几何人生——大师陈省身》，既讲述了陈省身的数学成就，又追忆了他把后半生献给祖国数学的感人事迹。上演信息一公布，就刷爆了华东师大同学们的朋友圈，甚至江苏一所中学的学生都慕名前来观看。

如今，上海各高校通过深度挖掘综合素养课、专业教育课等所有课程的思想政治教育资源，已经形成以思政课必修课为核心、数十门“中国系列”思政课选修课为骨干、500门综合素养课为支撑、1000余门专业课为辐射的“课程思政”同心圆。

从“个体户”到“集团军”

如今的上海思政授课，越来越呈现出“集团作战”的特征。

较早开始思政课集团化“作战”的顾晓英，深深尝到此种方式的甜头。

早在2014年，上海大学开设“大国方略”通选课时，学生们就注意到，这门通选课虽不是核心课，却有着非凡的师资团队——从学校的党委副书记，到多个学院的院长、副院长以及校内的各学科明星教授，通力打造了这门课程。

顾晓英回忆，在2014年11月开出首堂课前，课程教学团队多次进行集体备课会，全面启动头脑风暴。课程一经推出，好评如潮。

如今，“集团作战”已非上海个别高校的自行尝试，而成为全上海高校的统一行动。

2017年10月24日下午，党的十九大刚刚闭幕，一场由上海15位高校校领导、200余名高校思政课骨干教师参加的集体备课会便已举行。

备课会上，在上海高校思想政治理论课教学指导委员会的带领下，大家就思政课各门课程落实党的十九大精神的教学重点、热点和难点，党的十九大精神进高校思政课的有效途径和方法进行了热烈研讨。

不仅如此，接下来，上海市还开展覆盖全体思政课教师的专题培训班，建立起“市级备课+校际协同+学校推进”三级备课体系，确保党的十九大精神全面有机地融入思想政治理论课教学体系。

就在几年前，上海高校的绝大多数思政教师还处于各自为战的状态中。与其他专业相比，思政课教师在教学共同体、学术共同体建设上有着明显差距。上海应用技术大学马克思主义学院院长李国娟形容，那时的思政教师像“个体户”，怎么备课、怎么教学，很个人化。

近年来，上海成立高校思政课教学指导委员会，组织全体委员赴全市所有高校现场听课 450 堂，既挖掘典型，又发现问题，有针对性地提出意见。上海还部署校级整体试点，使每个思政教师都有教改项目，每门课程都有教改小分队。早先几年，上海还针对不同发展层次教师，制订不同层次人才培养计划，构建起完整的职业成长体系，使所有思政课教师都能确立职业发展预期。

这一系列举措，有效组织起原本“各自为战”的思政课教师们，整体队伍素质显著提高。

李国娟就是其中的受益者。

2013 年，面对工科学生较为缺乏理论学习兴趣的客观现实，在上海应用技术大学任教的李国娟开始尝试将自己在中国哲学和文化领域的研究所得融入思政课教学。经过两年的探索，李国娟准备进一步把教改系统化，此时，借助上海市搭建的骨干教师培养平台，李国娟顺利见到了从北京来的艾四林、吴潜涛等顶尖的思政课专家。

那次“把脉”中，专家们建议，一定要把思政课和传统文化教育的关系处理好。不能因为过于注重讲授传统文化而忽略了思政课这个主体，对于思政课来说，一定要坚持马克思主义的指导地位，在大是大非问题上要有清晰把握。

短短数言，就解开了长期困扰李国娟的问题，让她明确了教学改革方向。李国娟感慨：“如果靠个人，我们很难获得这么顶尖的专家资源。”

也是在上海市构建的思政课教师职业成长体系里，李国娟不断进步。2009 年，她获评首届上海高校思政优秀青年教师“阳光学者”；2013 年，以她名字命名的上海市高校思想政治理论课名师工作室——“李国娟工作室”授牌成立，这不仅是上海应用技术大学首次获得该项称号，也是李国娟职业生涯的重大突破。

这一过程中，受益的也不仅仅是个人。

上海每年每校投入200万元经费，建设15所上海高校示范马院。同时，要求每所示范马院同三所非示范马院进行结对，协同发展，重点支持非示范马院的师资队伍建设、深化教学改革、思政课主题社会实践活动等。上海还对每所高校都列出任务清单，使马院建设项目可考核，工作绩效可量化。

与此同时，上海还开展马院内涵提升项目，对10所左右条件较好马院重点培育，每年每校投入50万元经费；对35所高校（主要是高职高专和民办高校）的马院进行规范化建设，每年每校投入20万元经费。

李国娟欣慰地说，上海高校思政课正在呈现可喜的变化，思政教育资源“由‘游击战’搞成了‘阵地战’，‘个体户’变成了‘集团军’”。

（2018年1月8日）

短评

高校思政教育创新的生动实践

本报评论员

提高思想政治课“抬头率”，让学生人到心也到，关键要靠创新发展，不断提高思政教育的学科专业水准，为当代大学生健康成长助力。上海市通过激发思政工作创新活力，不断增强思政教育的亲和力和针对性，给了我们多方面的启示。

上海市高校思政教育之所以成效显著，最核心的一点，是深刻认识到思政教育是立德树人的灵魂工程，是社会主义大学的本质特征，是全体教育工作者的神圣使命。认识到位，才能自觉坚持把立德树人作为中心环节，努力把思想政治工作贯穿教育教学全过程，实现全程育人、全方位育人，围绕学生、关注学生、服务学生，不断提高学生思想水平、政治觉悟、道德品质、文化素养，努力使学生成为德才兼备、全面发展的人才。认识到位，才能以科学有效的顶层设计，不断推动思政教育迈向更高的专业水准。

上海市高校的思政课能“红”起来，很重要的一点，是在顶层设计的引导下，真正把思政课作为一门高“含金量”的学科来建设。过去一些高校的思政课效果之所以不甚理想，甚至有的学生不太愿意听，一个重要原因是思政教育千人一面的“一般齐”现象难以避免，思想政治工作话语体系不够与时俱进，理论和实践、育德和育心、课内和课外、线上和线下的结合不够紧密。通过教材攻坚和教法攻坚，上海市把思政课的学科建设提升到了新高度，将活的现实、活的理论融入思政课内容，从根本上改变了以往口号多于理念、概念多于实际的课堂语言，用适合学生特点和需求的方法，将我们党丰富的思想资源和鲜活的实践案例生动地呈现在学生们面前，切实提高了思政课的学科质量和专业水平，培育出一批“一课难求”的品牌课，涌现出一批思政课好老师。

按学科规律来建设思政课，更能激发起思政教育工作者的学术追求和职业尊严感。上海市高校思政教育创新发展的另一个重要启示，就是以思政教育和学科建设为纽带，既倾力打造好“4+1”核心课程，也实现了从思政课程到课程思政的转变，构建起强大的思政教育学术共同体和教学共同体，使得如今的上海高校思政教育，越来越呈现出“集团作战”的特征，为思政教育的人才培养和可持续发展筑牢了根基。不仅如此，上海市还多举措为思政教师的职业发展创造条件，鼓励和吸引一批批思政教师安心教学，自觉把培养合格接班人的崇高使命转化为对思政教育的专业追求。随着思政教育的职业空间和学术空间不断拓展，也许在不久的将来，我们的高校思政教师队伍中，会涌现出一批大师级学术精英。

立足新时代，高校思政教育任务更加艰巨。自觉用习近平新时代中国特色社会主义思想武装头脑，深入推进高校思想政治工作创新发展，培养更多德智体美全面发展的社会主义建设者和接班人，是每一位高校思政教育工作者的光荣使命。

一所乡村学校的育人模式变革
——北京市密云区不老屯中学变革纪实

本报记者·俞水　任赫　陈经宇

雨聪是不老屯中学初二年级学生。听名字就知道，不老屯中学是一所地道的乡村学校。的确，这所中学地处北京市密云区。从天安门出发，得驱车140多公里才能到达。虽然地处北京，但因位于密云水库附近这一特殊区域，当地限制发展产业，经济发展落后。就像雨聪所说，“不怎么起眼”。

不过，这学期，雨聪却觉得自己的学校特别带劲，“现在，我最喜欢来的地方就是学校！”新学期开始后，这所乡村学校里的每名学生都实现了一人一课表，没有行政班，开始选课走班。“有那么多课程可以让我选，学习变得有趣了！”“观星、摄影、民宿设计、魔方、影视编辑……这么多社团选哪个好呢？问问导师的建议吧！导师可是发自内心地关心我，无论我成绩好不好。”

大半年前的雨聪，却是另一番模样：父母外出务工的她，每天还在垂头丧气地“假装学习”。“吆喝孩子去上学”是让奶奶最头疼的事。不老屯中学校长李子臣说：“但凡有点门路的父母，都把孩子接到城里去了，只有走不了的才留在这里。”

是什么让一所发展乏力的乡村学校在短短半年多时间里焕发出了蓬勃生命力？这里，究竟发生了什么？

乡村学校高质量发展难题怎么破？
“要变革，就做育人模式变革”

2021年3月4日，密云区区长马新明一行走进了北京十一学校，促成两校之间结成联盟关系。

联盟带来的第一个福利就是不老屯中学的48名教师，分批来到北京十一学校、北京十一学校一分校和北京十一实验中学参观学习，打开了乡村教师的教育视野。在不老屯中学教师王洪艳的印象中，“全校出动”的参观学习已经很久没有过了。教师们意识到，李子臣提到的变革真的要来了。

这场变革实际上是李子臣“要”来的。作为北京市名校长工作室的学员，李子臣跟着导师李希贵学习了三年。在此过程中，随着对北京十一学校的了解越来越深入，李子臣的危机感也越来越强。

建校已60多年的不老屯中学，曾是一所有着辉煌历史的完中，但因学校地理位置偏远、特殊，人口流失，生源减少，2004年撤销了高中部，现在共有165名学生，其中寄宿生158名。

因为学校所处区域紧邻密云水库，是首都饮用水源地，出于保障北京水源安全的考虑，当地只有基础农业，经济发展水平落后。村民大量外出打工，学生大部分是留守儿童，单亲或离异重组的家庭占70%。即使是留在孩子身边的家长，陪伴和养育孩子也是短板，父母学历多为初中毕业，孩子的教育主要靠学校。

“条件不好，苦学来补。”学生们的作息时间表是这样的：6:00起床，7:30晨读，12:00午餐，13:00预备，18:05晚饭……3节晚自习后，21:50就寝，10分钟后熄灯。从起床到熄灯，在校生每天16小时的时间里，满满当当安排着26个条目。学生们眼神黯淡，面无生气。

教师们的付出不比学生少。教师们大都住在密云城区，山路蜿蜒曲折，每天通勤往返近3个小时。各种事务性工作不能落下，教育教学也很“用力”：带着学生不断巩固基础和重复刷题。全校教师平均年龄47岁，教育教学方式主要是“拎着脖领子让学生学”。

令李子臣苦恼的是，即便教师已经很努力了，但近几年，不老屯中学的成绩还是有下滑趋势。

李子臣意识到，乡村学校再靠原来的刷题模式走下去，行不通了。再不进行变革，对不住这些本就条件不利的乡村孩子。“我们乡村学校能不能像十一学校一样，进行选课走班的课程改革，提升教学质量，激发老师和学生的活力？”李子臣多次提出，希望能够在导师李希贵的指导下进行变革。

2020年冬天，李希贵带领工作室成员来到不老屯中学开现场会。站在学校校园里，面对神色黯然的学生和满脸无奈的教师，他理解了李子臣的担忧。

作为北京十一学校乡村扶贫项目组负责人，李希贵发现，这所学校虽然地处北京，但因地理位置特殊，产业发展受限，是一所典型的不利处境办学的“库区学校”，具有与很多偏远乡村学校相似的境况：在国家政策倾斜下，虽然硬件和教师待遇都有了很大提升，但教师队伍年龄偏大、结构性短缺，内驱力不足，教育教学质量难以得到质的提升，教师没有价值感，专业能力也难以提升。因为家长外出打工，学生缺乏家庭关爱，只能被教师“看着”学，在学校也不快乐。

这让李希贵看到了不老屯中学变革的普适意义：

习近平总书记提出，乡村振兴是实现中华民族伟大复兴的一项重大任务。

2019年2月，中共中央、国务院印发《中国教育现代化2035》。

2020年10月，党的十九届五中全会提出建设高质量教育体系。

乡村振兴，教育不能缺席；2035教育现代化，乡村不能缺席。

在这一时代背景下，如何探索出一条乡村学校改革突围之路？

不老屯中学现场会结束的那个傍晚，令李子臣难以忘怀。李希贵拍着李子臣的肩膀说：“不能仅仅搞教学或者课程改革，要做就做一场育人模式变革，这样才能从根本上实现我们的教育目标。”

什么是育人模式变革？李希贵描述得很清晰，它由三个体系支撑起来，一个是以学生为中心的治理体系，确保激活每一位教师的内生动力；一个是以成长为核心的课程体系，给每一名学生的学习装上发动机；还有一个是以社会主义核心价值观为基础的战略管理体系，让学校拥有持续优质的能力。在育人模式上发力，进行系统性变革，不仅是为了让不老屯学生拥有幸福的学习生活，也是为具有同样典型处境的乡村学校找到一条属于自己的高质量发展之路。

对于学校这样的变革意义和目标，正在参观的不老屯中学教师还并不知晓，但他们已经被这3所学校教师的澎湃激情和学生的投入状态感染，心生向往。

夜幕降临，登上巴士，从十一学校校园走出的时候，王洪艳心想："我们一所农村学校，未来也可以焕发出这样的活力吗？"他们回到学校才知道，就在参观的这两天，不老屯中学已通过申报，成为"密云区综合改革试验校"。在区委、区政府的大力支持下，不老屯中学育人模式变革承载起密云区乡村教育高质量发展的探索重任。

以教育教学一线为中心的治理体系如何建立？
"能用结构解决的，就不用制度"

"什么？让我参加项目组？项目组是干什么的？"2021年3月初，接到通知的不老屯中学教师姜萍萍有点发蒙。

"商讨制订改革方案。"李子臣解释。

根据30多所十一学校盟校的改革经验，育人模式变革是有一整套科学方案可以遵循的——战略与核心价值观、组织结构和治理体系、薪酬荣誉与福利体系、人事制度和聘任机制、课程体系和资源配置、学生成长动力体系、进一步提升教学质量策略，这七个方面构成了变革全局，缺一不可，互相作用。

为了制订这七个方面的改革方案，七个项目组成立了。和人们惯常认为的方案产生过程不同，项目组中有20位不老屯中学的教师，包括校领导、中层、行政人员和来自不同年级、学科的教师，还有北京市名校长领航班的48位校长，他们把两年多来学习到的学校治理理论和工具，应用于不老屯中学的变革。每个项目组8～9人，混合编队、研讨碰撞。这种方式对领航班学员来说，是一次学以致用；对不老屯中学的教师来说，是多了一个帮助、支持他们的外部"大脑"。

成立项目组，根本目的就是要在碰撞中逐步达成变革共识。

姜萍萍参与的是组织结构和治理体系项目组。

组织结构的调整，是育人模式变革中的“牛鼻子”，是为学校装上动力系统的关键。

“能用结构解决的，就不用制度，能用制度解决的，就不用开会。”对这句领航班校长们总是挂在嘴边的名言，一开始，姜萍萍感到难以理解。

在领航班学员的建议下，她第一次认真审视工作了 20 年的学校有着什么样的组织结构：一名校长，一名副校长，还有教务处、德育处、总务处、办公室等职能处室。这种传统科层制的组织结构，层级多、交叉多、重复管理、效率低下，带来的结果是学校内矛盾丛生，教职工互相不信任，干群关系紧张。校长感觉累，因为教师遇到问题，如果走了一圈都没法解决，就只有找校长。教师们也觉得累，不仅教育教学任务重，而且会多、杂事多，每个“官”都能“发号施令”，教师无法把足够的精力放在教育教学上……

领航班学员帮助不老屯中学教师分析：“科层组织向上负责得更多，使得以学生为中心的理念难以落地。”

那么，如何进行组织变革，才能让所有资源都流向教育教学一线，激发教师活力?

吸取了十一学校的经验，项目组拿出方案：第一，减少管理层级，让组织扁平化；第二，以年级为教育教学一线的核心，使其成为学校的价值中心，即师生相处最频繁的地方，形成以教育教学一线为中心的治理结构。

李子臣解释道：“具体而言，不老屯中学设初中 3 个年级和教导处、校务处 2 个处室。副校长兼任年级主任，年级主任以校务委员的身份参加校务会，使其成为整个年级人财物以及教育教学的管理者，‘让听见炮声的人指挥战斗’；原来的办公室与总务处合并成校务处，原本的德育处、教导处合并成教务处，管理职能转变为服务职能，接受年级教师的评价。”

同时，方案也明确了学校的治理体系：由党支部、校务委员会、教代会、学术委员会、学生会、家长委员会等组成学校的战略高层，分别对学校各类重大事项作出决策。

对于组织变革的核心目标，李子臣解释说：“让所有资源流向教师，学校竭尽全力为教师服务，教师才能竭尽全力为学生服务。”

通过参与项目组的讨论，姜萍萍对此的理解逐渐深入。在一次研讨的阶段性总结发言中，她向大家描述了这样的感受：“启动改革后，我发现在食堂吃饭全部免费了，饭菜种类也变多了，每个月，菜谱还会根据老师的意见进行调整。全体教职工享受了一次额外的专业体检，环境温馨、项目齐全。学校还组织我们到同处农村地区的怀柔九渡河小学参观，让我们看到农村学校发展可能的样子。最让我们欣喜的是，班车的发车时间变成了两种——‘弹性上下班’，老师们终于有时间轮替着陪陪孩子了。”

“能感受到学校真的在乎老师了，老师幸福了，就要把更多的幸福感传递给学生。”姜萍萍说。

组织结构与治理体系项目组方案出炉的同时，其他项目组的方案也纷纷浮出水面。例如，人事制度和聘任机制项目组的方案中提出，学校根据新的组织结构，每学年结束后，在 7 月进行双向聘任，由校长聘任年级主任、部门负责人、学科组长，年级主任、部门负责人聘任教师。最牵动全校教师目光的薪酬组，则拿出了以“按劳分配、按岗取酬、绩优酬高、薪随岗变”为导向的分配方案，与学校新的年级运行模式相匹配。

变革，即将驶入下一站。

动了教职工的“利益”，变革如何顺利走下去？
惊心动魄的全体教职工大会

2021 年 6 月 16 日，是变革启动以来第一次召开全体教职工大会的日子。按照变革流程，经过两个多月研讨出的战略价值观方案、聘任方案与薪酬方案，将在这次大会上正式亮相，供全校教师讨论。

“觉得方案成熟，可以公布了的，请举手！”16 日上午，领航班的校长们做了最后一次模拟演练。齐刷刷举起的手下面，每一双眼睛都激动得发光。“薪酬方案都改 20 多稿了，完美！”校长朱则光得意地说。

然而，现实情况却出乎意料。

下午 4 点刚过，李子臣来到礼堂，选了第一排最靠边的座位，教师们陆续进来，坐到了后面远离他的另一角。

“有请李子臣同志解读咱们学校的战略价值观方案！”副校长董汉良激情澎湃。稀稀拉拉的掌声中，李子臣打开了演示文稿——《凝心聚力 共谋发展》。

“哗啦哗啦”，有教师在台下批卷子，把卷子翻得很响。

当服务保障中心主任高金成解读薪酬方案时，更多的教师才抬起头，开始窃窃私语。有人皱着眉头，撇了撇嘴：“这肯定不行！”

到了分组讨论的时间，教师们一下子爆发了：疑惑、不解、怀疑、抗拒……像连珠炮般发射出来。

“我算过了，按这个分法，我得多干这么多工作才能挣回现在的钱，凭什么？”一位教师把计算器按得啪啪响，得出结果后，“啪”一声把计算器丢到桌子上。

“差距拉那么大！前面的拿那么多？后面的老师们也辛苦，你让我们怎么办！”有些教师还用手指不停地戳着纸质版的薪酬改革方案，旁边的教师纷纷点头，“就是！我活儿也没少干啊！”

“还有 10 分钟班车发车啊！”走廊里传来的声音教师们仿佛没听见，没有一个人起身离开。“我不回去！我一定要弄清楚！”一位教师摆摆手，转头和高金成继续理论，“这年级主任权力太大了，拿钱多，还不干活，不公平！”

令李子臣感到压抑的是，教职工甚至对“校长信任度投票”的通过比例都有不小的反对声音。“必须提高！ 60% 的信任比例也太低了。”

事到半途仿佛要失败，改革似乎一头撞进了至暗时刻。

李子臣疑惑了，这样“出力不讨好”的变革还要继续吗？怎样继续？

“反对的声音来自个别人、有些人，还是所有人？是情绪还是问题？”这时，领航班这个外部大脑发挥了作用。大家建议李子臣不要在脑子里假想，而是要使用工具量表，对不同的声音进行分析与梳理。分析后，李子臣发现，多数人反对的方案内容，其实没有几条。厘清这一点后，李子臣的信心回来了一点。

"反映问题，本身就是一种积极参与。"领航班学员赵凤华对"抗拒"的解读，让李子臣有了新的认识：暴露问题才能解决问题，若希望改革能真正推下去，就不该屏蔽反对声。当教师能安全地提出"校长的信任度指标是否再高点"，这本身就说明他们已经参与到变革中，甚至开始期待变革了。

这么一分析，李子臣信心又回来了。他坦然地拉长了讨论过程，让教师充分表达意见，甚至还进行了不同的分组，本周同质分组，下周异质分组，尽可能地从不同角度收集问题，充分了解每一位教师的想法与顾虑。

收集很重要，但及时反馈，更是缓解情绪、共同走出变革低谷的关键。

每周，项目组会根据教师提出的意见作出相应改进和反馈。比如，针对许多教师"怕自己聘不上"的担忧，项目组将新方案与之前的聘任方案做了对接，再由不老屯中学的教师杨红粮把修改部分逐句解释给大家听。甚至，针对许多教师提出的"校长信任度投票比例过低"，李子臣经过深思熟虑，决定把比例提高到 80%。这意味着在以后每年的教职工大会上，只要有 10 位教师对李子臣投出不信任票，他就将面临向上级党委提出辞职的局面——这个比例比北京十一学校章程中的规定还要高 20 个百分点。

在这个过程中，密云区领导多次到学校现场办公，解决实际问题，也会关心一下李子臣在变革中是否遇到了阻力。

但李子臣心里有谱，因为导师李希贵早就告诉过他，凡是变革都会按照拒绝、对抗、探索，最后到投入的轨迹走下来，这在管理学中称为"微笑曲线"，说明只有经历过这四个阶段，才能看到成功的微笑。反过来说，想绕开任何一个阶段，都不可能获得变革的成功。

李子臣对这四个阶段的感触是特别深刻的，当他积极面对各种意见一个多月之后，李子臣发现，夹枪带棒的言语真的变少了，风向悄悄产生了变化：

"噢！原来方案是这个意思，我还以为和以前似的。"

"方案好像挺好的，当时我没仔细看。"

"我也不是怕辛苦，就怕自己能力不行。"

这些言语传递出的信号让他放心了，教师们已经表现出投入变革的意愿，同时他还收获了另一个惊喜——仿佛又重新认识了一次大家。"反对得越激烈的教师，往往对学校感情越深，对改革的期望越大。”李子臣说，“我们学校的教师真是挺可爱的。”

7月22日下午，不老屯中学又一次召开全体教职工大会。会上要对一个多月以来反复讨论的《北京市密云区不老屯中学行动战略方案》和《北京市密云区不老屯中学教职工薪酬方案》进行最后的投票，以此决定新的学期是否开始执行新的方案。

“赞成”“赞成”“反对”……礼堂里，教师们将自己的选择认真写好，折叠，静静投入票箱。

学校战略通过得比较顺利：赞成率87%。薪酬方案则有点“惊心动魄”，“1张、2张、3张……10张”，经统计，36票赞成、10票反对、2票弃权。关于那10张反对票，李子臣伸出手想去翻看，辨认一下字迹，但又忍住，收了回去。“要允许每个人上车的速度不同。”

最终，薪酬方案以75%的赞成率获得通过，不老屯中学正式选择将命运驶入变革的轨道。

董汉良坐在下面，悄悄抹了一把眼泪。

如果没有通过怎么办？后来，李子臣在领航班的研讨会上提出过这个问题。最后大家一致认为：“没关系，那就继续再讨论，如果变革方案没有通过，并不是失败，而是还没有成功。只有把这个阶段的碰撞做得足够充分，那么未来的路就好走了，因为矛盾都已经化解在过程之中。”

乡村学校变革，最需要什么样的帮助？
外脑的力量：爆破思想盲区，爆破难点问题

一所山区薄弱校能迅速走到这个局面，除了全体教职工的付出，背后离不开另一股力量的支持。

以往，十一盟校的变革会由总校派出一个“本土培育”的校长来领导，而不老屯中学是第一次校长、教师均保持原班人马的变革。“原地起飞”谈何容易？况且，学校地处山区，教职工的思想转变并非易事。为了让变革少走

弯路，来自十一盟校的 6 位校长联手组成的“爆破小组”出马了。

“爆破小组”的校长们之前都在自己的学校走过了变革全过程，清楚知道哪里可能有变革盲区。“我们的工作重点是通过对关键人物进行盲点爆破，帮关键人物‘看’到变革后的前景，提振信心，让关键人物尽快登上改革的战车。”于振丽谦虚地说。

首先，要帮助关键人物梳理现象，找到真正的问题。

变革初期，李子臣认为很多问题都是下面的干部和教师不给力、抱怨多导致的，然而，“爆破小组”看到的是，各层级岗位职责不明晰、校长有时会越级指挥，年级组长、副校长和校长思路不一致，教师纠结到底听谁的。“真正的问题是治理结构，而这问题的根源或许就是你自己。”“爆破小组”的校长们不掩锋芒。

当变革陷入胶着，“领导者”产生犹疑时，“爆破小组”又成了强心剂。

“老师们关心的还是钱！”“因为有乡村教师补助，工资已经很高了。”在教师为薪酬方案吵得不可开交时，李子臣见到领航班校长汪正贵就大吐苦水。

“是因为老师们被尊重的需要、自我实现的需要被抑制了，所以只好在钱上计算得失。”汪正贵帮李子臣分析，“老师获得不了学生的认可，没有价值感，即使工资翻倍也不会真正快乐。改革就是要激发老师更高层次的需求。”

在山东青岛两所十一盟校工作的校长汪正贵、高仁辉，今年有一沓往返于青岛和北京的机票。他们经常是安排好学校的工作，利用周末甚至周中飞来北京，在李子臣的办公室一坐就是 4 个小时，从早上 8 点聊到中午 12 点，再马不停蹄赶回青岛。

察觉问题，做好沟通，也让不老屯中学的更多教师理解了变革。

从方案解读到个人发展，从课堂学生到家庭孩子，“爆破小组”的校长们几乎和不老屯中学的每一位教师都聊过了。从“你们自己学校很闲吗”，到“您来啦，快坐快坐”，不老屯中学的教师越来越感佩“爆破小组”的推心置腹。“啥也别说了，干吧！”教师李小敏说。

这样的沟通打开了一扇窗，涌进清冽甘甜的风，开阔了这些乡村教师的视野，治愈了他们的心灵，让越来越多的教师放下包袱，积极迎接变革的挑战。

变革带来了什么？课程丰富了，教师有干劲儿了，学生有动力了

2021 年暑假，学校大变样。

讲台撤了。黑板的高度降低了一些，为师生平等交流创造了条件。

办公室没了。每一间学科教室既是课堂，也是教师办公室，还是学生自主学习的地方，这样师生交往的频次就增加了。

礼堂的阶梯座椅也没了。腾挪出的更多空间让原本单一开会的地方变成了可以因需求而变的多功能空间。“下学期会开戏剧选修课，孩子们排练需要更大的空间。我们把灯光也换成更亮的，这里正好还可以当戏剧教室！”李子臣说。

教师的教研更是热火朝天。在教学楼的机房里，各个学科的教师在集中研发新学期的学习指南。十一学校送来了刚研发好的最新版课程资料以及贴心的指导和帮助。杨红粮现在是物理学科组长，在组织教师们编写本校课程资料时，他特别强调：“十一学校的资料很好，但还是要根据学校的实际来使用，咱不能照搬，学生基础不同，最了解不老屯中学学生的还是咱自己。”

8 月 30 日，不老屯中学的新学期来到了。

“摩尔曼斯克港”“Dream English Garden（梦想英语花园）”“九章书屋”……现在，不老屯中学每一间学科教室都有了一个独特的名字，这里既是教室又是教师的办公室，部分教室下午会变身社团活动室，晚上是学生们的学科自习室。学科教室的墙上贴着一张近两米高的全年级课程表，每一个时段的格子里，都有密密麻麻六七种选项。

“你下节课教室在‘九章书屋’，走到头那间。”一到课间，新任初一年级主任李小敏就会走到一楼楼道里，在来来往往的学生中做“交通指挥”。

学生们从一个学科教室各自前往下一个，宛如一条条海中的鱼，自如平滑地游过走廊，在群体中成长，又有着自己的方向。

这学期，为适应学生的多样发展，不老屯中学立足本地特色，借鉴北京十一学校的课程体系，初步构建出德智体美劳全面发展的丰富、多样、可选择课程体系。

“我们按照学生的学习能力和学习方式，对差异比较明显的学科，比如数学、物理等进行了分层设计。”董汉良介绍，“关键在于形成能够支持因材施教的课程。分层教学其实在各地流行过一阵，但基本上课程都没变，只是按照分数的高低，把学生放到不同的层次里。分层课程的本质是针对一类学生，从目标到内容到教学方式到评价方式的系统设计，这样的课程才能满足学生的学习需求，而不是仅仅为了提高分数。”

现在，不老屯中学的学生有不同的学习指南、不同的教学方式、不同的作业设计。对学什么、怎么学、在哪里学进行了整体设计，之前课上“吃不饱”和“吃不了”的问题得到有效解决，课堂效率大大提高。

自由选择空间变多了，学生们的兴趣起来了，但导师得为学生的自由“保驾护航”。“自习我最适合选哪位老师？”“我这么选课行不行？”“怎么合理安排社团时间？”学生们向导师提出了一系列问题，导师和学生们一起分析，帮他们找准自己的特点。学生还可以在每天中午和下午放学后，根据自己的学科需求和特点“约见”不同学科的教师进行个性化辅导。

“老师，我觉得去数学 1 不好意思，数学 2 又怕跟不上……”新学期分层走班让苏苏有些纠结。针对她数学基础薄弱的特点，导师耐心地和她沟通，并告诉她，每一个人都有自己的优势特长，也许在数学里你是 1，但是在英语或者历史、地理课程中你就是高层了。苏苏理解，原来选课走班就是要更好地认识自己、找到自己、成为自己。她放下疑虑走进属于自己的课堂，她惊喜地发现老师的授课节奏比之前“满堂漫灌”更适合自己，老师还会有针对性地进行辅导。“我今天举手抢答问题了！”课堂上跟得上了，苏苏越学越起劲。

“木兰的剑应该是这样子的。”正在排练音乐剧《花木兰》的学生们兴致勃勃地讨论着道具。如今不老屯中学的体育课不再只是操场上跑步，音乐课也不局限于唱歌，独轮车、足球、篮球、飞盘、啦啦操、音乐剧、合唱、书法、中国画、服装设计与制作……各学科选修课琳琅满目。

“如何找准潜在客户？”“如何形成民宿的特色和竞争力？”“如何形成良性的经营模式？”劳动技术课上，学生们正为“民宿招标”讨论得热火朝天。密云区作为北京的生态涵养区，风景优美，旅游业是不老屯村的主流产业，不少学生家里就开着“农家乐”餐馆。但受到多种因素限制，村里的民宿水平目前仍有提升空间。不老屯中学的师生看准这个契机，将设计改造民宿作为本学期劳动技术课程的学习任务。结合当地产业发展需要，学生们要在教师的帮助下完成立项申请书、民宿设计方案和宣传运营方案。

“学习终于变成学生自己的事情了！”李子臣笑着说。从乡村特色出发设计学习任务，在真实的挑战性任务中，数学、语文、测绘、艺术、建筑、设计、商业、媒介素养不再是停留在书本上的字，而是在迁移运用中全方位锻炼着学生的能力。从做题到做事，从解题到解决问题，跨学科综合学习成为常态，核心素养的落地水到渠成。

教师们也变得干劲儿十足。

在李小敏和崔丽莉的地理学科教室，墙壁上贴着学生们用粮食拼成的中国地图、用吸管制作的降水量表、漂亮的主题手抄报……崔丽莉总觉得教室的布置还有改进的空间。看到李子臣便迫不及待地问：“这么布置行不行啊，校长？”“这是你的地盘儿，听你安排。”李子臣笑着走了过去。

“分层教学后是比之前工作量大了一些，但学生们眼里有光了！他们现在会围着我说好多举一反三的思考，叽叽喳喳，积极性特别高！”初三数学教师吕英芹笑着告诉记者，“看着学生们学通了，感觉真没白干！可能这就是当老师的幸福吧。”

被聘任为教务处主任的姜萍萍，抱着一沓表格：“现在我就是一线教师的‘服务员’。”教务、德育、学籍、印刷、报表、社团……大大小小10余项任务改革后都划归了教务处，确实压力很大，“不过，一边学一边做呗，还有好几位兼职的教师帮我呢”。

8 月 31 日，开学典礼举行。

没有校长讲话、没有领导致辞、没有口号目标。不老屯中学建校时的老校长和第一批老教师被请来了，讲述了他们青春不老的奋斗故事。学生主持人落落大方，教师们真情流露，家长们殷切寄语。

在梦想银行启动仪式上，屏幕上飞快转动着全校学生的名字，台下的学生们目不转睛地盯着屏幕。“停！”随着学生主持的一声指令，结果出炉，在掌声和欢呼中，3 名随机选出的学生大声念出了自己的“梦想存折”——

“我的理想是当一名乡村老师，用知识带山里的孩子走出大山。”

“我的理想是当一名摄影师，亲眼看看祖国的大好河山！”

“我的理想是一年后的中考取得好成绩，然后努力学习当一名医生，治病救人。”

“每个乡村孩子的未来都是珍贵的。”那一天，李子臣在心里，把这句话默念了无数次。

他又回忆起项目组一起制定战略、使命、核心价值观的场景：

“学校竭尽全力提升教师的幸福感，以利于教师竭尽全力成就学生的幸福感。”

“从差异中发现潜能，为多元发展不断创造机会。”

“培养有底气披荆斩棘、有勇气笑对人生的学生。”

他对这场改革的决心更加坚定了：不是为了把学校做成“京城名校”，而是要帮助坚守在乡村教书的教师成长，帮助留下来读书的每一个孩子成才。

那一天，李子臣站在办公室的窗前，看着孩子们在校园里叽叽喳喳，阳光洒满了窗格，脸上出现了难得的舒展的笑。

他转过身对记者说：“其实变革永远在路上，只要是为了学生成长好，我有什么可怕的呢？对吧！”

（文中所有学生均为化名）

（2021 年 12 月 7 日）

◆◆ 改革者说 ◆◆

乡村振兴必先振兴乡村教育

夏林茂

乡村教育事业的发展，无疑是乡村振兴战略的重要支点，对接和服务好乡村振兴战略，以高质量教育赋能乡村振兴，是教育部门和教育工作者义不容辞的责任与担当。

乡村振兴必先振兴乡村教育。这是北京市委、市政府达成的高度共识，并写入《北京市“十四五”时期乡村振兴战略实施规划》之中，到2025年，北京市乡村振兴将取得重要阶段性成果，制度框架和政策体系基本健全，城乡融合发展取得突破性进展。这意味着每一所大京郊的乡村学校都将在融入大城市发展战略中焕发出新的生命力。

目标已明确，任重而道远。

21世纪以来，北京市委、市政府始终把优先发展乡村教育放在重要位置，通过一系列的大工程大投入，北京乡村学校在硬件条件上已经实现了基本均衡，学校面貌发生了翻天覆地的变化。同时，通过各种政策制度设计，确保乡村学校留住了一批好老师。虽然房子好了，老师有了，但乡村学校的内涵发展还没有达到优质水平，尚不能满足乡村地区老百姓不断增长的教育需求。

这是一个更深层次的巨大挑战。我们认为，在迈向2035教育现代化的征程中，乡村学校不能缺位；在乡村振兴计划中，乡村教育也不能缺位。基于“两个不缺位”的认识，我们欣喜地看到密云区不老屯中学在十一学校联盟总校李希贵校长引领下的可贵实践。这所学校在不更换校长、不调派教师、不进行大投入改造的前提下，通过嫁接北京十一学校的成功基因，找到了乡村学校育人模式转型的解决方案，即通过重构治理体系，给组织装上发动机；重构课程体系，帮学生激发内驱力；重构战略体系，让学校拥有持续优质的能力。仅仅半年时间，我们就从师生的眼睛里看到了光芒，从学校的状态中看到了希望，这条育人模式转型之路，为中国2035教育现代化和中国乡村振兴战略提供了变革样本。

不老屯中学成功的实践案例告诉我们，振兴乡村教育，迫切需要我们加快教育人才队伍建设，尤其是要培育一批像李希贵校长那样有情怀、有担当、有远见的中小学校长。我们要更自觉地学习习近平总书记关于人才工作的重要论述，深刻理解人才是第一资源的重要意义，把中小学校长、书记作为基础教育战线人才队伍建设的第一任务，坚持层层“一把手”抓第一资源。三年前我们决定让李希贵校长用领航班的方式培育一批未来校长。不老屯中学变革的实践证明，这个决策是非常正确的，是新时代加强中小学校长、书记队伍建设的好路子。

不老屯中学成功的实践案例告诉我们，振兴乡村教育，需要我们用综合改革的办法迅速补上乡村中小学相对薄弱这块短板。市委确定“十四五”北京市要在全国率先实现高水平基础教育现代化，关键就是看乡村中小学的发展，解决好城乡不平衡、育人不充分的主要矛盾。不老屯中学，包括同样在李希贵校长引领下发展势头良好的怀柔区九渡河小学，这些学校在当地区委、区政府的大力支持下，都成为“综合改革试点学校”，这种探索给我们拓宽了思路、提供了经验，甚至可以说上了一堂生动的案例课。解决复杂问题、难点问题决不能就事论事、头痛医头脚痛医脚，而必须从根本上入手进行综合治理。学校不是孤立的，学校是需要支持的，改革中更需要各级党委政府、主管部门给予足够的支持和条件保障，才能让学校的变革更顺畅、更见成效。

乡村教育是中国教育的“神经末梢”，这根神经末梢强劲了，那么整个教育的生命肌体就会更健康、更加可持续，人民群众对美好生活的向往就能得以保障。为此，我们还要攻坚克难、开拓创新！

（作者系时任北京市委常委、教育工委书记）

第三辑

基础教育走向公平优质均衡

让优质教育资源城乡共享

——记成都农村学校与城区学校一体化发展

本报记者 · 续梅　胥茜

小阳梅是跟随进城务工的爸爸妈妈来到成都市红碾小学读书的，来之前她非常担心新学校的老师和同学会看不起她这个农村孩子，但是没多久，小阳梅就变得自信、快乐起来，她告诉爸爸妈妈："在红碾，我非常快乐！"和小阳梅一样有着幸福生活的农民工子女在红碾有近 300 人，占到了学生总数的一半。

其实，在 2004 年 6 月以前，红碾小学还只是一所占地不足三亩的微型村小，80% 的教师只有中师学历。仅仅是一个暑期之后，占地 14 亩的新校园就展现在前来报到的学生面前，不但漂亮的教学楼拔地而起，而且来自名校的姚敏走马上任做了红碾小学校长，从实验小学、泡桐树小学等市内名校引进的 8 名优秀教师也在开学前到岗。青羊区把这所改造后的学校定位为专门招收农民工子女的学校。硬件、软件的倾力打造使这所原来的村小发生了巨大的变化，被人们誉为成都市青羊区第一所"星级民工子弟学校"。

记者在采访中发现，在成都，像红碾小学一样发生变化的学校有很多，像青羊一样有着独特的推进教育均衡发展的模式也有若干。在成都市多举措强势推进教育均衡发展的大背景下，因为有了这些不同的模式，因为有了在不同模式带动下学校发生的巨变，成都市在推进义务教育均衡发展道路上迈出了坚实的步伐，也走出了一条因地制宜推进义务教育均衡发展的新路。

上篇：教育"三农"得到前所未有的关注

成都是典型的大城市带大农村，市辖 19 个区（市）县和一个国家级高新技术开发区，人口1060万，其中农业人口606万。1999年，成都成为四川省第一个实现“普九”的地区；2005年，又率先普及高中阶段教育。在义务教育特别是基础教育实现普及后，基础教育发展的重点应该放到哪里？这成为成都教育需要回答的问题。

全力推进城乡教育一体化！经过认真论证，市委、市政府以对农村教育强有力的关注和推进姿态，提出了成都教育新的发展方向，并将其作为贯彻党中央、国务院关于构建和谐社会、建设社会主义新农村精神，统筹城乡经济社会发展的具体举措。农村学校、农村教师、农村的教育质量被作为教育上的“三农”摆在了成都教育发展的重要位置。

如何推进义务教育均衡发展？成都采用的是一种由外而内，又由内而外的双循环渐进模式。

由外而内：从关注“设施”到关注“人”

这个所谓的“外”，是指成都以大手笔推进的两大工程：“农村中小学标准化建设工程”和“农村中小学现代远程教育工程”。

当成都第一所完成标准化建设的九年制学校——蒲江县大塘学校展示在记者面前时，我们实在难以相信这是一所农村学校。占地46.2亩的学校，可容纳27个教学班，满足400名学生住校。包括网络教室、音体美设施和语音室等全新的教学设备全部是由政府出资购置的。教育资源的丰富、校园环境的改善带动了学校办学水平的快速提升。

大塘中学的改变得益于成都实施的“农村中小学标准化建设工程”。成都市委、市政府提出用2～3年时间，投资10亿元，完成对全市农村中小学的校点布局调整和410所农村中小学的建设任务。从2004年6月正式启动到2006年6月，开工建设的项目学校342所，完工150所。按照工程进度，2007年春节前完成所有建设任务。

我们了解到，成都市将在2006年全部完成“校校通”工程，教育信息化和中小学现代远程教育将覆盖全市农村中心校以上所有学校。从2001年起，市本级财政坚持每年安排1000万元中小学信息化建设专项经费。与此同时，还注重开发优质教学资源，引导农村学校广泛运用，初步实现了城乡学校师生同步备课、同步教学、同步考试。

而所谓的“内”，关注的是“人”——教师和学生。

“农村教师专业素质提升工程”在2004年开始实施，工程包括两个计划，一是农村教师专业发展行动计划，为农村初中培养500名、小学培养1000名校级学科骨干教师，分期分批对农村4.5万名教师进行信息技术培训；二是农村教师学历提升计划，规划到2008年，使农村80%的小学教师和70%的初中教师分别达到专科、本科学历。

“城乡教师互动机制”的建立与完善，让城市教师走进农村学校并发挥重要作用，同时也让农村教师走进城市学校参与教育教学，城乡教师实现了“互动”。从2004年起，城区（城镇）学校每年按专任教师1%的比例派教师到农村相对薄弱的学校开展为期一年的服务，教育专家、特级教师、学科带头人等骨干教师纷纷“送教下乡”，带动了农村教师素质的提升。

教育均衡发展，必须解决贫困农民子女和外来务工人员子女读书难的问题。“免费义务教育工程”和“帮困助学工程”的实施，加快了成都推进免费义务教育的步伐。在2005至2006学年，市本级财政安排义务教育“两免一补”专项资金3748万元。2005年，城区共有230所公办学校接收了2.7万名农民工子女。2006年春季起，免除了14个郊区（市）县义务教育阶段学生学杂费和信息技术费。

由内而外：从服务学校到服务社会

所谓“由内而外”，就是扩大学校功能，让教育服务社会。

刘吉中学肄业后就回家务农。1990年，他家赖以生存的土地被征用，刘吉和家人就靠政府的补偿生活。在这样的情况下，刘吉报名参加了青羊区社区教育学院的培训，现在已经成为成都一家公司的物流部员工。为了帮助像刘吉这样的失地农民失地不失业，转变身份再就业，青羊区教育局对他们进行了转岗就业培训，扩大服务范围。这也是青羊构建终身教育体系在学校、家庭和社区之间完美衔接的重要体现。

在成都，实施农民教育与培训工程，利用学校的休息日和节假日，坚持教育资源向社会开放，依托农村中小学现代远程教育、发展农民网校，对农村党员、干部和村民进行培训，使农村学校成为教育培训、信息发布、技术推广、就业指导、政策咨询的富民基地。

在“办好一所学校，带动一方文明”的理念推动下，成都教育在社会主义新农村建设中的作用日渐凸显。

下篇：多种模式带动教育均衡发展

在成都市力推城乡教育一体化的大手笔带动下，各区县因地制宜、大胆探索，形成了不同的推进模式。

武侯“法宝”：城乡学校“捆绑式发展”

武侯名校玉林小学与农村校太平小学是一对“捆绑”校。玉林小学校长助理陈红来到太平小学已两年多了。她是玉林的骨干、教学能手，到太平小学后带给其他教师的是新的理念和新的教学方法。“这样的交流让自己有一种价值的体现，很有意义，而且也逼着自己不断学习新知识、探索新方法，不敢有丝毫懈怠。”陈红这样告诉记者。像陈红这样被派到捆绑校的校长助理，武侯已经有 15 人，教师交流有 120 多人。

2003 年，武侯区政府作出一个重要决定：将区内 4 个乡镇和村管理的 18 所农村中小学全部收归区教育局“直管”。把这个“包袱”大包大揽来之后，除了条件较好的 4 所中心校和 2 所初中，区里决定将其余 12 所村小和城区 12 所最好的小学结成“一对一”的“城乡教育共同体”。这个共同体实行“两个法人单位、一个法定代表人，一套领导班子，独立核算、独立核编”的办法，进行统一管理。采取加大投入、人力支援、强化指导、统一考评等措施，实现了城乡学校在人、财、物方面的统一调配，构建起城乡学校协同发展的长效机制，成为四川省第一个城乡教育同步发展的区县。

龙爪小学是一所条件较差的村小，2003 年，被政府“嫁”到了名校川大附小。区教育局宣布了合作校名单后，川大附小校长余强就带着学校一班人到龙爪“认亲”。之后，龙爪改名为川大附小教育集团龙爪校区，两校真正成为一体了，管理机构合并、规章制度统一、课程体系统一、教研活动统一、财务管理统一、工资奖金统一、考评标准统一。教师可以互相交换，川大附小的所有资源对龙爪开放。在龙爪的孩子们也有机会享受到成都最好的教育资源。

武侯将农村学校“直管”后，教育投入转为以区政府为主，区里明确提出用五年时间建教育强区，承诺投入 10 亿元以上资金，重点建设农村学校。

据了解，城乡学校捆绑发展的内涵是，讲究“共同”，理念、资源、方法、成果、利益共享，荣辱共担。这一模式强调城区学校在发展中不断充实，不断丰富优质教育资源，形成既“造峰”又“填谷”的良性发展态势。

青羊“绝招”：“三个满覆盖”

青羊虽说是成都的中心城区，但区域内的二元结构仍十分明显，“城市学校像欧洲，农村学校像非洲”是一些群众对青羊教育不均衡的形象比喻。

而到 2005 年，让我们来看青羊教育的一组数据：农村学校硬件投入 1.27 亿元，有 8 所农村校发生了翻天覆地的变化，100 名骨干教师赴农村学校定期服务，4.5 万名学生用上了免费循环教材，8000 名农民子女、8000 名外来务工人员子女受到了良好教育。

青羊取得这些成绩靠的是“三个满覆盖”模式：标准化建设满覆盖、优质教育资源满覆盖、帮困助学满覆盖，目的就是“把城区学校移植到农村”。

为了让农村学校先在硬件设施上“赶超”城区学校，青羊推进教育均衡的第一步是推进标准化建设，以“星级民工子弟校”红碾小学为代表的 11 所青羊区域内的农村小学，都已经完成此项工作。

在经历了最初的仅仅是“一般标准”的建设之后，青羊开始着手打造特色：改建一所农村学校，就要建出特色，找到其可以挖掘的文化内涵、社区内涵，使学校以高起点的切入，有了与城市学校对话的“外在资本”，有了向一方民众交代的“第一注意力”。

最具说服力的是青羊区内最远的文家乡的中心校，2005 年暑假前还是典型的村小，经过投入 2000 万元的全新打造，已成为全国基础教育“国学名校”——文翁书院。其创意、布局、绿化、设施皆属一流。

从名校调来的校长张幼龄说，青羊区内最好小学的教师每年轮换到文翁书院执教。至 2006 年，青羊区所有农村学校的校长都是从城区学校选调去的，区内教师到农村学校定期服务的人数，占农村学校教师总人数的四分之一。

不解决贫困农民子女就学问题，城乡教育均衡就难以实现。因此，青羊提出了第三个满覆盖——“帮困助学满覆盖”，就是“学生教材，政府买单，公共配置，循环使用”。从 2005 年秋季开始，青羊义务教育阶段学校实施教材循环使用，同时所有学生免缴书本费。2006 年春季起，免除所有农民工子女义务教育阶段的所有费用。

除了武侯和青羊，成都市其他区县也各展其招：龙泉驿区推出“金凤凰”工程，让山里的孩子享受城里的教育。都江堰市倾力打造“五大教育走廊”，促进校际之间、区域之间的良性竞争，共同发展。

如今，成都市义务教育均衡发展已经进入城乡一体、分类推进的攻坚阶段。当城乡教育一体化的春风吹遍每一个村镇、每一所学校的时候，教育均衡发展之花盛开在成都的城镇、乡村。农村中小学校布局合理，校园风貌显著改变。青山绿水之间，一大批漂亮的校舍矗立起来，川西民居风格的学校分外耀眼。2005 年，全市农村小学专科及以上学历教师的比例比 2002 年提高了 29 个百分点，与城区小学的差距从 41 个百分点缩小到 27 个百分点。全市农村初中本科及以上学历教师比例比 2002 年提高 22 个百分点，与城市初中的差距从 45 个百分点缩小到 38 个百分点。实现城乡教育共同繁荣，让城乡孩子接受均衡教育，已经成为成都市上上下下的追求。然而，在成都市教育局局长杨伟、分管副局长蒋平看来，师资是难关，学校的管理是软肋，要推动教育均衡发展，让教育服务新农村建设，成都还有许多事情要做。

成都市为推进义务教育均衡发展闯出了一条新路，但实现义务教育均衡发展依然任重道远！

（2006 年 6 月 12 日）

办好让家长放心的初中校

——厦门市政府主导十年电脑派位破解择校难题的启示

本报记者·余冠仕　谭南周

眼下开学已快两个月了，厦门市的1万多名小学毕业生，经过电脑派位进入20余所初中学习。与往年一样，“小升初”电脑派位平静而又顺利地进行。学生家长韵小丽说：“电脑派位我们已经习惯了！再说，现在这些初中差别也不大，派到哪所学校都一样！”

和这位家长的看法呼应的是，在2007年7月初的电脑派位现场，厦门市纪委常委、市监察局副局长李伟建说，十年来，市纪委、市监察局未收到群众对这项工作的投诉。同样，市教育局监察室主任苏爱华也称，他们未接到任何投诉。

厦门是靠什么能坚持十年，把电脑派位这项触及千万群众切身利益的热点难点工作常态化，而且实现了“零投诉”？十年坚守又带来了什么样的辐射效应?

一位市民说：“领导干部都能做到，我们老百姓也就没什么好说的了！”

启示一：领导干部带头自律，程序公平公正透明……厦门电脑派位得以顺利实施，靠的就是“认真”二字。

电脑派位平静进行的背后，蕴含着一段不平凡的历程。

作为一个拥有200多万人口的经济特区，厦门已于1996年普及九年义务教育，适龄儿童入学得到保障。但由于历史原因，当地的教育资源特别是良好教育资源并不充裕，万余名小学毕业的孩子升学都“盯”着当时的两所名校：一中和双十中学。用多年分管基础教育的厦门市教育局副局长许十方的话说，当时的择校风“愈演愈烈”。

为从根本上解决良好教育资源不足的问题，厦门决定对初中招生进行重大改革——取消择优择校，免试就近入学，岛内采取电脑随机派位。

消息一出，全城哗然。一部分名校认为，应该让学生有选择学校的权利，因而对电脑派位持保留意见。而百姓的一个普遍疑问是：如何保证“电脑”不受“人脑”左右？

但厦门坚持下来了。厦门市政府认为，要不要实行电脑派位，是对教育的价值判断问题。切实解决择校问题，让学生共享优质教育资源，是对厦门人民负责的态度，也能经得起历史考验。

为树立百姓对这项工作的信心，原厦门市市长洪永世在多种场合强调：“所有人都不能择校寄读，包括领导干部和学校教工的子女。”厦门市委还动用纪检“铁腕”：如果发现领导干部给子女安排择校或者寄读，将予以纪律处理。

时任厦门重点中学——双十中学校长的王毓泉说，当时电脑派位后到双十寄读的一个也没有。他说：“在那之前，每到暑假都是我最繁忙的时候，但实行电脑派位之后，暑期就变得清静许多！”市教育局基教处副处长李燕娜提供了一组数字：市教育局机关干部的子女一半以上被派到“一般校”。基教处是具体负责操作这项工作的，她的前任处长、她自己、她姐姐的孩子以及基教处科员的孩子，一共有五六个先后被派到一般初中。该局一位司机说：“领导干部都能做到，老百姓也就没什么好说的了！”电脑派位在许多地方也做了，但厦门的做法和一些地方不一样，不一样的地方就在于“认真”二字。除领导带头自律之外，厦门还设计了严格的程序，采取严密的措施来保障电脑派位公平公正。

首先是电脑派位由两组人员来执行。第一组人员负责学生信息的核实与登记，第二组人员进行派位操作。这两组人员互相隔离，为防止两组人员同时被“收买”的情况，第一组人员所登记的学生名单，到了第二组那里便由计算机随机生成不同的代码。也就是说，第二组人员进行派位时看到的只是一个个学生代码，而看不到学生的姓名。这样就保证了程序的公正。

其次是加强监督机制。参与电脑派位的不仅是教育部门的工作人员，公证处、监察部门从一开始就介入，并且派专家对派位程序一条条严格审查。

而且，派位一旦完成，结果便马上对社会公布，使“暗箱操作”无机可乘。

参与电脑派位的一位工作人员感受良多。他说，尽管搞了十年，但还是有些紧张，生怕出错，影响公正，对不起孩子和家长，所幸一切顺利，十年也未出过差错，也没听到有人说我们有“猫腻”。“得到群众认可，我们就心满意足！”

一位家长说：“现在上哪所初中都差不多了！”

启示二：真正把群众利益放在首位，认真办好每一所学校，为电脑派位打下坚实的基础，而不是把部分优质资源当作“摇钱树”。

即使七八年过去了，华侨中学的苏效明还清楚地记得在双十“留学”的那段经历。

从普通校来到名校挂职任教，他看到了另一种学校文化氛围：接触到的教师都在谈教学、谈学生。同样，到侨中挂职的许青龙感受到的也是该校教师拼搏进取的劲头。

为了缩小普通校与优质校之间的差距，厦门市规定，在办学条件较好的普通中学和一般初中校之间进行干部和骨干教师双向挂职交流，每一轮限期3年。在教师职称评定时，到一般校挂职交流的教师职数单列。

“效果是非常明显的。”王毓泉一讲起这段历程，语调不由得高了几分：“互派的教师都学到了对方的精华。通过对口支援，厦门每一所学校都提升一个层次，这是我们教育工作者的责任。”

如果说，电脑派位工作中，严格按照程序运作是制度保证的话，那么，要真正让群众发自内心地拥护，还需要政府拿出实实在在的“干货”：采取各种措施，让全市初中校能均衡发展。在许十方看来，这一“干货”源自十年前厦门市委、市政府颁布的“23条”。

“23条”是指厦门市委、市政府1998年发出的《关于扶持一般学校办好所有初中的若干措施的决定》。文件一共有23条规定，明确提出改善一般学校办学条件，提高办学水平，缩小校际差距，把全市所有初中办成让家长放心的学校。

于是，追求“电脑派位—生源相对均衡—大力提高普通校水平—学校差距进一步缩小—群众更加满意”的良性循环，便成为厦门市义务教育均衡发展的“路线图”。

方案确定后，除开展对口支援外，厦门市还加大对普通校的投入。对一般学校急需的基建、教育教学设备经费，可由市教委申请，市财政安排提前投入，一批经费较困难的一般校，在原有生均公用经费标准的基础上，连续三年提高50%。

厦门市财政预算决算报告显示，1998年以来，市财政投入教育的经费增长基本都明显高于财政收入的增长。其中，2000年至2003年，每年投入农村中小学的经费达4000万元，2003年至2006年，每年投入农村中小学的经费更是高达1亿元。

在近年“初中教学质量优质奖”获奖名单上，从原来的普通校“晋级”为百姓心目中的“名校”的，可以列出十一中学、槟榔中学等一长串名单。如今，厦门市约40%学生在一级达标校学习。

当地的一些出租车司机、公务员及学生家长在接受记者随机采访时，给出的回答都惊人的一致:“现在这些初中差别不大，上哪所初中都差不多！”但在发展过程中厦门也遇到一些压力。20世纪90年代末期，全国许多地方出现了义务教育体制改革校。厦门也面临着同样的问题：改还是不改?

厦门市教育局局长赖菡说:“我们的考虑是，要遵循教育发展的特点和规律，真正从群众利益出发，踏踏实实地办好每一所学校，让更多孩子接受良好教育，而不是将部分优质资源推出去，更没有把义务教育当作‘摇钱树’。现在回过头来看，当时的坚持为我们推进教育均衡发展和教育公平打下了非常好的基础。”

一位市领导说:“放眼群众迫切需求，使教育更好地为经济社会服务。”

启示三：从影响每一所初中，到影响高中和小学，从培养高素质的学生，到培养未来高素质的文明市民，电脑派位逐渐体现出良好的辐射效应。

走进十一中学校园，不由眼前一亮：塑胶操场鲜艳夺目，道路两旁绿树相迎。而更让人惊讶的是，在教学楼楼梯碰到的几位学生，见到我们一行“不速之客”，都偏到一侧让开道，还向我们微笑地招呼:“老师好！”

十年前，该校还处于“第三梯队”。“学校水平较低，学生入学后都没心思学习，初中毕业后基本上没有人考上重点高中。”校长陈国华说，“就连我们的教职员工走出校门都抬不起头来，不敢说自己是十一中学的教师！”

谁也想象不出，就是这样一所学校，从2001年至2005年连续获得市教育局颁发的初中教育教学质量优秀奖，超过一半的学生能升入一级达标高中。

“电脑派位给我们普通学校带来了发展机遇。”陈国华说这些话时，言语间多了几分自豪，“当时我就给教师鼓劲，现在生源和重点校一样了，如果还办不出让人民群众满意的教育，就是我们的无能！”

电脑派位给普通初中带来的变化是巨大的。但它的影响不仅是在初中，它向上辐射高中，向下引导小学。

向上看，许多高考成绩的佼佼者当年所在的初中都是所谓的“普通校”，2007年的高考文理科状元应涵和张欢，便是从大同中学、湖里中学等“普通校”起步的。当地媒体评论说：“从某种意义上说，这是厦门坚持了近十年的电脑派位的胜利，也是对厦门尽最大努力坚持均衡教育的最好回报。”

向下看，电脑派位对小学实施素质教育产生了很好的导向作用。该市实验小学教师李静说，小学生的学业压力和精神压力明显减轻，学校有更多的时间开展各种活动提高学生的综合素质。该校在2007年3月份开展读书节，将4月份定为体育节，5月份则是艺术节，校园活动丰富多彩，学生们愉快地迎来了毕业考试。

“闽海之滨有我集美乡，山明兮水秀，胜地冠南疆”“春风吹和煦，桃李尽成行。树人需百年，美哉教泽长”……厦门正致力做强做大经济特区，越来越多的人民群众、引进的人才、外来投资者、外来员工等对教育的渴求也将不断增长。厦门市副市长郭振家在2007年度全市教育工作会议上说：“我们要放眼群众的迫切需求，努力增强适应新形势、新情况的能力，使教育更好地为经济建设与社会发展服务。”

这，或许是厦门市政府主导解决群众关心的教育热点问题的最好注脚。

（2007年10月29日）

孩子在哪上学家长不用操心

——看辽宁盘锦25年来如何杜绝择校

本报记者·刘玉

"择校"在中国是个热词，然而，辽宁省盘锦市的老百姓对"择校"却很生疏。至少从2010年往前推25年，盘锦人没有为"该把孩子送到哪所学校"这样的事操过心。

盘锦市教育局2004年曾在《盘锦日报》上设立举报奖，专门监督城区公立初中、小学招收择校生，奖金1万元。时至记者截稿日，这1万元奖金仍然无人领取。

记者反复研究盘锦市治理"择校"的办法，无非是"小学划片招生，初中对口直升"，与其他地方并无二致。那为什么盘锦市的老百姓就如此买账呢?

"即便是最好的初中，我们也不办成'尖子学校'，不给它好于其他学校的办学条件。"也许魏书生的一席话，正是盘锦教育均衡发展的关键所在。

校舍同步建，设备一起上，城乡学校啥都一样

建市初期，盘锦农村学校的校舍大多是平房，有些还是危房。春秋季节黄沙扑面，雨雪天则满地泥泞。现如今，单从校舍的外观和教学设施上，已经很难分辨谁是农村学校谁是城市学校。因为最好的初中、小学校舍和办学条件不在城里而是在农村。

盘锦实验中学是教育家魏书生当年教书当校长的地方。按照常理，魏书生于1997年当上市教育局长后，实验中学应该跟着"沾光"吧。然而，十几年过去了，实验中学面貌没有太大改观，学苗也照常是对口直升。相反，

市教育局在统一配置资源时，实验中学却常常被排在最后。

魏书生考虑更多的是均衡问题：“人们之所以择校，还不是因为学校间差距太大，假如把实验中学办成最好的学校，条件高出一截，校内全是优秀学苗或有权有势人家的孩子，那人们的各种欲望就都起来了。”不办重点小学和重点初中，政府全额承担义务教育阶段公用经费，并按学生数平均分配到每所学校，教师工资津贴全由财政解决，这是盘锦市历届市委、市政府一以贯之的做法。

市里把教育经费均衡地投给每所学校，“校舍同步建，设备一起上”，而且一直坚持“雪中送炭”。所以，即便出现个别学校投入“冒高”的现象，那这所学校也肯定是薄弱学校或是农村学校。

盘锦辖两区两县，人口130万，城区人口61万，建市仅有25年。随着经济的发展，市财政投入教育的比例连年增加。每年的城市教育费附加，市里都把支配权下放给市教育局。近四年，市教育局从城市教育费附加中拿出1.4亿元，投入两县农村学校建设。2007年，盘锦市所有农村初中校舍均建成楼房。到2009年，所有中心小学也全部搬进楼房。2010年，盘锦市农村学校全部完成了信息技术手段的配置，计算机室、语音室、多媒体教室、网络教室一应俱全。

在城区，义务教育阶段的公用经费一律由政府承担，并按学生数平均分配到每一所中小学。建设基本保持同步安排，一个标准，没有亲疏。教师工资津贴全由财政解决。近十年，市直财政发放的中小学教师工资津贴明显高于同级政府公务员。

“好的管好，弱的改造。”不让好学校“冒尖”，也不让差一点的学校掉队。在盘锦市教育格局中，“弱势群体”总是受到特殊关照。

盘锦市两个区有43所小学、26所初中。各校不可能整齐划一，也不可能全部处于长期健康发展状态。市教育局严密监控每所学校的发展态势，一旦某所学校发展出现波折，市教育局就会及早发现、及早诊断、及早治疗、及早改造，“决不把破蛋孵成病鸡”。

处于城乡接合部的市二中，2007年学校刚刚出现办学效益下滑倾向，市教育局就组织人员现场办公，认真分析原因，并对学校领导班子作了调整。现在的二中，领导班子凝聚力强，教师工作干劲高。2009 年 5 月学校被辽宁省教育厅授予“辽宁省和谐学校”称号，获此荣誉的，在盘锦市只此一家。

因为多年来坚持均衡经费投入，均衡办学条件，所以盘锦市各学校办学条件相差无几，并且都达到或超过了国家规定标准。

校校有名师，校校有骨干，各校师资水平不相上下

学生择校，很大程度上是择师。如果用同一标准给各校配备师资，那择校难题解决起来就会轻松许多。盘锦市采取的办法简单又公平。

一是逢进必考，把住师资“入口”关。魏书生 1997 年出任教育局长时，每年的师范毕业生供大于求，很多人托关系、递条子想挤进来。那何不用考试的办法？只要想当老师，不管你有没有门路，只需参加考试便是。

所以，每年的 8 月 16 日，就成了盘锦市直学校新教师招聘考试的日子。被录取的新教师，由市教育局按需分配，重点向薄弱校倾斜，而不是照顾好学校。由于用同一标准配备师资，盘锦所有中学教师起始平均学历都一样。校校有名师，校校有骨干，校校有学科带头人，学校间师资力量发展均衡。

二是异校交流，差学校也有好教师。“入口”关把住了，那学校里现有师资状况怎样改善？盘锦市的做法是优秀学校领导、教师在市直学校间交流。教育局规定：凡新聘上岗的中级、高级教师，上岗前必须到外校交流一年。有了这个“杀手锏”，市教育局就可以主动灵活地调配师资。十年来，市直学校已有 56% 的任课教师有过交流经历，有 95% 以上的正职校长进行过交流。

三是送教下乡。从 2006 年起，盘锦市教育局每一年都组织“教学评课”“教学诊断”“教学观摩”，把先进的教学理念、教学方法、教学经验、教学技术送到农村学校，送到农民子女的课堂。目前，盘锦送教下乡的覆盖率已超过 95%。

在盘锦，凡是市里举办的教师培训，从不向教师收取费用，农村教师函授本科，市里还报销三分之一的学费。

四是每年举行一次教师继续教育考试。从 1998 年开始，每年 8 月 25 日，盘锦市直学校全体在职教师都要统一参加继续教育考试。由学生监考，除统一考教育法规、教育学、心理学之外，专业考试教什么考什么，初中教师做中考难度的题，高中教师做高考难度的题。12 年考试坚持下来，盘锦市优秀教师队伍越来越壮大，全市小学、初中、高中教师学历均 100% 达标，研究生比例不断提升。

“没人逼你，但如果考不好，今年的评职晋级就别想了。再说，当教师的都要面子，真考不及格，多掉价儿啊。”几乎所有的老师都是这种想法。就这样，随着考试次数的增加，教师平均成绩、校际之间的差距越来越小，师资力量实现了在高水平上的均衡。

面对师资水平参差不齐的现状，魏书生没有强求教师转变观念，而是立足课堂教学，给他们提供一种简单易行的参照模式，使教师们都学而能用，用则有效。这种可操作性极强的教学模式是魏书生当教师时创造的“六步教学法”。

简单地说，“六步教学法”就是“定向、自学、讨论、答疑、自检、自结”六个步骤。它的灵魂是民主与科学。所谓民主就是让学生乐学、爱学，提高教学有效性；所谓科学就是教给学生学习的方法，让课堂有生命力。这种普适性极强的教学模式，无疑成为盘锦市师资均衡的方法保障。

均衡分配学苗，重点高中统招公费生招生指标 100% 分配到每一所初中

盘锦从建市开始就坚持不办重点小学和重点初中。小学入学按学区划片就近入学，小学升初中对口直升，目的就是要在校际之间创造相对公平的发展环境。年年如此，人人如此。所以群众认为就近上学是理所当然、天经地义的事情。所以盘锦每年小升初的秩序都非常好，也没有人有走后门择校

的想法。

孩子入学后，家长们关注的第一件事就是分班。如果分班不公平，可能会造成不均衡。盘锦市提出并实践了一项新的均衡策略——阳光分班。

每年9月1日新生入学的第一天，盘锦市各中小学都会在学校大操场上举行“阳光分班”仪式，公开、平均分班，学生家长、新闻单位及相关部门的监督员在现场监督。

因为坚持不设重点班，所以，每名学生享受教育的机会都是平等的，这也给教师创造了公平竞争的机会。

中考是盘锦市的孩子们面临的第一次选择。为防止初中学校片面追求升学率，防止家长单纯为孩子升重点高中而择校，市教育局在确保公平竞争的前提下，实行录取分数线弹性控制原则，把重点高中统招公费生招生指标100%分配到每一所初中。分配的依据是多方面的，既有学校总体办学情况，也有学生的综合素质，更有政府对学校办学水平的评估。

“中考指标到校”从根本上解救了饱受“片追”之苦的薄弱学校。基础薄弱的盘锦第五中学曾在“片追”的角逐中败下阵来，学苗流失，人心涣散。实施中考指标到校三年，该校就重新焕发了生机。

到2010年，中考指标到校这一做法在盘锦市已经实行15年，从源头上遏制了择校，最终提升了每一所学校的办学水平。

以素质均衡为目的，让每个学生获得全面发展

在魏书生看来，无论是硬件均衡、师资均衡，还是生源均衡、投入均衡，都是为了实现学生素质的均衡发展。实现学生素质的均衡发展才是教育均衡的根本目的。

学生素质的均衡从培养良好习惯做起。从1997年开始，盘锦把“七个一分钟”作为学生每天的“必修课”，要求学生做到每天做一分钟家务、唱一分钟军歌、走一分钟队列、写一分钟日记、读一分钟好书、练一分钟演讲、进行一分钟记忆比赛。还要养成“八个学习习惯”，有制订计划的习惯、

适应老师的习惯、预习的习惯、自己留作业的习惯等，持之以恒地做下来，就一点一滴积累起了好习惯。

所以，良好习惯的养成在盘锦格外受到重视。13 年来，每年 10 月 16 日，盘锦市固定举行全市中小学培养良好习惯现场会。校长都参加，教育局认真地检查考核，结果作为评定学校办学效果的依据。

盘锦市还有一年一度的教育科技节。到 2010 年已经连续举办 10 届，全市师生的科技创新作品有 20 多万件。

盘锦市第二完全中学校长池军华对此深有体会："培养学生良好习惯和创新能力，最实在、最有意义之处，就在于通过持之以恒地做，实现每个学生素质的均衡。"

此外，盘锦市还大力树立先进典型，用典型的力量带动所有学校一起进步。学生虽然不能同在一所学校学习，但却可以享受相同的教育模式。

盘锦市实验中学是一所办学条件普通、师资普通、学苗普通但办学非常出色的初中，它也是魏书生教育思想的发祥地。它的经验特别是那些不用花钱就能学的经验，不同学校都能拿来就用。市教育局便把它的经验向全市各学校推广，比如领导班子成员都教课的经验；校长不仅每天上课，还和学生一起长跑的经验；校长、教师带头写日记的经验；从最后一名抓起的经验；每位教师都要和一名后进生组成互助组的经验；班干部轮流当、依法治班、班级管理自动化的经验；教师少讲、学生多学，把自习课还给学生的经验；教学生养成大事做不来、小事赶快做的良好习惯的经验……

多年坚持下来，全市各中学与实验中学的办学水平差距越来越小，学生们所享受的教育也就越来越接近，学生素质也就越来越趋于均衡。

不办重点小学、重点初中，会不会影响高考升学率，会不会压抑尖子生？事实是，盘锦市不仅义务教育均衡发展，基础教育也实现了历史性跨越，实现了同龄人口 97% 升入高中阶段的目标。万人口高中阶段在校生列全省第一位，其高考升学率也一直处于全省前列。以 2009 年为例，同龄人口 46% 升入大学，万人口升入清华、北大的学生数是全国平均的 3 倍。近七年，参加国家级青少年创新大赛及科技模型竞赛，6 次获团体第一名，42

人次获第一名或一等奖，中小学生科技发明有2128项获得国家专利。

（2010年3月22日）

改革者说

均衡发展要靠齐心协力

魏书生

《国家中长期教育改革和发展规划纲要（2010—2020年）》中提出，均衡发展是义务教育的战略性任务。在实践中，我们深深感到：义务教育要靠人民群众、各级领导、教育部门齐心协力，才能均衡发展。

建市25年来，盘锦人民群众和一届又一届的市几大班子领导达成共识：不办重点小学、重点初中，既有好处，也有坏处，总体而言，好处多于坏处。于是义务教育一年年均衡发展，各学校今年我比你强一点，如果不努力，明年你就会比我强一点。排在前面的学校来不及骄傲，速度均衡朝前走；排在后面的学校满怀信心，速度均衡朝前追；谁的发展速度慢了，就会拉大和兄弟学校的距离。

我只是按人民群众的期望，按市级领导的要求，按前几任教育局领导的做法，继续让学校速度均衡地朝前走，大家习以为常了。

感谢人民群众和各级领导，不让我们搞形象工程，我们两县的农村初中、小学校舍才会好于县一中、市一中。

感谢人民群众和各级领导，在我任职的13年中，没有送过一名学历不合格的教师进入市直中小学。领导没有安排过一名招聘考试不合格的人进入市直中小学。

感谢人民群众和各级领导，15年如一日支持教育局把重点高中公费生指标100%分配到各初中，分管教育的副市长的孩子仅几分之差没分到指标，领导也主动提出绝不破例。我任职的13年中，没有一位领导为小学升初中择校找过我。

盘锦教育能够均衡发展，除了人民群众和各级领导的支持，还有一个重要原因，就是我们是一个小市。城市较富裕，人口又不多，做起来就容易一些。

今后，我们还有很多工作要做：校长均衡地对待每一个年级、每一个班级，教师均衡地对待每一个学生，学生均衡地对待自身德智体各项需求。干部、校长、教师、学生们都松、静、匀、乐地对待每一天、每一节课，让我们每时每刻都处于发展之中，这样均衡发展才算落到了实处，教育才能满足人民群众日益增长的精神需要。

（作者系时任盘锦市教育局局长）

改革让农村校绝处逢生

——山西省晋中市城乡义务教育均衡发展采访纪行

本报记者·李曜明　张婷　禹跃昆

改革以前，晋中城市优质学校学生爆满，班容量70多人，最多有120人；农村薄弱学校日趋空壳化，班容量仅10多人，俨然冰火两重天。

改革以后，“择校热”大大消退，城里中小学班容量“消肿”到50人，农村初中“起死回生”，城市农村一个样。

改革以前，教师加班加点，学生披星戴月，学校以考试成绩来编排“快慢班”“尖子生”“重点班”。

改革以后，阳光编班让快慢班、尖子班、重点班销声匿迹！

这是国家教育体制改革试点区——山西省晋中市城乡义务教育均衡发展的一组镜头。阳春三月，记者一行赴这个欠发达地区，探访这里因改革带来的变化。

好学校向农村敞开了大门

2009年，榆次区张庆中学每年升入市优质高中的学生只有几个人，2011年一下子就蹿升至53人。

2009年，张庆中学门庭冷落，几近倒闭，学生纷纷转至城里上学；2011年，一次就回流90名学生。

2009年，张庆中学只有几个班，10多名教师，百十名学生；现在有26个班，1200多名学生，98名教师。

2009年，张庆中学破烂不堪，音体美等课程开设不齐；现在，乡里怀仁、永康中学与张庆中学合而为一，新来的35名优秀大学生，投资3000多万元建成的标准化寄宿制学校更令城里人羡慕。

说起这些变化，王玉虎校长激动不已：“是城乡教育均衡发展的好政策让我们农村学校‘起死回生’！”

王玉虎说的好政策，指的是晋中市大力推进的优质高中指标到校、城乡学校标准化建设及城乡教师大交流。

因指标直接到校，张庆中学一年拥有49个优质高中招生指标。

因标准化建设，张庆中学变成了配置齐全、占地60多亩的新学校。

因城乡教师交流，19名城市教师在这里长期任教。

这些政策的实施，使农村孩子真正懂得了什么才是均衡，真正感受到了公平给自己带来的实惠。

“学校硬件好了，择校的学生回来了，家长对我们的要求比过去更高了。如果我们的教学质量上不去，既对不起孩子们，也无法向乡亲交代，更对不起良心。”

学校会议室的墙上悬挂着区教育局颁发的三面锦旗：教学质量提高奖、千人达标创新奖、教学质量优秀奖。这三面锦旗既彰显着这所农村中学的实力，也让王玉虎挺起了腰板。“以前到教育局开会，我只敢坐在角落里，说是去开会，实际上是听会，不敢发言。现在，咱的质量上去了，开会也理直气壮地坐前排了。”王玉虎憨憨地说。

好教师走进了农村校园

同样感受到农村学校变化的还有北田村的农民郝巧根。老郝的女儿郝雨婷过去在北田上学，但村里的初中校每年考上优质高中的只有几个人。为了不耽误孩子的前程，老郝早早就把女儿“择”到城里学校读书，并在学校附近租了一间平房“陪读”。

“那样的日子真叫苦，房租高了，土地撂荒了，收入少了，吃肉的次数少了。”说起这些，老郝一脸的无奈。

指标到校后，老郝心动了，在家门口上学，经济压力小，但他仍担忧农村学校的教学质量。于是，这个有心的农民暗地里作了一番调查：家门口初中的英语教学质量比城里的还好。原因是城里学校连续六年没有进新老师，而北田这些年分来了10多个高水平的大学生；另外，城里交流来10多位其他学科的好老师，不是“过眼烟云”，而要待三年；学校的“三步导学”“隐性课程”等课改实验，和城里学校没有什么两样。心中有数了，老郝果断地把女儿转回到了家乡中学。

“2011年，女儿从北田中学考上了榆次一中，农家孩子也有机会上好学校了！”老郝乐得合不拢嘴。

好政策偏向了农村学校

2007年，晋中市教育局局长鹿建平上任不久就接到了一个陌生电话，这个陌生人劈头盖脸把他骂了一通，边骂边哭，“我们老百姓没门路，孩子进不了好学校、好班级，一家人抱头痛哭”。

听到这番话，鹿建平心如刀绞。“不能再这样继续下去了！”他们决心调整城乡教育的“天平”。

让我们来看看这个“天平”当时是怎样的不对称。

城市优质学校：教学设施先进、好教师云集，学生削尖了脑袋往里挤，择校费年年看涨，班额越来越大。

农村学校：晋中市辖内11县，最多时单师校、复式教学点近2000个。学校分散，教师分散，基本课程开不齐；学生流失，教师流失，不少农村学校濒临倒闭。

两相对比，晋中决意调整学校布局，逐步取消单师校，集中办学，全市中小学从近4000所调整为近千所，集中人力、物力、财力，办好农村学校和薄弱学校。“在政府财力有限的情况下，如果依然是分散办学，连课程都开不齐，何谈均衡？”鹿建平说。

仅仅一个集中办学，便优化了教师的数量和结构，农村学校所有课程全部开齐。

集中办学让有限的财力发挥出了最大效益。三年投入31亿元，实施千校达标工程，使得精简后的所有农村学校焕然一新；投入5.6亿元，改善了农村学校和薄弱学校的仪器设备、图书、课桌凳、食堂、厕所等配套设施。“农村几乎全是新建的校舍。”王玉虎说。

“任教满六年以上的中青年教师，必须定期交流”。交流不是短期的，而是三年。因为这样的硬性规定，这四年，晋中市有1.2万名教师参与城乡大交流（占该市义务教育专任教师的48%），让农村学校绝处逢生。“这样的好政策，让农村学校长期拥有了一批不在编的好教师。而交流到城里的农村教师，三年学得一身本领，回来就成为学校的领头人。”北田中学校长张慧明说。

优质高中指标到校政策，让农村孩子看到了希望。让我们看看该市2006年至2013年指标变化情况：2006年，20%的指标到校；2010年，60%的指标到校；2011年，80%的指标到校；2013年，100%的指标到校。指标增加，意味着农村初中升入优质高中的学生数不断增加。

对择班、择师难题，晋中市用两个字彻底化解：均衡。教师按年龄、教龄，均衡搭配编组，在家长参与，公证员、人大代表、政协委员监督下现场随机抽取，彻底掐断了所有家长择班、择师的念想，实现了真正意义上的公平。

张慧明说：“2011年，我们学校升入优质高中的学生比例达25%，真是好政策救活了农村学校！”

（2012年3月5日，有删改）

改革者说

促进教育均衡是政府的责任

刘志宏

晋中市委、市政府围绕推进义务教育均衡发展这一战略任务，坚持以市统筹，注重顶层设计，强化制度创新，提前实现了区域义务教育初步均衡。

实践中，晋中市探索建立了以“四化两改三保证”为抓手，促进教育均衡的“晋中模式”。所谓“四化”，即学校建设标准化、教师交流制度化、教育管理规范化、教学手段信息化；“两改”即改造薄弱学校、改革高中招生制度；“三保证”即保证贫困生不失学、保证学困生不流失、保证农民工子女和城市学生享受同等待遇。

在推进义务教育均衡发展过程中，晋中市将解决“择校”和“大班额”、农村薄弱学校建设等问题，与促进义务教育标准化学校建设结合起来；与建立教育干部和教师交流制度结合起来；与规范办学行为结合起来；与初中毕业生学业考试及综合素质评价和高中阶段招生考试制度改革结合起来；与实施素质教育、提高教育教学质量结合起来，统筹考虑，量力而行，研究和解决了一系列教育难点问题。

教育均衡发展实现了教育改革和社会效益“双赢”。全市义务教育阶段学校出现了没有“超班容量”、没有重点班、没有“择校”、没有教师有偿补课行为的“四没有”现象。

（作者系时任晋中市常务副市长）

打造一个没有择校的城市

——江苏省盐城市治理中小学择校采访纪行

本报记者·翟博　张以瑾　张学军

江苏盐城曾经“择校”成风：老百姓花钱、找关系，挤破头也不一定能让孩子上到好学校；为“条子生”所困的领导和校长感叹“权有多大，罪就有多大”。

盐城市从清理改制学校、规范办学行为入手，一方面由政府投入，推行集团化办学，做大优质教育资源“蛋糕”；另一方面大力推进校际、城乡均衡，让老百姓的孩子在家门口就能上好学校。

短短三年，盐城市基本实现“零择校”目标，成为一个义务教育阶段基本没有“条子生”和“缴费择校生”的城市。

用三年时间刹住择校风

2010年前的盐城，是不折不扣的择校重灾区，全市择校比例高达70%。纵横交织的关系网把每个人都绑到择校的战车上。

孩子能不能上好学校，不仅要看成绩，还要看家长的财力和人脉关系。拼财力、比关系、打招呼、批条子……“择校热”催生了种种不理性的心态和行为，引发了不少社会矛盾。

2010年，盐城市委、市政府狠下决心治理择校，以行政力推的方式迈出治理择校的关键一步，即清理“国有民办”改制学校，同时开始科学划分施教区，以大路大河为界，合理确定各学校的服务范围和服务人口。

当时，盐城全市共有31所改制学校，包括了大部分优质教育资源。在“非公即民”的硬性要求下，这些改制学校一律收回公办。

“治理择校的关键在于党委和政府的重视！”盐城市教育局局长常逢生颇有感触地说，市委、市政府主要领导以身作则，多次在大会上承诺“不打招呼，不批条子”，并对各级党政机关下了死命令：不得向教育主管部门和学校递条子，权力再大、金钱再多、人脉再硬也不能干预招生。

在划分施教区过程中，盐城市委、市政府、市人大、市政协的领导都曾出面听取意见，协调各方关系，光是各级座谈会就开了40多次。方案几经修改后向社会公布，每个施教区的界限和范围都写得清清楚楚。家长对孩子上哪所学校清晰明了，因为学校必须无条件接纳施教区内所有符合入学条件的学生。

一切公开透明，老百姓参与监督，并可随时举报违规入学现象，这使得盘根错节的“关系市场”一下子冷清了下来。

“前年刚划施教区时，还有人到处找人托关系；去年找的人就少了，今年几乎没了，都知道找了也不管用！三年来，老百姓认可了，各级干部也慢慢认同了。”盐城市教育局初等教育处处长陈静说。

在家门口就能上好学校

两年前这个时候，家住盐城实验小学附近的周先生正在为女儿上学发愁。尽管家门口就有好学校，但由于家里收入不高，也没什么人脉关系，孩子上盐城实小几乎是天方夜谭。

但让他惊喜的是，当年赶上全市划分施教区，他顺利地把女儿送进了盐城实小。“没找一个人，没多花一分钱。要不是划区招生，我们无论如何也遇不到这样的好事情！”现在，每天下午在校门口等女儿放学成了周先生最幸福的时刻。

划分施教区只是形式，如何让老百姓接受，愿意就近入学？盐城市教育局副局长郑英舜认为，关键在于改善办学条件，缩小校际差距。为此，盐城市采取集团化办学，按照就近组合的原则，让优质学校领衔带动薄弱学校发展。

目前，盐城市区共组建了11个教育集团，涉及近50所学校。集团内最大程度实现资源共享。“原本要几年甚至十几年才能达到的均衡目标，现在基本实现了。”盐城市教育局副局长崔成富说。

“只要能满足家长对优秀师资的需求，家长就会认可你！”田家炳实验小学副校长丁祥荣说，以前学校每年最多只能招3个班学生，中途还有很多学生转学。2010年集团化办学后，领衔校盐城一小先后派来16名业务骨干，现在每年能招满6个班学生。

教师交流也让偏远的农村学校焕发生机。记者在距离盐城市区50公里的北龙港初中采访时发现，盐城第一初中支教团队的到来，让这所乡镇中学成了家长眼中的“香饽饽”。校长朱东明告诉记者，去年回流了40多名学生，今年春季开学又回来一部分。

校长安心办学不再是梦

“吃饭有门卫，走路有警卫，门口像排队”，这个段子说的是三年前盐城校长们的生活。“择校热”让他们炙手可热。但说起过去的“风光”，他们却都有一肚子苦水：

“以前到了招生季节，总有一段时间要东躲西藏，晚上回家到了门口要像地下工作者一样先看看有没有人守着。”

“各种各样的条子，方方面面的招呼，你要不要考虑？解决这个，不解决那个，你就会得罪人。”

现在，这些烦恼没有了。对于治理择校两年来的变化，校长们有同样的感受：现在没有一个领导给他们打电话、写条子，他们可以安心做校长该做的事情了。

“真正为校长松绑、让学校回归本位的做法，是人、财、物由政府买单。”盐城第一小学教育集团副校长王洪恩说，以前作为“国有民办”性质的学校，盐城一小欠银行贷款9000万元，光是利息每年就要还500多万元；改制后，贷款、利息连同每年1000万元的教师工资完全由政府财政承担。

此外，还有生均经费和各种专项补助。虽然现在没有择校费了，但学校平时并不差钱。

择校时代，校长姓“钱”，姓“关系”，唯独不姓“教”；现在，学校费用全部由政府买单，所有校长都姓“教”，把学校办出质量、办出水平成了他们的自觉追求，也成了衡量校长业绩的唯一标尺。

“治理择校的最终落脚点是义务教育优质均衡发展。在这个方向上，我们现在只是破了个题。”盐城市副市长朱传耿向记者描述了盐城教育的未来图景：所有学校都建得一样好，都有自己的特色和品牌，都能得到老百姓的认可。

（2012年6月5日，有删改）

改革者说

让百姓享受优质均衡成果

朱传耿

改革之初，部分群众对实行“划区招生、就近入学”还有抵触情绪，但我们坚持从领导干部做起，不打招呼，不递条子，带头将子女送到施教区学校就读。我们以政府名义，每学年对义务教育集团化办学进行考核评估，表彰先进集体和个人，营造良好的教育生态。我们打算再用三年时间，逐步解决教育改革发展中的深层次矛盾，让百姓享受教育优质均衡的成果。

（作者系时任盐城市副市长）

深化高中课改的“浙江行动”

本报记者·陈志伟　蔡继乐　朱振岳

深秋下午的阳光，透过窗户暖暖地照进杭州绿城育华学校这间茶文化选修课教室里。

说是教室，其实更像是一间茶艺馆，四张长方形的茶桌四周摆放着小木凳，前面的讲台是一张更大的茶桌。

我们落座后，年轻女教师窦梅，一边给我们泡茶，一边向我们介绍学校开设茶文化选修课的情况，“选这门课的学生挺多，主要是高一、高二的女生，也有不少男生选这门课”。

“学校目前共开设高中选修课 173 门，今年 2 月开始实施高中必修课选课走班制。”校长陈建国说起高中课改时，言语中透出自信。

陈建国所说的这项改革，正是浙江省教育厅厅长刘希平主抓的“一号工程”。如今，在浙江大地，几乎所有的城市和农村高中，都像杭州绿城育华学校一样，自觉投身到深化课程改革的行动之中。

2013 年 4 月，浙江省教育厅组织了一次全省深化高中课改的调研。结果显示，目前，全省所有高中学校都开设了选修课，并实行了走班教学，不少学校还开始尝试必修课选课走班教学。

何以下决心深化高中课改——逼出来的育人模式变革

统一的课程设置、过窄的课程结构、沉重的课业负担、单调的校园生活、千校一面的校园，这是课程改革前浙江不少普通高中学校的现状。

为了改变这种局面，2006 年，浙江与全国不少省份一起踏上高中新课程改革之路。

然而，几年过去了，在经过初期的喧嚣之后，很多学校又回到原先应试至上的老路。为了从根本上扭转这种现状，浙江省再次踏上深化高中课改的征程。2010 年 10 月，浙江省深化普通高中课程改革正式列入国家教育体制改革试点。

浙江省教育厅厅长刘希平向我们讲述了浙江省下决心深化高中课改的背景。

几年前，刘希平带领宁波、温州、金华等地的教育局局长到芬兰考察基础教育改革，有一次到当地一所只有 20 多名教师、200 多名学生的中学考察。当得知这所学校每学期开设 200 多门课程时，刘希平和几名教育局局长大为震惊。

“人家一所如此小规模的中学竟然能开出这么多门课程，相比之下，我们中学开设的课程实在太少了，学生几乎没有选择课程的自由。”刘希平说，“那次考察回来后，我们下决心要在深化高中课程改革上下大功夫。”

但是，改革的声音刚一出来，就有各种各样反对的声音传到刘希平的耳朵里，有人说，这是“穷折腾”；还有人说，这次改革与上次一样，不会有好结果。

听到这些风言风语，浙江省教育厅没有退缩，反而更加坚定了改革的决心。刘希平认为，这是根深蒂固的应试观念在作怪，也是 2006 年那次课改没有取得预期效果的原因。

“那次课改虽然也要求选课走班，但由于种种原因都没能选起来、走起来。特别是一些优质学校，总担心失去原有的排名，不少校长在管理上嫌麻烦。”刘希平分析说。

为了打破不少局长、校长脑子里根深蒂固的应试教育观，从 2011 年 11 月开始，浙江省教育厅先后赴各设区市召开了 34 场座谈会，后来又多次召开研讨会，逐渐统一教育局长、校长和广大教师的思想认识，并向国家教育咨询委员会专家汇报了深化普通高中课程改革方案。

2012 年 4 月 8 日，浙江省教育厅向省政府就当年秋季全面启动深化普通高中课程改革进行了专题汇报；5 月 16 日，省政府正式批复同意，在全省全面启动深化普通高中课程改革。一场轰轰烈烈的深化高中课改的教育大变革，在浙江大地拉开帷幕。

此次课改的核心理念是什么——给学生更多的选择权

杭州二中是一所知名的优质高中校，校长叶翠微今年教师节前刚被评为浙江省的“功勋教师”。

在学校的会议室里，这位在很多人眼中有思想、口才又好的校长，向我们讲述了学校的办学理念：“让能飞的飞得更高，会跑的跑得更快。”

叶翠微说，在浙江省这一轮深化高中课改前，杭州二中就开始主动加大课程改革的力度，“目前，学校的选修课已从几年前的 40 门大幅增加到现在的 120 多门，学生的选择余地非常大”。

他还用形象的比喻，向我们解释了学校大量开设选修课的好处。他说：“原来，我们只能给学生提供快餐，现在能提供‘江南小炒’了，有本事的学生还可以吃‘满汉全席’，我们就是要给学生更多的选择权。”

给学生更多的课程选择权，正是此次浙江深化普通高中课改的核心理念。刘希平说：“这次改革最突出的特点就是强调选择性，选择是这次浙江课改方案的主旋律，即把更多的课程选择权交给学生，让高中生能多学些自己想学、有能力学、学得好且对实现自己志向有用的东西，让每个学生都能品尝一些学习和成功的快乐，向着全面而有个性的方向发展。”

主管基础教育的浙江省教育厅副厅长韩平向我们详细讲述了此次课改的核心内容。他说，改革的总体思路就是 15 个字，即“调结构、减总量、优方法、改评价、创条件”。

说到改革的具体内容，韩平说：“改革的重心是减少必修课、增加选修课，必修课学分从 116 分减至 96 分，选修课学分从 28 分增至 48 分。”

浙江的改革方案还提出，按知识拓展、职业技能、兴趣爱好和社会实践四大类划分、建设选修课程，并将课程设置权交给学校，全省各普通高中不再有统一的课程表。

“这样做的主要目的是增加选择性，一方面，让学校根据自己的实际，建设满足本校学生发展需要的选修课程；另一方面，也确保学生有更多选择课程的机会。”韩平说。

如何开设更多的选修课程——外引内掘开设选修课

与所有的改革一样，此次浙江省自上而下发动的深化高中课改行动，注定会遇到许多难题，其中最大的难题就是，很多学校缺乏开设大量选修课的资源。

怎么办？“我们提出将课程开发权交给教师，这对广大教师提出了前所未有的挑战。”浙江省教育厅教研室主任缪水娟说。不少学校鼓励教师利用假期充电学习，学成后再回学校开设选修课，比如杭州绿城育华学校就是这样做的，学校除给自觉充电的教师报销学费外，还给予额外的奖励。

除了校内挖潜，浙江一大批普通高中学校开始把目光投向校外，积极与高校、中职学校、行业企业、社会机构合作开发选修课，甚至直接引进校外课程资源。天台中学与浙江银轮公司等 3 家公司的合作堪称经典，学校教师与公司专家共同制订高中三年选修课计划，共同编写选修课教材。据校长郑志湖介绍，2012 年，天台中学高一年级每名学生分别选修了普职合作、校企合作选修课程，840 名学生中选修普职合作课程 1015 人次，校企合作课程 1307 人次，共有 64 人参加 10 个校企合作研究小组。93.8% 的学生认为，选修校企合作课程后，提升了自己的学习能力。

像天台中学这样与企业、职校合作，引进职业技能类课程资源的做法，是浙江此次改革的一大亮点。缪水娟说，在上半年被巡查的 47 所学校中，有 17 所学校与职校合作开发选修课，有 29 所学校直接从职校引进课程，有 35 所学校聘用了职校教师。

一些优质学校还把目光投向了大学，开始尝试与高校合作开发大学先修课程，或邀请大学教师进课堂，共同开发资优生选修课。杭州二中目前已经与周边高校合作开设了十几门课程。宁波鄞州中学与上海交大、浙江师大以及美国、英国的著名高校建立了合作关系，定期邀请教授到学校授课。

2013 年 4 月，浙江省教育厅组织了一次课改巡查，在被巡查的 47 所高中学校中，平均每所学校开发开设了 102 门选修课，约有 70% 的教师参与了选修课程开发，64.4% 的教师兼任了选修课教学工作。

农村校缺开课资源怎么办——建立省级课程资源库

在课改推进过程中，农村学校和部分城镇薄弱学校选修课开不起来的现象，引起了刘希平等省教育厅领导的关注。

为此，浙江省采取统筹建设选修课程资源库的办法，重点向农村学校和城镇薄弱高中提供课程。2012 年上半年，省教育厅发动各相关单位，通过各种途径面向高校、普通高中、中职学校和社会机构征集课程资源，如省教研室组织的“高中精品选修课”征集活动，省教育厅基教处组织的优秀选修课程电子教材征集活动，省教育厅高教处则动员在浙高校为普通高中开发大学初级课程等。

“在广泛征集的基础上，我们组织专家评审，并开始开发网络课程和电子学习平台，建立选修课程资源库，免费提供给农村高中使用。”具体负责这项工作的浙江省教育技术中心主任施建国欣喜地说，目前，浙江省教育厅已经通过多种方式，征集了 3 批选修课程，经评审后共上传了 429 门选修课到网络平台。截至 2013 年 10 月，前两批已经发布的课程总访问量达 230 万人次，电子教材的下载量达 60574 次。

在浙江，不少农村学校没有被动等待，而是发挥主动性，积极利用农村的特色资源开设了不少具有浓郁“乡土味”的选修课程。义乌六中是一所农村中学，学校利用新校舍较为宽裕的有利条件，以空间换资源，主动与当地民间剪纸协会联系，要求协会在学校设立剪纸活动室和工作室，由协会会员免费为学生开设剪纸课，深受学生欢迎。

湖州练市中学也是一所农村中学，但在选修课程的开发上却丝毫不落后于城市学校。学校先后引入纸工艺品和金属工艺品创意、茶艺、礼仪等职业技能类选修课，开设了机械、电子等 8 个职业技能类选修课程，还计划在校内建造一幢建筑面积 2000 平方米的实训大楼。

如何落实学生的自主权——走课走班真“走”起来

浙江深化高中课改，学校大量开设选修课程，让学生拥有了更多的课程自主选择权。

我们来到杭州绿城育华学校时，正是下午 3 点钟左右，此时校园里热闹非凡。原来，这个时段正是上选修课的时间。一间室内运动场里，一名外聘教练正在为学生上跆拳道课；一栋教学楼的楼梯边，一名体育教师领着 10 多名学生在上攀爬课；一个小花园内，一名外教领着 10 多名高二学生在上托福口语课。正在上英语课的女生黄师容告诉记者：“我们很少在教室里上课，每次课老师都让我们在室外边观察边用英语交流，感觉既轻松又有趣。”

让学生感到新鲜的还有，深化课改后，上课的方式完全变了，走课走班渐成校园新风尚，在一起上选修课的大都不是原来自己班上的同学。

在学校教学楼一层，我们发现公共空间摆放着大量的柜子。校长陈建国解释道：“今年初实行必修课走班上课后，学生们没有了固定的教室，学校只好给每个学生配了一个柜子，好让他们存放学习用品。”

传统的教学班师生都由学校统一安排，学生没有任何选择权。今年初，杭州绿城育华学校率先在高一年级实施必修课选课走班。一个名叫朱涛的男生高兴地说：“我和我的好朋友原来分在不同的班里，但是选课走班后，语文和英语课我们都选了同一位老师。”

浙江省教育厅教研室的一项调查显示，在四类选修课程中，最受学生欢迎的是兴趣特长类课程（占 45.33%），其次为知识拓展类课程（占 24.48%）和职业技能类课程（占 24.22%）。

一些较为热门的选修课程，学生反映必须“秒杀”才能抢到。一名学生在学校选课反馈意见中这样写道：“许多学生因为没有选上理想的课而伤心欲绝，希望下次每门课程可以多容纳一些人数，以便大家都能选上自己的理想课程。”

学生对选修课的喜爱，最终打消了一些家长心里的顾虑，他们转而支持学校搞课改。杭州绿城育华学校高二学生郑淇文的家长说：“学校实施选课走班后，孩子再也没有说过讨厌课堂、讨厌老师、讨厌考试了，作为家长，我们真的很开心。”

教学管理如何适应新课改——推行弹性学制和学分制

深化课程改革，大量开设选修课程，实行走课走班，如此大的课程变革，必然对学校的教学管理提出挑战。学校教学管理如何适应新课改？成了又一道难题。

对这一难题，浙江省在设计此次课程改革的整体方案时就预先想到了。课改方案提出，实施弹性学制和学分制，学生应在三年内完成学业，同时允许学生提前毕业。

杭州二中校长叶翠微对实施弹性学制非常认同，他曾特批一名学生高中三年不上数理化的课程，这名学生成了“神仙学生”，每天大部分时间都泡在学校图书馆里，学校图书馆还为他设了专座。后来，这名学生被保送上了北大，大学期间就在《科学》杂志上发表了 4 篇论文。

“像这样有天赋的学生，如果我们逼着他每天按部就班去上课，简直就是对人才的扼杀。因此，我对弹性学制举双手赞成。”叶翠微说。

为了帮助高中学生提早进行生涯规划，浙江省还提出，建立普通高中学生发展指导制度，鼓励学生制订个人修习计划，帮助学生发展个性。德清县高级中学校长陆国民告诉记者，学校专门成立了学生指导中心，对学生的选课、交友、价值观、人生发展等方面进行了全方位的生涯发展指导。奉化市武岭中学专门研制了对学生的理想、心理、学业、生活、生涯等方面的发展性指导、预防性指导和矫正性指导方案，建立起学生发展指导顾问队伍并进行专业培训。

除了实施弹性学制和学分制管理，作为此次深化课程改革的一个配套改革举措，浙江省还大胆改革高中的评价制度，建立起学业水平考试制度。“11门必修课程每年开考两次，学生参加同一科目考试次数最多为两次，并以最好的成绩录入。”韩平告诉记者。

浙江深化普通高中课程改革的行动目前还在进行之中，尽管改革还面临着不少困难，但是，改革带来的变化十分明显。

陈建国告诉我们，最突出的变化在校园，主要有三点：一是学生脸上的笑容多了，面对丰富多彩的选修课，学生们真的很兴奋；二是师生关系更融洽了，相互欣赏更多了，学生和教师身上的亮点都被展现了出来；三是校园更加充满活力，一到下午，各种选修课开起来后，校园到处可见师生活跃的身影。

不过，浙江在深化高中课改的行动中，也不是没有发现问题。2013年4月，省教育厅在巡查中发现，目前的高中课改至少存在三方面的问题：一是一些学校的课程建设缺乏整体设计，存在“碎片化”倾向；二是不少学校在落实课改时与改革尚有一定差距，开设的选修课水平还比较低；三是深化课改的配套改革有待跟进，如选课走班后，不少学校都存在教室不够用的情况。

开弓没有回头箭。展望未来，刘希平说：“下一步我们还将在高中课改与高考改革的结合上做文章，将来的高考改革也应当增加选择性，利用高考的指挥棒来巩固高中课改得来不易的成果。”

（2013年11月6日）

◆◆ 改革者说 ◆◆

教育改革只有进行时没有完成时

刘希平

随着经济社会的快速发展，人民群众对接受教育的要求发生了很大变化。基础教育全面普及后，教育的功能不再是筛选人才，而是要求人人成才。在解决了“有书读”之后，如何“读好书”日益成为浙江在推进教育现代化建设中新的亟待破解的社会热点问题。2012年秋季全面启动的浙江省深化普通高中课程改革，正是在这个背景下开展的一项探索。

改革是解决所有中国教育问题的关键，教育改革只有进行时没有完成时。这次浙江推出的深化普通高中课改方案，不是另起炉灶，而是2006年高中课程改革的继续和深化，是一个系统性改造和完善高中课程的方案，最突出的特点就是强调选择性。通过有效减少必修，全面加强选修，把更多的课程学习选择权交给学生，把更多的课程开发选择权交给老师，把更多的课程设置选择权交给学校。我们希望通过课程的创新性变革，为学生开辟尽可能多的自主选择空间，让学生在自主选择中成长成才。

我们深知，任何有意义的改革都不可能等到条件完全具备时再去推进，改革本身也是一个不断创造改革条件的过程。教改之路从无坦途，改革不进则退，但唯其艰难，才更显勇毅；唯其笃行，才弥足珍贵。我们希望通过深化课程改革，逐步建立起浙江省普通高中内容丰富、特色迥异、形式开放的多样化选修课程体系，并且努力做到走班走校，自由选课，让学生能多学些自己想学、有能力学、学得好且对实现自己志向有用的东西，让每一名学生都能多品尝一些学习和成功的快乐。进而在这个过程中，培养学生向全面而有个性的方向发展，推动教育为社会培养更多的多样化人才。

我们深信，这是一场没有终点的改革，也是一场以追求人的成功与幸福为终极价值的教育改革。历史将证明，在浙江，今后学生的个性化发展、学校的特色化发展、教育的多样化发展将不再是空洞的口号。

（作者系时任浙江省教育厅厅长）

乡村教育振兴的县域探索

——来自国家级贫困县泸溪的教育报告[①]

本报记者·李伦娥　阳锡叶　赖斯捷　通讯员·李茂林　倪正松　李常

泸溪县位于湖南省西部，湘西土家族苗族自治州东南端，沅水中游，是武陵山片区区域发展与扶贫攻坚重点县、国家重点水利工程五强溪水电站移民库区县、国家级贫困县和革命老区县。全县11个乡镇147个村（社区），总面积1565平方公里，总人口约32万人，其中少数民族人口比重达62%。

泸溪，位于湖南湘西土家族苗族自治州大山深处，是一个少数民族占62.3%的民族地区，一个至2019年仍不通火车的移民库区县，一个2018年财政经常性收入不到5亿元的国家级贫困县。就是这样一个县，却办出了老百姓认可、师生都不愿意走的教育。

——全县每年约3.8万名中小学生，择校到外地上学的人数几乎为0，相反，目前在县内就读的外县籍学生有2075人。

——近年来，几乎没有一名教师被“挖墙脚”。2019年，全县调出教师4人，调入则达24人。而且自2010年以来，全县先后有300多名教师自愿申请到乡村学校任教。

——几乎没有一人辍学，2019年，全县学生巩固率小学100%，初中99.5%，高中99.62%，初中学业水平检测名列全州前茅。2016年以来，全县共有2928名学子考入本科院校，其中14名学子考取清华、北大，本科上线率、本科上线万人比，连续14年位居湘西土家族苗族自治州第一。

2018年，泸溪以优秀等级通过义务教育均衡发展评估，湖南省委书记杜

① 2020年底，泸溪县贫困村全部退出，贫困人口整体脱贫，深度贫困县顺利摘帽。

家毫批示:“泸溪经验很好，要推广。”

泸溪经验是什么？为什么会逆势飞扬？凭什么？怎么做到的？原因何在？中国教育报记者十几次深入泸溪，见证变化，寻求答案。

教师为什么“挖不走”？因为“世界我最牛”

在泸溪工作了28年的泸溪二中校长杨顺旗说，县里从2016年开始，教师节表彰有一个“走红地毯”仪式：县城主干道交通管制，警车维持秩序，鼓号队演奏，所有被表彰者披红挂彩，接受众人的欢呼和注目。这种“红地毯”，杨顺旗走了两次。“不在钱在荣誉。”他说，那一刻，“世界我最牛”的感觉油然而生。

都说乡村教育最难的是教师队伍建设，教育局局长最痛苦的是优秀教师“进不来、留不住、干不好”，泸溪就没有过这样的烦恼？

当然有，但泸溪人以自己特有的努力，一一化解。

1. 提待遇建住房，为乡村教师创造“牛气”的工作条件

“世界我最牛”是心理感觉，其实泸溪教师队伍的基础并不牛。

先看一组数据：

全县2937名在职教师，从学历上看，研究生24人，本科1687人，专科1067人；从职称上看，正高3人，特级3人，副高531人，中小学一级二级2298人；从类别上看，毕业于师范专业的教师比例不高，只占67%，其他均为非师范类专业毕业，其中特岗教师183人。

这是一支整体学历并不高的队伍，毕业于重点高校的少之又少，90%的教师毕业于地州市一级的本专科院校，湖南师大能来一个毕业生，那都是县里的“掌中宝”。

与全国其他偏远贫困县一样，泸溪很难招来优秀毕业生当老师。2016年该县制定人才引进政策，对教育部6所直属师范大学和其他“985”“211”学校的毕业生都给予一定额度的安家费，但三年多了，也才引进来28人。“毕竟交通太不方便，经济也不发达。”县教体局局长谭子好坦陈。

但只要人到了泸溪，就很少有离开的。

为什么？房子、票子、位子？是这陈俗的老三样？是，又不是。

先说“是”的部分。

对泸溪教育稍有了解的人都知道，早在2009年，泸溪就在全国率先实施乡村教师津补贴，当时村小教师每月能额外拿300元。从2012年开始，这个数字大幅提高，村小教师每人每月最多能多拿1400元，乡镇完小、初中教师能多拿500元，县财政每年安排补贴资金达1846万元。

“盘子不大，当然好办。”可能有人会这么说。泸溪盘子是不大，总人口才31.7万，但要知道，2012年泸溪全县的财政收入才3.1亿元，农民人均纯收入才4089元。

“也是被逼出来的。”2013年11月，县长向恒林在被点名参加教育部的新闻发布会时说。

泸溪有175所学校，乡村学校就有167所，还有教学点88个；泸溪县在编教职工2937人中，就有乡村教师1989人。和全国许多农村县一样，2009年前，泸溪县教育局每年收到的进城报告有400多份，占乡村教师数量的五分之一。教师大量往城里涌，乡村学校渐渐成为“空壳”学校。

泸溪人下决心改变。2009年，在时任县委副书记、县长杜晓勇的主持下，县政府出台了正式文件，在全国率先实施农村教师岗位津贴制度。

仿佛有了一支无形的指挥棒，这之后，不仅教师们愿意留在乡村，甚至还出现了教师配置“城乡倒流”的现象。2010年以来，共有300多名教师申请到乡村学校任教。

2014年，马王溪小学出现空缺岗位，中心校有6名教师竞争报名，今年40岁的周元英以过硬的教学质量，竞聘到了这个岗位。“不包括五险一金，一年能到手7万多元。”周元英给记者粗略算了一笔账。她说，她与丈夫刘克齐都在马王溪小学，两人加起来年收入有15万元。

如果说教师津补贴让泸溪乡村教育振兴迈出了第一步，那么，教师公转房的建设就是第二大步。

在湖南乡村任过教的都知道，乡村校是没有每天下班回家一说的，基本是周日下午到校，周五下午才能离开，其间基本都要住在学校。几千名教师，学校哪有这么多房子？于是住教室的、住实验室的、住闲置房的，甚至住危房的，“八仙过海，各显神通”。2006年，湘西启动教师公转房建设，学校出地皮，教师出部分资金，泸溪三年里建起了426套教师公转房，但还是有好多教师没房住。

可要全部解决，一两千套，即便按最低价最小面积，投入也是数以亿计。钱从哪里来？泸溪创造性地整合各方资金，甚至将廉租房建到了学校，终于，从2011年开始，1643套廉租房、216套公转房，哗啦啦在几十所学校出现了，全县乡村无房教师人手一套。记者在兴隆场镇中心小学看到，24岁的青年教师舒洪波，住在两室一厅一厨一卫50平方米的廉租房里，尽管不是很大，但收拾得利利索索，“城里这一套得几十万，四年前我刚毕业就住上了这么好的房子，虽然有点偏、离家远，但我真的很踏实。”舒洪波说。

2. 留人更留心，为乡村教师营造“挺直腰杆”的“牛气”氛围

再说“不是”的部分。

在泸溪，教师是轻易“挖不走”的。这里有一组直观且能说明事实的数据：在全县2937名教师中，有300多人来自外县市，但近五年来没有一人回去。2019年，调出4人，调入则达24人。

莫顺清，湘西土家族苗族自治州首府吉首某校来挖他，年薪20多万，还给一套房子，他不去。

田云坤，凤凰县人，还是吉首某校要调他，开价是年薪十六七万，他不去。

李建军，两口子都是外地人，有学校出高薪要两人一起调，他们还是不去……

教师有尊严、有地位，这在泸溪已经真切地形成了一种文化。“老师们在意的其实不是钱。是这份尊重，让他们挺直了腰杆。”谭子好说。

怎么尊重？这个尊重应该包含两个方面的内容，一是官方的，干得好就有奖励、有前途、有位子；二是民间的，孩子出息了，老师教好了，老百姓口口相传，老师们走到哪都能自带“牛气”。

在泸溪，“有为就有位”，不是一句空话。

尽管是当年少见的湖南师大毕业的本科生，28 岁时就在泸溪五中当教导主任，但因为身体不太好，县一中德育主任杨顺旗一直没想着要有多大发展。突然有一天，谭子好找到杨顺旗，希望他出任二中的校长。他很是意外，当即婉拒。

一年后，谭子好再次找到他，说明理由：为什么看中你？因为几次晚上去一中，看到你晚上九、十点钟还在阅卷，勤奋；当时和你说话，发现你当了六年中层，仍无倦怠之意……

杨顺旗没想到，自己的付出，领导都看在眼里。2017 年他到二中后，像打了鸡血一样，又当校长又带班还给学生义务补课。“我热爱这份事业，无论平凡、无论贫穷。”他的办公室墙上，挂着这样一幅自己写的字。

2006 年从吉首大学毕业的李建军，主动申请当班主任，带的班非常出色，2014 年还创造了一中新纪录——班上培养出了 3 名清华北大学生和一名空军飞行员。他做梦也没想到，2017 年，不到 35 岁的他，会直接从教科室副主任被提拔为县五中校长。

对教师体贴细致的关爱，也是尊重的一个重要内容。“几乎走遍了每个村小。”这是县教体局一位干部对书记、县长和分管教育副县长的悄悄观察。

“有家的感觉。”来自辽宁鞍山、已在泸溪二中工作了七年的物理教师杨德尚，谈起自己这七年的点点滴滴。谈起远在千里之外的母亲，30 岁的大小伙子眼泪都流了下来，但是擦干眼泪他又补充：“因为在泸溪，领导人人有服务意识，老师有什么困难，都不用自己张嘴。”就在记者采访时，谭子好还准备给他介绍对象。

来自乡亲们的尊重和厚爱，故事更是多得写不完，记者在白羊溪乡土家山寨报木坨村，了解到这样一个故事。

2012 年 4 月，正在上课的报木坨村教学点教师杨润生倒在讲台上，州医院诊断是患胸腺瘤和重症肌无力，需马上送省级医院手术治疗，估计需 10 万元治疗费。

报木坨村的乡亲们主动地你借 1 万元、他拿 5000 元，村里最年长的李阿婆把自己卖野葱和南瓜花赚来的 200 多元钱也掏了出来。众乡亲相凑，加上学区捐款，杨润生的手术费第二天就凑齐了。

杨润生有一个账本，上面写着：欠覃天林10000元（已还2000元），欠覃民秋8000元（已还500元）……“账本上的钱，我这辈子还不尽，只有把乡亲们的孩子都教好了，都教成才了，我心里才舒坦！”杨润生两眼红了……

3. 提高专业素质，让教师有底气“牛气”

有好的教师，才有好的教育。

“教不好”，教师“牛气”哪里来？何谈振兴乡村教育？

抓教师成长，第一个做法就是树立质量导向。

对于泸溪教育来说，教育系统有3份最重要的文件，分别是《学校目标管理考核方案》《教学质量效益评价方案》《校长目标管理考核方案》，发奖金、给表彰，全看这3个方案落实得如何。其中，教育教学质量都是摆在最重要的位置，占据着重要考核比重。

村小津贴并不是只要在村小教书就每月能多拿1400元，而是要在保证质量的前提下。县里每学期有个大型的质量检测，检测结果靠后，对不起，不要说评优晋级，连报名参加调动考试的资格都没有。

也正是在这样的指挥棒下，泸溪的教师们人人想办法提高教学水平，人人想办法练“手艺”。

第二个做法是典型引路，加强师德师风教育，最大程度唤醒和激发广大教师的责任感。

泸溪教育质量不错，有补课吗？当然。但那都是按规办事，所有教师，绝对不允许“家教家养”，绝对不允许到各种培训班兼课。近三年全县也辞退了5名违规教师。

泸溪教师们的敬业和奉献精神让人感动，他们谈起自己的工作，谈到自己的学校，谈起自己的学生，几乎个个热血沸腾，激情满怀。

“80”后符海鸥，把孩子留在县城让家人带，自己来到远离县城50多公里的黄泥冲小学，现在已经坚守了七年。她曾经接手的一个班，三年级42名学生，语数平均分只有30多分，有好几人只有几分。符海鸥找来低年级教材，从加减法开始讲起，天天利用休息时间进行辅导。2016年，这个班语文平均分已有80多分，数学90多分，排名全县第二。

一中数学教师兼班主任张昌能，一心扑在班里40多个孩子身上，他为班上所有的孩子建立了详细的档案：兴趣爱好、学业成绩、人生目标，但自己读初中的儿子和两岁的女儿却长期放在岳母家。

谭子好把符海鸥、张昌能这样的教师，叫作“泸溪教育筑梦人”。他认为，只有这样的“筑梦人”越来越多，泸溪振兴乡村教育的梦想才有可能成真。

泸溪的第三个做法，是加大培训力度，推进挂职轮训，“名师带徒”，结对帮扶。

泸溪有各类中小学175所，但大的学校也就31所。这些年来，这些“大校”的校长们几乎全都被送到外地跟班学习过，县里每学期会选送2～6名校长、10～20名中青年骨干教师到发达地区名校挂职锻炼、跟班学习。五中校长李建军，就被送到州里的“班主任骨干班”进修，到湖南最著名的师大附中跟班学习。“进步不是一点点，是一年一个台阶。”李建军说。

武溪二小副校长张世全，在北京朝阳区朝师附小跟班一个学期后，回来就在学校推行“三三微行为”。张世全说，全校338名学生，90%是留守儿童，30%以上是建档立卡贫困户孩子，行为习惯的养成教育是学校的工作重点。“都是从北京学来的。”张世全说。

财力有限，更多的“送出去”不可能，最主要的还是要靠自己培养培训。来自县教体局的数字是，从2015到2018年，三年来全县完成教师培训1.2万人次。

学生为什么留得住？因为家门口就能上好学

泸溪175所学校，其中高中阶段4所，没有一所省示范性（省重点）高中，这在湖南都比较罕见。

而另一个比较罕见的现象是，不仅高中阶段，还有小学和初中，除随父母打工出去的外，泸溪的孩子几乎没有一个到外地读书的。相反，有许多外地孩子慕名而来，2019 年这个数字是 2075 人，占全县中小学生在校生的 5.5%。

还有一个罕见的现象是，泸溪 147 个村，学校有 175 所，也就是说，几乎每个村都有一所学校。175 所学校中，学生在 100 人以下的有 130 所，其中只有一个老师的“一人校”有 54 所。为什么会有这么多小规模校？“一个村里没有学校，就没有文化元素。”在其他地方开始大规模撤并乡村校时，泸溪根据县里的实际情况和老百姓的要求，没有强行撤并一所村小，只让之自然消失。

2018 年，在泸溪接受国家级义务教育均衡验收时，有评估专家感叹，泸溪每一所学校，无论城乡，硬件、师资、质量，几乎没有什么差距。

“我们想看一所最差的村小。”

“没有最差，只有最偏远的。”

这是采访中一段真实的对话，回答记者提问的是谭子好。

对话结束的第二天一大早，他就带着记者，绕道吉首，在弯弯曲曲的山路上，行走了两个多小时，直奔该县最偏远的解放岩乡水卡小学。

水卡小学有 51 名学生、4 名教师。学校依山而建，爬上两个平台之后，一栋教学楼掩映在大树之下，校园显得幽静阴凉。教学楼虽显陈旧，但干净整洁，正是上课时间，课堂里传来琅琅读书声。

村小偏僻怎么管理？谭子好说，泸溪的办法一是通过津补贴和支教制度强师资，二是通过教育督导抓常规，三是制定“村小 18 条”促建设。“只要有学生，就要有学校；只要有学校，就要让老百姓满意。”这是泸溪教育人对自己的要求。为完成全县 130 所小规模校“30 个一”的基本建设配置，县里前前后后投入超过 700 万元，真的做到了“随便哪所都好看”。

记者采访时在小章乡黄泥冲小学看到，两名年轻的“县里最抢手的公费定向师范生”陈自华、邓晓杰，主动要求从中心校下到村小，并且主动要求包班。“想做个试验。”24 岁的陈自华信心满满。整齐的板书、标准的普通话、青春的笑容，两个人都“满脑子教育理想”，县里也就很支持让她们放手干。

办好每一所学校，当然不仅仅是办好村小。“如果把整个泸溪教育比喻成一辆火车，各个乡镇学校是车厢，那么城镇学校就是‘火车头’，要增强动力、引领示范，带着大家跑。”县教体局副局长向子权说，对于一所学校来说，名师“火车头作用”不可少；对于一个县域来说，名校“火车头”作用不可缺。

思源实验学校这个“火车头”，就在全县起了个极好的示范作用。“是方向。”采访中，不止一个校长这么说。这所 2014 年 9 月才投入使用的九年一贯制学校，综合实践特色班有 45 个，采用的是在大城市都少见的“走班”形式，全校还建起了 67 个社团。

学校开设的特色课程除一般的朗诵、书法、绘画、科技创新、舞蹈、声乐、二胡等外，居然还有辰河高腔、踏虎凿花（泸溪县民间传统手工艺，国家级非物质文化遗产之一）、滚铁环、踩高跷等。学生根据自己的兴趣爱好或个人特长自主选择，在每周星期二、星期四下午的两节特色课“走班”。这些课程，全免费。

办好每一所学校，还包括一种被形容为“夹生层”的乡镇学校——介于村小和城区之间的学校，在泸溪，有 54.7% 的学生在乡镇学校就读。

“夹生层”如何不“夹生”？泸溪的做法，除了前面写到的建强师资，还有两个：做强班子，结对帮扶。

位于兴隆场镇的泸溪县三中曾经办有高中，质量也不错，但高中停办后，由于种种原因，学校开始走下坡路。兴隆场是泸溪的大镇，三中办不好，周围几万老百姓受影响。泸溪下决心改变三中面貌。

2016 年 4 月，副县长尚远道率谭子好等人进驻三中。听课、谈话、调研，进行了整整 3 天。之后，三中班子被彻底改组，年轻能干、有思想、有活力的陈永国被选任为校长。第二年秋季开学，县里最好的初中、白沙中学副校长李永生又成了这所乡村学校的驻点副校长，直接参与学校管理。李永生将白沙中学行之有效的一些做法引进，并且组织白沙中学优秀教师“送教上门”。到 2019 年 6 月底，共送教、送研、送讲座 50 多次，结成师徒

20多对。

这边“软件”大换血，那边硬件大投入：三年里投入200多万元，改建了教学楼，添置了办学设施，双管齐下，三中面貌巨变。2017年，全州初三学业水平考试，七科总均分列全县乡村独立初中第一位，高中上线率、录取率列乡村独立初中第二位；2018年，获县教学质量效益评价先进单位；2017年以来，先后有30多名学生转回学校，2018年就读学生达到399人。

教育人为何个个激情满怀？因为精细管理让人“精神倍增”

记者在泸溪采访多次，一个强烈的印象是：同样的一件教育工作，泸溪人总做得更实一些、更细一些、更到位一些。这么强的执行力源自哪里？

1. 配好“领头羊”，疏通“肠梗阻”

泸溪“办好每一所学校”的一个重要抓手，是“抓中场”，而这个“中场”，就是学校校长和中层干部以及教育局股室长。“‘中场’强大，党和国家的教育方针、政策才能得到很好执行；‘中场’疲软，上面有政策执行不下去，下面有期盼实现不了。”

其实，这种现象泸溪也曾经有过。

正因为这样，2015年底竞聘上岗后，谭子好和局班子将教育的“中场建设”作为第一把火。2016年以来，全县提拔调整校长12人次，免去职务8人次；局机关24个股室长换了8个。有人预估教育系统一定会“地动山摇”；也有人猜测，谭子好可能干不长。但是，结果让“预言家们”失望了。

原因何在？

“是按章办事，力度虽大，但都有依有据。”谭子好介绍，就拿校长的调整来说，除去年龄因素，其他的就是能力和绩效。依据就是2016年泸溪县教体局出台的《中小学校长任职年度实绩考核方案》，其中的硬杠杠是实实在在的。比如，泸溪特别强调校长的阵地意识，校长在工作日离开学校，必须向县教体局办公室报告。擅自离岗1次，与优秀无缘；3次，就地免职。

硬杠杠多了，校长们的手脚还施展得开吗？答案当然是肯定的。“在校长的职权范围内，你尽可以大胆去做。”思源实验学校校长杨志祥说，他现在是“三不愁”，“不愁师资，不愁资金，不愁想法得不到支持”。学校开 50 多门选修课，要请县里的“非遗”名人来讲课，副县长尚远道找到民宗文旅局，如今，民族文化和“非遗”方面的课程在学校开展得红红火火。

校长有了精气神，学校很快就“雄起”。

解放岩学校就是典型。这个学校离县城最远，早前一直是当地人当校长，学校管理常常碍于人情世故，教学质量处于全县末位，生源逐年外流。2017 年 8 月，县里把在三中抓教学很有些章法的副校长李绍辉，调到解放岩学校当校长。不到一年，学校质量就上了个台阶，在农村九年一贯制学校质量监测中，连续两年位于全县第二。

值得一提的是，泸溪的“教育中场”，不仅仅是校长和股室长，还包括学校的中层，其管理权限上移，任免由教体局党组讨论决定，“上”和“下”有明确的制度规定。“能上能下”的制度实行以来，全县任免学校中层干部 86 人次，其中有 13 人次因工作效能不高、懒散等问题被追究责任。考核优秀者便能进入青年干部培训班。要成为青年干部培训班学员并不容易，首先要有学校推荐，然后要通过局里组织的人事、基教、纪检、校安、督导等部门实行的调研考察。这个班每年一期，每期 50 人左右。这是提拔任用的必然程序。

“能上能下”激活了干部队伍的一池春水，整个队伍执行力大大增强。“现在，局里有什么决策，学校都能不折不扣地执行。”谭子好说。

2.“捆绑考核”让领导服务多了，让“名校”对乡村校责任多了

泸溪县教体局有一个校安股，这些年工作很有亮点，但 2018 年这个股的工作人员，年底没能拿到 5000 元绩效，因为其“捆绑”的小章小学，学校质量下降较多。分管这个股和联系这个片区的副局长也因此不能评优。

“捆绑管理”是泸溪的特色。这包括两个方面的内容，一是教育局的 28 个股室，对应全县的 32 所完小以上的学校，学校的考评打分直接与股室的年度考核挂钩；二是县城里条件较好的大校、名校，与自己“一对一”帮扶的乡村校的各项工作指标“捆绑考核”。

这样的政策让校长们更感责任重大。“如果我们学校不办好，那就会连累相关局领导和股室，这给了我们很大的动力。”一位校长说。作为责任共同体的领导和股室同样“压力山大”，只能积极为捆绑学校出谋献策，排忧解难。基础教育股“捆绑”的是白沙小学、白沙中学和泸溪一中。这 3 所学校都是城区学校，名头响，每年招生都是必须面对的考验。每到招生季，谢永良和股室的同志主动出击，与家长面对面做政策解读，释疑解惑。“我们毕竟是职能部门工作人员，对政策的理解更加透彻，解答更权威，家长也更加信服。”谢永良说。

“捆绑管理”也在倒逼职能部门改进自己的工作作风，提升自身的服务意识。细心的教师发现，这些年教体局制订的方案、评价体系等，里面很少再提一票否决。“一票否决少一点，民主治教就多一点。民主多一点，温情就多一点。”县教体局办公室主任莫伯芳的话有些绕，但道理很明晰。

泸溪的另一个“捆绑”是“结对帮扶”支教。把全县义务教育阶段的各级学校按照三类进行了科学结对设计，每所城镇优质校对口帮扶 1 ～ 2 所乡村薄弱校，共计 125 对。这些“对子”以五年为一个周期，从“管理帮扶、教师帮扶、资源帮扶、文化帮扶、学生帮扶”五大板块入手，实行“四捆绑”：工作目标捆绑、领导责任捆绑、工作职责捆绑、考核奖罚捆绑，将城区优质学校的办学理念和管理经验“嫁接”到乡村学校，推进城乡教育一体化发展。“比如质量评价绑定，被帮扶校的质量评价占帮扶校 30% 质量评价分。”基教股长谢永良补充道。

2016 年以来，全县共派出 138 名城镇学校教师对口支援乡村薄弱学校。效果如何?

记者颠簸两个多小时来到永兴场小学，教学楼、综合楼，几乎全是新建筑。“以前可不是这个样子。”校长杨金卫说，学校曾经很破旧，当年分来一名特岗教师，行李都没打开就走了。2017 年 3 月，县里安排白沙小学进驻帮扶，白沙小学不仅派出骨干，还让永兴场小学新进青年教师跟班深入学习，了解班级一日管理、随堂听课学习、参观班级文化布置、参与集体说评课。“是敞开大门，深度结对。”白沙小学校长周建生形容。

"我们的班级文化布置成了亮点，实际是学白沙小学。"兴隆场校长杨金卫说，他也到很多地方包括外省学习过，但人家许多做法太"高大上"了，学不到，还是这种本土化的帮扶最有效。确实，2017 年，永兴场小学综合排名就从同类学校倒数第一上升了 6 个名次，刚参加工作两年的教师李艳梅所教的科学在 2017 年全县抽考中一举夺冠，实现了教学质量历史性突破。

据统计，截至 2019 年 6 月，全县 125 对结对帮扶学校，2300 多名教师深度参与，共开展送教、送研、送培下乡活动 900 多次，参与活动 1.8 万人次以上。

3. 抓常规，抓督导，强化过程管理，打造标准"生产线"

记者查阅了 2018 年到 2019 年 5 月份重点工作督查情况通报。通报分为股室工作、学校工作、存在问题和通报表扬四大块，内容包括教育教学、党建工作、精准脱贫、安全工作、听课评课、师德师风、结对帮扶等 10 余项工作，内容到校到人。

自 2016 年以来，这样的通报，在泸溪已经坚持了四年。督导通报发挥了极大威力，谁也不敢对这份通报掉以轻心。"我们校长都十分关心，每份必看，还要组织教师学习。"明德小学校长胡芳萍说，如果通报里有学校的问题，他们会立即组织整改，如果没有问题，他们也会对照其他学校进行反思。

这样的成效，是泸溪创新督导手段得来的。

通过督导来抓管理抓质量，也是泸溪办好每一所学校的经验之一。

泸溪的督学责任区工作与别的地方不同，不是按区域而是按学校类别设置，即学前教育、小学、中学、九年一贯制，四大块。每个责任区选聘两名专职督学，在 31 所完小以上的学校和大的幼儿园里，聘任 31 名副校级人员做督导员，这样就基本能全方位无死角开展督导。

"见人见事，督查督改，问责问效。"县教体局督导室主任张贤彪说，这是局里对督学们的工作要求，不仅"督"，更重要的是"导"，是服务。不仅督学校，还督局里的各股室。一月一预先安排、一月一督查、一月一小结、一月一通报制度，责任督学要对自己负责的每一所学校，每个月以"四不两直"（不发通知、不打招呼、不听汇报、不用陪同接待、直奔基层、直插现场）的方式，督促抓好各项工作和教育教学常规全面落实。

今年已经60岁的符真是小学责任区的专职督学，之前，他做过14年教学副校长，教育教学经验丰富。达岚镇潮地小学离镇里20里山路，只有9名学生、2名教师，由于教师年龄比较大、积极性不高，教学质量跟不上。2018年秋季开学后，符真翻山越岭来到该校，查常规，提要求，谈建议，两名教师的工作态度大有转变。符真说，每到一个学校，如果发现一个问题，解决一个问题，那么10所学校就解决了10个问题，“学校问题越来越少，学校就越办越好”。

“对我们帮助非常大，我们都盼着他们来。”三中校长陈永国说，责任督学都非常专业，相当于每个月对学校体检一次、诊断一次，有问题了及时开出药方。

谈到泸溪的教育管理，还不得不提其大面积推开的校务公开，其主要载体就是“校务监督月例会”制度。县教体局纪检监察室一位干部向我们详细介绍了这个“月例会”：固定时间，在每月10日之前召开；固定参会人员，有学校班子成员、纪检监察员、教代会代表5人以上，也可根据会议需要，再明确列席参会人员；固定会议议程和要求。

“刚开始，有些校长并不欢迎。在他们看来，这挑战管理权威不说，关键是准备事务多、麻烦，简直是多此一举。参会的教代会代表也不太适应，打不开情面，拉不下面子。但推行一段时间后，效果就显现了。”这位干部说，他举了一个典型案例。

过去，泸溪学校的班主任津贴、代课费、加班费等支出，都是学校“各显神通”，多少有些不合政策，“能做不能说”，如有违规，责任由校长和班子扛。筹资渠道和分配办法在一些学校的月例会上没有通过。怎么办？学校报到局里，局里报到县里。这下好了，县里非常重视。班主任津贴由财政“包圆”，代课费、加班费转化为工作量解决。校长们心里一下轻松起来，都成了月例会的坚定支持派。

（2019年10月10日，有删改）

◆◆短评◆◆

以“咬定目标不放松”的定力办教育

本报评论员

几乎没有一名教师被“挖墙脚”，几乎无一人辍学，把身处困境的农村教育，办成了湖南省委书记口中值得推广的“泸溪经验”。泸溪教育成功的经验是什么？

从“教育立县”到教师队伍建设，到县域教育均衡发展，让人感受最深的，是泸溪咬定目标不放松、坚定不移发展教育的定力。

十年树木，百年树人。教育是培养人才的事业，是一项投入大、见效慢的事业，想从教育发展中要政绩，多半面对的会是“前人栽树后人乘凉”。但泸溪一届届领导班子达成了“功成不必在我，功成必定有我”的共识。而正是因为这“一任接着一任干、一张蓝图绘到底”的定力，最终促成了泸溪“教育立县”发展观的形成。

泸溪发展教育的定力，首先体现在教师队伍建设上。教师是教育发展的第一资源，教师队伍建设是教育发展的基础工程，这个道理不言自明。对乡村教育发展而言，破解优秀教师进不来、留不住、干不好的困局，无疑是关键，泸溪振兴乡村教育的关键正在于此。泸溪在全国率先实施农村教师岗位津贴制度，提高教师待遇，整合各方资金，解决教师住房问题，让教师收获了实实在在的获得感、幸福感。但泸溪的做法又不止如此，泸溪留住教师的关键在于，营造人人受尊重、个个有地位的尊师重教氛围，留心留人。这样的案例举不胜举，给勤勉踏实工作的有为教师以位子，让有为者有位；增强政府部门的服务意识，从县委领导到教育部门领导都沉下身子，走进教师群体，给予教师体贴细致的关爱，让外地教师也能感受家的温暖，尊师重教落到了实处。

泸溪发展教育的定力，还体现在城乡学校的均衡发展上，该县10多年来不强行撤并一所学校，在此基础上统筹资源配置，办好每一所学校，实现优质均衡，让孩子们都能在家门口上好学。

把握方向不迷茫，咬定目标不放松，艰难困苦不动摇，真抓实干不折腾，奋力拼搏不懈怠，与时俱进不落后——“教育立县”过程中的种种心路历程，慢慢在该县积淀为一种定力。当一个个新问题浮现，泸溪人凭着这份定力，一次次选择了他们认为“对的方向”——廉租房建进校园，解决乡村教师住房难问题；只在三中、五中等大校建禁毒室，而不是按照文件要求每校都建；根据实情将“青年教师必须有三年支教经历才能评职称”改为“先评再补后聘”，且支教、送教都算……一个个创新之举，解决了一道道难题，叠加而来，便汇聚成泸溪教育改革的成果。

做什么不是问题，问题是怎么做，做到何种程度，如何做细、做实——这就是“泸溪经验”给我们的启示。

山区小县教育何以成为“高地”
——江西省芦溪县办好家门口的学校探索记

本报记者·焦以璇　储召生　禹跃昆　徐光明　通讯员·曾宪瑛

党的十九届六中全会通过的决议指出，推进义务教育均衡发展和城乡一体化，办好人民满意的教育。这也是江西省芦溪县教育人的不懈追求。

位于赣西山区的芦溪县，素有“七山一水两分田”的说法，是一个人口只有 30 万、财政收入处在全省后三分之一位置的典型农业县。

然而，就是这样的山区小县，却打造了教育的绿水青山，办出了全省一流的基础教育——

全省首批全国义务教育发展基本均衡县，被列为全省第一批义务教育优质均衡发展试点县之一；

2020 年，芦溪在江西省高质量发展考核评价“教育发展指数”中排名第一，也是全省唯一连续六年稳居前三名的县区；

入选国家学前教育改革发展实验区，学前三年毛入园率达 96.5%，普惠性幼儿园覆盖率达 100%，公办园在园幼儿占比 72.6%，远超国家学前教育普及普惠发展指标要求；

……

山区小县何以办成了“大”教育？带着“问号”，记者走进芦溪，探寻这个赣西小县教育发展的密码。

最大一块“蛋糕”分给教育

连续三年在教育方面的支出占到全县公共财政支出的 20% 以上，一般公共预算教育经费投入年均增长 10.65%……对于一年财政总收入不足 20 亿元的县来说，是极大的勇气和魄力。

作为山区农业县，芦溪发展经济有着绕不开的天然瓶颈。农业发展面临转型压力、工业发展基础较为薄弱……默默无闻的山区小县突围之路在哪里？这是芦溪历届领导班子苦苦思索的问题。

“党的十八大以来，以人民为中心的发展思想深入人心，芦溪县委、县政府逐渐达成共识，从解决老百姓急难愁盼的问题入手，把教育作为最大的民生工程来抓。”芦溪县委书记黎增义表示，优先发展教育事业，在提升老百姓获得感的同时，也让芦溪打响了知名度，提升了影响力，推动了芦溪经济社会更好更快发展。

在芦溪，教育绝对是党委、政府的“一号工程”和“一把手工程”。每年第一次县委常委会、县政府常务会一号议题研究教育工作，是芦溪坚持多年的传统。

在芦溪县教育局党委书记、局长聂志勇的印象里，县政府常务会议很少有不涉及教育议题的，如果哪次没去县政府大楼开会，同事们都会好奇地问一嘴。

“芦溪县始终坚持教育优先发展、教育经费优先保障、教育用地优先保证、教育问题优先解决、教师待遇优先落实这‘五个优先’。”芦溪县委副书记、县长龙萍说，这是历届县党政班子达成的共识，也是芦溪教育发展的“尚方宝剑”。

办教育，芦溪人是舍得投入的。2016 年，芦溪率先实施了城区教育扩容提质工程。坚持城区发展与学校布局相配套，芦溪五年来投资 7 亿多元，建成了占地 120 亩的芦溪外国语学校、占地 100 亩的濂溪中学和占地 100 亩的芦溪小学，使城区网点布局更加合理。

“芦溪外国语学校所在地属于县城黄金地段，周围都是县城房价最高的楼盘，改为教育用地后政府直接减少财政收入 2 亿多元。”聂志勇说，县领导权衡后，果断选择了建学校。事实证明，城区新建的几所学校有效解决了大班额问题，提前达到小学 45 人、初中 50 人以内的优质均衡标准。

农村学校条件改善工程也加紧推进，从“标准化建设工程”到“农村中小学提升工程”，从学校绿化、亮化、美化“三化”提升到教室、功能室、专用教室“三室”建设，如今，义务教育标准化学校达标率100%，农村最漂亮的建筑是学校。

针对农村学前教育资源不足的问题，芦溪县、乡两级共计投入4.8亿元用于幼儿园项目建设，按照“两个优先”原则，优先在贫困村（2021年初芦溪县贫困村全部退出）建设村级园，优先建设乡镇公办中心园，实现了全县常住人口2000人以上行政村公办园全覆盖。

源南乡中心幼儿园园长刘玉丹没有想到，过去幼儿园只能设在小学校园里，如今5个花瓣造型的教学楼与花蕊设计的六边形连廊合为一体，教育空间大为拓展。

麻田中心学校校长朱志辉不会想到，过去学生只能在临时搭建的简易工棚里练习摔跤，如今标准化的摔跤馆占地720平方米，具备了承接省级摔跤比赛的条件。

芦溪县特殊教育学校校长刘小清更不会想到，过去学校长期缺少实践教育基地，如今学生即将在新校园里迎来属于自己的烘焙坊、咖啡厅。

为乡村“锁定”好老师

“以前，乡村教师都是想尽办法往县城里调，教育局每年都要收到近百份进城报告。”芦溪县教育局副局长刘旭波说，教师大量往城里涌，乡村学校剩下的都是老教师。

年轻教师的流失也让麻田中心学校校长朱志辉头疼不已，“以前的乡村学校如同‘培训学校’，很多年轻教师刚熟悉教学没几年就离开了”。

留住教师就是留住乡村教育的未来，芦溪人下决心改变。在财政紧张的情况下，从2015年开始，芦溪面向全县乡村教师实行“三免两补一高”。

“三免”即免费入住教师周转房、免费提供工作餐、免费体检；“两补”即补贴山区津贴、乡镇工作津贴；“一高”指的是按最高标准缴纳住房公积金，由财政预算总工资的5%提高到最高标准12%。

“以刚入职的新教师为例，现在每个月工资实际到手3500元左右，吃住不花一分钱，每学期还有绩效奖励，年收入能达到 7 万元左右。”芦溪县张佳坊学校副校长邓绍春掰着手指给记者算了一笔账。据测算，芦溪同职级边远山区教师补贴比城区教师每月最高可多出 2200 元左右。

继提高教师收入后，芦溪县教育局又放“大招”，在职称评聘过程中实行“支教优先”政策，三年来对 109 名前往乡村支教的教师优先聘任；在岗位设置中实行“低职高聘”政策，将 76 名近五年即将退休的乡村教师全部顶格聘用。

2019 年，芦溪县教育局决定每年通过考试的形式选拔 100 多名教师进城。令人意外的是，最终报名的只有 47 人。一名李姓教师本已考上县城学校，再三权衡后放弃了进城机会，留在了乡村任教。近两年，芦溪还出现了城区教师主动要求到乡村学校任教的情况。

仅有待遇还不够，如何让乡村教师“有发展”才是关键。为促进教师专业化成长，芦溪县教育局全面实施“三名工程”（名师、名学科、名校长工程），每三年评选一次。名师设立工作室，有津贴、有奖励、有工作经费。

2017 年，芦溪镇路行学校教师游晓奇加入江西省特级教师、源南学校语文教师康竹萍成立的工作室，两年后，她便摘得了“全省基础教育优秀教学课例展示交流活动”一等奖。

在准备比赛的 3 个多月里，康竹萍专门为游晓奇组织了一支听课磨课队伍，一遍遍修改打磨教学设计，从口语表达到表情动作，每一个细节都不放过。游晓奇从未想过，作为一名只在校内上过公开课的乡村教师，她也能站上省级比赛的领奖台。

“一个人可以走得很快，一群人才能走得更远。”在康竹萍的带领下，工作室很多成员实现了课题申报零的突破、获奖零的突破。

为了激发教师参与热情，县财政设立了专项名师津贴，县教育名师可以享受 3600 元 / 年、县名师工作室可以享受 7000 元 / 年。

在稳定乡村教师队伍的同时，如何从源头培养优秀教师？早在 2007 年，芦溪就开始了定向培养师范生的探索。定向培养师范生从本地户籍的应届初中毕业生中选拔，按志愿从高分到低分择优录取，提前“锁定”好苗子，待其毕业后将其纳入在编教师队伍，全部分配到乡村学校任教。

张佳坊学校教师杨乐贵的家就在张佳坊乡杨佳田村。2011 年，怀揣着对教师职业的憧憬，杨乐贵以高出重点高中分数线 50 多分的中考成绩报考了五年制本科学历定向培养项目，毕业后回到张佳坊乡任教。

毕业后就能有编制，而且家就在学校附近，杨乐贵全家都对这份工作非常满意。短短几年时间，杨乐贵就成长为学校的教学骨干。

"'三定向'师范毕业生能扎根农村，服务家乡基础教育，有较强的专业素养，思想稳定性也远高于面向社会招聘的教师。"在聂志勇看来，这个项目有效地破解了乡村学校教师"招不到""留不住"的难题。

10 多年来，定向师范生培养项目为全县培养教师 600 多人。他们散作满天星，照亮了芦溪乡村教育的各个角落。

办好家门口的每一所学校

城镇挤、乡村弱是很多地区义务教育发展过程中面临的难题，然而，记者在芦溪采访时，这样的感受却并不明显。

以小学为例，芦溪整个县城只有两所小学，学生人数在 5000 名左右，而芦溪小学阶段学生总人数为 2.34 万人。显而易见，大部分学生都分布在芦溪各乡镇所属的小学里。

在芦溪县教育局党委委员黄祝华看来，破解城乡教育失衡的办法只有一条，那就是办好老百姓家门口的每一所学校。这句话说起来简单，背后却考验着芦溪教育人的智慧和担当。

几年前，坐落在玉皇山山脚下的张佳坊学校还是县里最薄弱的学校，无论是办学条件还是教学质量均在全县垫底，换了几任校长都不见起色。

2019 年，黄祝华临危挂帅，兼任学校第一书记。在他的带领下，张佳坊学校迎来了学校发展史上许多第一次：近十年来第一次举办开学典礼、第一次系统开展校园文化建设、第一次成功申报省级课题……

黄祝华与学校领导班子一道，把教师队伍建设作为突破口，邀请专家指导课题研究，从教育教学的真实情境入手，帮助教师找到研究切入口，协助他们总结研究成果。从过去的不敢申请课题，到如今成功申请 10 项课题，教师们重新燃起了教研热情。

与此同时，位于县城的芦溪小学、濂溪中学“牵手”张佳坊学校。“送教下乡”“跟岗学习”“师徒结对”等交流活动，让教师们接受了一次次观念风暴的洗礼。

提升教师专业能力的同时，校园文化建设成为学校发展的又一把“金钥匙”。依托山中竹子多的优势，张佳坊学校挖掘竹文化内涵，以“竹之七德”规范师生行为，创设了独具特色的竹文化体育项目，开展了竹林写生、竹蔬园种菜等活动，全力打造竹文化育人模式。

把张佳坊学校打造成农村学校的排头兵，是黄祝华的心愿。通过两年多的努力，张佳坊学校已获得全县 8 项荣誉，考入重点高中的学生比例突破了 20%。

学校办得好不好，老百姓用脚投票。在芦溪，除了随父母打工出去的，本地的孩子几乎没有外流的。

责任督学挂牌督导的全覆盖，也在为教育优质均衡发展保驾护航。从 2017 年秋季起，芦溪县陆续建立了 5 个中小学校和 5 个幼儿园责任督学挂牌督导责任片区，建立了县、片、校三级教育督导工作网络，实现了教育监管从“粗放”向“精细”转变。

“责任督学经常推门听课，手把手指导我们如何建设高效课堂，还利用片区教学一体化的优势，为青年教师提供送课交流的机会，青年教师的教学水平有了很大提升。”宣风镇中心学校青年教师李曼姿告诉记者，短短几年，青年教师团队就成了宣风镇中教育教学的主力军。

统计数据显示，近年来，芦溪城乡和校际差距不断缩小，全县小学校际综合差异系数为 0.35、初中校际综合差异系数为 0.29，大大优于国家标准。

补短板、扶弱项，在城乡教育均衡稳步提升的同时，在芦溪，不同学段也在均衡发展，学前教育、义务教育、高中教育、特殊教育并驾齐驱。

曾经，“入园难”“入园贵”“质量低”是困扰芦溪学前教育发展的三大难题。如今，学前教育是芦溪教育的一张亮丽名片。近年来，芦溪县委、县政府建立以财政投入为主的学前教育投入保障机制，大力构建农村公办园体系，管扶并举促进民办园普惠性发展，走出了一条农村学前教育普及普惠、安全优质发展之路。

“幼儿园有沙水池、菜地、养殖区等 9 个户外综合活动区，孩子有了更多亲近自然的机会。”源南乡中心幼儿园家长陈茜说。优秀的办园质量吸引了很多在县城企事业单位工作的家长把孩子送来这所幼儿园。

曾经，职业教育教学和实践存在“两张皮”的问题。如今，芦溪武功山中专结合芦溪建设世界电瓷之都的社会经济发展需求，与当地工业园区对接，大力开展电瓷专业培训，为地方产业源源不断输送人才。

曾经，特殊教育是最容易被忽视的领域。如今，芦溪把特殊教育办得有声有色。作为“省级特殊教育改革实验区”，芦溪特殊教育学校率先在全省构建了“随班就读、送教上门、特教就读”三位一体的残疾儿童少年入学保障机制，全县适龄残疾儿童入学率达到 98.6%。

“每一名残障孩子都是折翼的天使，教师要充分挖掘他们身上的闪光点，让他们的人生之路多一分平坦。”在校长刘小清的带领下，学校开设了美术、书法、舞蹈等一系列特色课程，光是学生的美术作品就荣获了 150 多项各级各类大奖。

没有高耸的山峰，也没有低矮的谷地，城乡教育均衡发展，各级各类教育齐头并进，办人民满意的教育，芦溪一直在路上。

“芦溪县将坚持以习近平新时代中国特色社会主义思想为指引，深入学习贯彻党的十九届六中全会精神，立足新发展阶段、贯彻新发展理念、融入新发展格局，坚决扛起‘为党育人、为国育才’使命重任，全面贯彻党的教育方针，落实‘立德树人’根本任务，深化教育综合改革，构建优质均衡的基本公共教育服务体系，推进教育高质量发展，以咬定青山不放松的执着，以行百里者半九十的清醒，在打造全国教育名县的路上奋楫扬帆、笃定前行。”黎增义坚定地说。

（2021 年 11 月 24 日，有删改）

◆◆短评◆◆

走一条有本地特色的教育突围之路

本报评论员

党的十九届六中全会审议通过的决议指出，推进义务教育均衡发展和城乡一体化，办好人民满意的教育。县域教育是整个教育体系的基础，关乎国家的长远发展，关乎人民的切身利益，在很大程度上决定着人民群众“幸福指数”的高低。

办好每一所学校，教育好每一个学生，是老百姓最大的福祉。通常，一个地区的教育发展水平与经济发展水平关系密切。对于经济总量偏小、财政收入不足的地区来说，办教育的难度更大。如何用有限的财力，办好人民满意的教育，成为摆在当地党政领导面前的一张答卷，考验着领导的智慧和担当。

在江西芦溪，历任领导班子坚持一张蓝图绘到底、一任接着一任干，始终把教育作为最大的民生，一马当先，强化“教育兴县”和“人才强县”战略，形成了政府主导、乡镇（部门）积极配合、全社会共同关心和支持的教育发展推进和保障机制。

在芦溪，尊师重教已蔚然成风。全面提高教师待遇，广大教师安心从教、尽职尽责、立德树人，学生学得扎实、学得快乐、幸福成长，每一个乡村、每一个年龄段、每一个家庭的孩子，在家门口都能接受高质量的教育，人民对教育的满意度不断提升。

芦溪的经验表明，人口不多、资源相对匮乏、经济总量不大的山区小县，同样可以走出一条富有本地特色的教育优质均衡发展突围之路。

第四辑

加快构建现代职业教育体系

一所帮助家乡致富，办在农民心上的学校
——记河北省安平县北郭村农业中学

本报记者 · 符德新　朱玲

在冀中大平原腹地，河北省安平县的北部边缘，有个叫北郭的村庄。村子傍着小说《红旗谱》里有名的千里堤，东西足有 3 里长。全村 547 户人家，2200 多口人，有 2813 亩耕地。南边的滹沱河和北边的潴龙河在这一带靠拢。这两条河流历史上曾多次泛滥为害。大水漫过千里堤，冲刷着堤下的村落，给北郭村留下了西南两面千余亩沙丘，把全村 60% 的耕地变成了盐碱地。新中国成立前，这个村有 40% 的农户出外逃荒要饭。新中国成立后，农民政治上翻了身，可是白花花的大碱片子上，高粱长得像筷子细，红薯、山药面仍然是人们的主食，农民的生活长期贫困。

今天，这一切都已成为历史。曾经占全村住房 95% 以上的土坯房已杳无踪影，代之而起的是清一色的青砖房。人们碗里的红薯、山药块变成了白面细粮。那片“风一过，就戴上孝帽儿”的盐碱地，现在成了高产田。1987 年全村粮食平均亩产 1520 斤，正好是 1964 年平均亩产的 10 倍；全村人均收入 650 元，是 1964 年人均收入的 6 倍多。

提起北郭村的巨大变化，村里的老乡说:“一靠党的政策好，二靠咱村农中办得好。”北郭村党支部书记苑计刚说:“要是没有农中，咱村要达到这么个水平，连想也不敢想啊！”

于是，1988 年 1 月，我们踏着三九天的积雪，来到北郭村住下，采访这所老乡们赞颂的村办农中——安平县马店乡北郭村农业中学。

坚持教育与生产劳动相结合，勤工俭学、艰苦创业始终不渝

这是一所包括小学和初中两个部分的村办学校。在村南占地96亩的校园内，有近百间校舍。小学1至5年级、初中3个年级共8个班，有271名在校生和22名教职工。

1964年，北郭村只有1所村办小学，村大队和12个生产队的67名干部中，只有1名高小毕业生，其余全是文盲、半文盲。那时有9个生产队没有合格的会计，有的队是谁买了东西，就把剩的钱连单据包在一个纸包里，往一个大篓子里一塞，叫“包包账”，实际上是一笔糊涂账。当时的村党支部书记苑红科、大队长苑根立找到本村小学教师苑书田，请学校为村里培养几名会计。苑书田一口答应。第一个会计培训班在北郭村小学开办起来了。毕业的学员分别担任了9个生产队的会计。“包包账”的历史结束了。这件事给村党支部和苑书田以启示：要改变农村的落后状况，得想办法培养建设农村的人才。他们决定办一所为本村培养实用人才的学校。1964年12月11日，北郭农中正式创办开学。

大片的盐碱地和连绵的沙丘，是妨碍北郭农业生产提高的关键问题。农中便把解决这个问题作为教育与生产劳动结合的重要课题。1965年春天，他们根据土壤分析的结果，结合学习有关的科学知识，大胆采用了“以沙治碱”的方案。老师们带领百十名学生，迎着料峭的寒风，从比房还高的沙丘上把沙土一点点运到盐碱地里，再用垫过圈的柴草、树叶铺上一层，然后进行深翻，使沙土、碱土和柴草、树叶充分混合。头一年，学校在村南的3分8厘“鸡狗地”上搞试验，试种“野籽多穗高粱”，竟收获了280斤，合亩产730斤。接着，他们又在10亩改良田上种田菁，再把割倒的田菁翻入地里，他们在这块地上创造了亩产粮食960斤的纪录。这是北郭有史以来的奇迹，“以沙治碱”成功了。农中的经验立即由学生带回了全村各个生产队。

在学校的示范和指导下，全村花了三年时间，把村南两个大沙丘铲平了，北郭村得到了掺沙治碱造成的良田1467亩。接着农中又积极向村里

推广良种和科学种田知识，向各生产队提供自己培育的小麦、高粱等良种43000多斤，使得北郭村的粮食产量迅速提高。

在教育与生产劳动的结合中，农中师生发扬自力更生的精神，挥汗成雨，植木成林，在潴龙河畔留下一串串勤工俭学、艰苦创业的足迹。从拾麦穗、种蓖麻、养蚕、植树造林，到办缝纫厂、柳编厂、塑料厂、油毡厂，20多年来，他们把勤工俭学的收益用于改善办学条件，积累一点建设一点，前后分9次建造校舍，才建成今天的校园。当年农中师生在潴龙河滩上营造的"千亩少年林"，如今不但成了学校的"绿色银行"，还给北郭村立了功。1978年村里从少年林取材，运出去换煤、换化肥，合9万多元，1986年村里为每家每户装自来水，又从少年林取材，筹措了2万元经费。

学校还建成了由25亩校田、1.7亩塑料大棚、3亩鱼塘和木工厂、药材收购加工站、景泰蓝厂组成的稳定的生产劳动实习基地。在景泰蓝加工车间，我们看到了三十几名工人和学生正在案前专心致志地进行掐丝、点蓝、磨光等各道工序。车间一角，几十只精美的景泰蓝工艺美术品在工作台上熠熠生辉。这个景泰蓝厂是1987年3月创建的，当年12月到北京与挂钩的工艺美术工厂结账，已获纯利3万元。靠着勤工俭学的收入，现在全村学生从小学一年级到初中三年级，都可以在这所学校免费接受教育。

坚持为当地建设服务，灵活办学，开展多种形式的职业技术教育

北郭农中始终把为当地建设培养人才作为办学的主要任务，坚持在良好的文化基础上，再让学生学习一些农村需要的实用技术。20世纪60年代建校之初，农中根据村里治沙治碱、提高粮食产量的需要，设置了土壤改良、农作物栽培、水利等专业课。20世纪70年代后期，养殖业兴起，农中又开设养蚕、养鸡、养猪、养羊、养兔等专业课程。1968年至1982年的14年间，还开办了初中后二年制中技班：学生初中毕业后，再学习一些数、理、化等与生产实际有关的高中文化课，同时开设了兽医、农机修理、气象观测、缝纫4个专业班。

专业技术教学密切结合本村需要，针对性很强。例如农机修理专业，主要培养本村日益增多的柴油机、电动机、拖拉机等农机具的维修使用人员。根据需要，学生在专业学习阶段还可同时承担村里某项工作。现在，安平县拖拉机最多的村子是北郭，有150台。其中90%以上的机手是农中毕业生。

进入20世纪80年代，农村商品经济在发展，农中又及时调整专业课，开设了中药材的加工与种植、快速养猪法、养鱼、木工、食用菌、果树、蔬菜栽培、工艺美术等专业课，为北郭治穷致富和发展乡村企业奠定了人才基础。

1984年，北郭农中将初中的学制改为“3+1”。初中三年按照普通初中教学大纲设课，同时，在三年中，结合劳动技术课和课外兴趣小组，还开设几门农村实用技术课，每个班都有实验田，使大多数学生从初中阶段起就培养自己对农业生产的兴趣爱好，对于毕业回乡后将要从事的专业做出初步的抉择。在兴趣小组学习专业知识，采取农闲多学、农忙少学的办法。1987年学校又成立了木工、药材、食用菌、缝纫4个小组，学生自愿报名。专业教师大多由本校教师兼任，也有的是从村内外请来的能工巧匠。初三毕业后，一小部分学生升入高一级学校，多数学生则正式选择一门专业技术继续在校学习。学制因专业而异，形式多样。比如学习木工，一年为期；学习机械，就要两年；学习缝纫三月可成；最短的银耳栽培，40天就能毕业。看来农中的职业技术教育搞得不错，那么基础教育质量如何呢？校长苑书田告诉记者，他们始终把保证九年制义务教育的质量放在重要位置。前两年，有的学生想放弃学业，早点回家赚钱，校领导和教师反复做学生的思想工作，坚决不开口子。现在，全村已普及初中教育，适龄儿童全部入学，从小学一年级到初中三年级，没有1人中途辍学。小学的入学率、合格率、毕业率都达到了100%。

1987年初中毕业生中有34%的人升入高中，升学的人中43%考入县重点高中，从升学这个侧面来看，这个学校的文化教育质量也高于当地一般农村中学。

北郭农中建校23年来，共培养毕业生1370人，其中有815人留在本村。目前，北郭村 73% 的劳动力是农中的毕业生，他们已经成为北郭村经济和社会发展的主力军。

农中既是基础教育、职业教育、成人教育的综合基地，又是生产示范、技术和信息服务的中心

北郭农中在创办以来的 20 多年里，始终围绕村里的经济发展，及时推广各项新的生产技术。建校初期，他们把目光放在解决全村人吃粮问题上，首先搞了改沙治碱的试验，并向全村各生产队推广，使全村良田面积增长了 1 倍多。随后，他们又把眼光投向提高单位面积粮食产量，进行优良品种的引种试验、科学施肥试验等，并迅速向全村推广。全村粮食平均亩产已从 1964 年的 152 斤提高到现在的 1520 斤，整整提高了 10 倍，全村人再也不为口粮发愁了。

党的十一届三中全会以后，农村经济政策放开，商品经济开始发展，农中看准这个方向，又向村里引进了银耳栽培技术、中药材种植与加工技术等在本村有发展优势的实用技术。北郭的沙质土适宜种西瓜，1984 年，农中从河南引进郑州 3 号西瓜，种植获得成功，第二年就在全村种开了，现在几乎家家都种西瓜。有些西瓜品种种了几年之后，产生了退化现象，农中今年又准备引进郑杂 3 号、开封 1 号等西瓜良种。农中还准备向村里推广他们引进的优良苹果。23 年来，农中共向村里推广新技术 30 多项，其中仅推广小麦、高粱、玉米的优良品种就有 30 多种，并曾无偿提供良种 4 万多斤。

农中校长苑书田不管走到哪儿，心里都记挂着发展本村经济这本账。他利用外出和开会的机会，到处打听能使本村致富的门路。他主动去求助南开大学、清华大学、河北农大、天津大学的校领导，为北郭联系到植物生长素、景泰蓝镀金工艺等多项技术援助。今年 2 月，他又和村干部一起设法争取到了安平县经委与北京药材公司签订的 1000 亩中药材种植合同，为今年全村人均收入大幅度增长创造了条件。

现在，村里不少人晚上一放下饭碗，就爱往学校跑。位于村子最南端的

老校长那间小屋，几乎成了村干部开会的办公室。村里有点啥事，大家都习惯于跑到学校来，听听校长和老师们的意见。学校实际成了村里发展经济的参谋和助手。利用学校的优势，收集致富信息，进行生产示范，培训实用人才，推广新的技术，这已成了北郭农中的办学传统。

为北郭培养了大批从事商品生产的骨干和带头人

北郭农中毕业出来的学生，升学的比例不低，留在村里参加生产的，人人都有一技之长。他们率先摆脱了贫困，并且带领北郭人在治穷致富的大道上奔跑，成为从事商品生产的骨干和带头人。

乡亲们给我们讲了一个赵小忙的故事。今年 34 岁的赵小忙祖辈就穷，他又生就的身体弱，一般庄稼活都干不来。人家割麦子到了地头，回头看看，他才割了一半，就累得躺在地上。村里人都替他发愁："将来他这日子可怎么过？"自从上了村办农中，小忙一门心思钻研医药知识，1973 年从药材加工专业班毕业。政策一放开，他专搞药材收购加工，成了远近闻名的专业户。他坐上火车到处跑合同，足迹遍及东北、西南、中南地区的十几个省。村里不少人家在他的鼓励下也种了药材，找到了致富的门路。闲谈中记者问赵小忙，去年一年究竟收入多少？小忙低头思忖一会儿，跟我们绕了个小弯子："按一天 24 小时计算，每个钟头 4 块钱吧！"我们粗粗一算，嗬，这一年就是 3 万多元啊！村里上岁数的人跟我们说："想不到小忙这孩子能有这样的出息。要不是沾了学校的光啊，他连个媳妇也说不上！"

在村里，我们还认识了另一位致富能手，农中 1972 年的毕业生王金敖。1984 年，他从有药都之称的安国县引进了瓜篓（一种中药材），在自己地里试种。一开始并不理想，10 棵瓜篓秧也结不出一个瓜篓。但他不泄气，向农中老师请教，运用在校学的中药材种植管理知识，不断摸索，终于获得成功。现在每棵秧上能结十六七个瓜篓，去年他种的两亩瓜篓收入 1 万元。今年，王金敖打算扩大种植面积，用塑料棚育秧，为乡亲们提供秧种，把瓜篓种植推广到全村。

像这样的能人，北郭村有不少。现在全村547户人家中，395户有农中毕业生，占72%，其中有110户去年家庭人均收入超过1000元。回乡的800多名毕业生中，一半人存款超过6000元，还有一半存款在2000元到5000元之间。北郭因为有了北郭农中，因为有了北郭农中的毕业生，正在由穷变富，经济状况发生了深刻的变化。

这里有一群热诚为农村育才的教师

“书田的学校”是北郭村上了年纪的人，对北郭农中的昵称。因为是他们眼看着不满20岁的苑书田1952年进了北郭村，在这里坚持办学，如今整整36年了。

苑书田的父亲年轻时“闯关东”，在东北落了户。1950年，正在上初中的苑书田回到祖籍，从安平县师范班毕业后，当了本乡一名小学教师。当他进入自己祖辈居住的北郭村时，看到家乡的许多孩子因为穷，因为要在家带弟妹，上不了学，苑书田心里好生不安。他就挨家动员，并且实行“允许晚来早走，允许带弟妹上学，允许半天学习”等措施，终于使村里普及了小学教育，北郭村小成了安平县普及小学教育的红旗校。

正当苑书田把自己的青春毫无保留地献给家乡教育事业的时候，1958年他因为提了两条意见，被打成“右派疑似分子”，开除了党籍。蒙此不白之冤，他感到无颜再见江东父老，准备离开北郭。村党支部书记和大队长知道了消息，套着大车到县城接他回来。乡亲们的信任深深打动了书田的心，打那时起，再苦再难，他也没有动过离开北郭的念头。为办好农中，苑书田多年来背着黑锅干。直到1979年4月落实政策，恢复了党籍，他才被正式任命为农中校长。

为了农中，苑书田不怕担风险。1968年，天津师范学院毕业生张志义因为出身资本家，被“流放”到北郭村农中。县有关部门来信指示学校负责人苑书田：“对张志义要加强劳动改造，只能半天工作，半天劳动。”这是分配到农中的第一个大学生，不能这样对待啊！苑书田没有透露指示信的内容，而是让张志义担任中技班的数学课、物理课老师。张志义欣然接受，每周任课 20 多节，从不叫苦，还利用业余时间教给学生测量技术，带着学生把北郭村的土地全部规划成方田。

农中副校长李均芳，1974 年从衡水师范毕业后，放弃了条件较好的学校来到偏僻的北郭。爱人远在银川，几次为她联系好了工作，来函调她，亲友们也来信劝她，她却说自己离不开农村。爱人拗不过她，终究还是依着她，在去年调到衡水来团聚。

中年教师张立掌，不但是教生物、物理、化学等课程的多面手，而且对木工、银耳栽培、小麦管理也很在行。现在，他还兼任药材专业课程。近年来，他钻研小麦优种化，自己买来几种小麦良种，在家里试种，长势不错，今年他把良种种到校田里，准备作进一步的观察和试验。一专多能，是农中对每一位教师提出的要求。

北郭农中的教师们，是有志于教育事业，坚持面向农村办学的教师群体。全校教师中，有 11 人分别被省、地、县命名为模范教师。他们的辛勤劳动，赢得了北郭人的尊敬。

明天的向往

北郭农中是冀中平原上农村教育改革的榜样。河北省委、省政府在几年前就总结过他们的办学经验。现在，中共安平县委、县政府发出了《关于在全县深入学习北郭村农中经验的决定》。1 月底，安平县召开有全县 20 个乡的乡长、书记和各中学校长参加的职业技术教育现场会，把北郭农中的经验向全县推广。北郭农中的经验像星星之火，即将在古老的冀中大地上燎原了。

消息传来，北郭人和农中师生们的热情更高了。农中毕业的银耳专业户苑占勋，一年收入 4000 元，哥仨中出了两个大学生，他供给哥哥、弟弟上大学的费用。他现在有个打算：在学校办一期银耳培训班，今年在村里发展 100 户栽培银耳。他说：“将来，北郭村就可能变成银耳专业村。”

赵明学，农中毕业后已经在村里当了十年的农业技术员和虫情测报员，目前他负责向省、地、县三级的十几个农业科研项目提供技术数据。他认为，北郭村的粮食虽然已经成倍增产，但农业发展的潜力仍很大，关键在于提高人的科学管理水平。最近，他也在计划搞一期技术管理培训班。

老校长苑书田跟我们说，他要致力于使北郭普及高中阶段教育；他要看着北郭建起更多的村办企业，建起奶牛场、文化室、电影院……一句话，要使北郭村现代化。北郭村的领导从过去走过的路，看到了人才的重要，决心要大力加强教育，真正把教育摆在首位。村里正在研究办法，筹集更多的教育经费，为学校建立较完善的实验室、图书馆、运动场。村里还要给学校增拨 20 多亩实验用地，使校园扩大到 120 多亩。培养更多高水平的师资也已经列入计划。

《红旗谱》里英雄的后代们，北郭农中的师生们，正在规划和创造北郭更为美好的明天。

（1988 年 3 月 17 日，有删改）

职教“航母”的聚变效应

——河南探索职业教育集团化发展之路

本报记者·刘琴　陈强　张玉文

炎黄故里，沃野中原，千年沧桑。滚滚黄河，奔流入海，一去不回。

光阴荏苒，中华民族和中华文明重要发祥地之一的河南，今天正处于经济社会蓬勃发展的上升时期，其中，职业教育的拉动作用日益明显。

2003 年以来，河南省先后组建了农业、建筑、旅游等 14 个省级行业性职教集团，以及信阳市、南阳市、开封县、襄城县等 4 个区域性职教集团。18 个职教集团，犹如一支装备精良的舰队，从当初刚刚组建、试水，到如今扬帆起锚，驶向远洋，在几年的时间内带动了一大批学校、企业和科研院所，共同探索着一种中国特色的职业教育发展改革新模式。

以城带乡，以强带弱，打造职业教育竞争力

拥有 9820 万人口的河南，是个不折不扣的农业大省，农民约占 70%。然而，有文化、懂经营、有技术的新型农民却十分欠缺，很多人仍然遵循着“面朝黄土背朝天”的传统农业模式。

农业之外，河南省的轻工、机电、化工以及旅游等支柱产业近年来发展迅速，需要大量熟练工人。但是，尽管该省劳动力资源丰富，高素质的劳动力却十分匮乏，多数 16 岁至 45 岁的青壮年劳动力没有一技之长。而在该省高达 1500 万人的外出务工人员中，同样的情形依然存在。

农业现代化、产业结构升级、农村劳动力转移，每一样都离不开技术人才，都呼唤着职业教育的支撑。但是，职业教育承担得起这样的重任吗?

回顾 21 世纪之初，尽管河南省的中等职业教育学校数、在校生数均居

全国前列，但职业学校办学分散、校均规模小、特色不鲜明，而且由于不再包分配，招生日益困难，这种现象在农村职业学校尤为突出。

怎样才能尽快把职业教育做大、做强？“经过一段时间的思考和摸索，我们逐步确定了一个发展思路，就是要以城带乡、以强带弱，组建纵向贯通、横向联合的新兴办学模式——职教集团。”担任职教集团建设工作领导小组组长的河南省教育厅副厅长崔炳建告诉记者。

从 2003 年到 2006 年 11 月，短短三四年间，14 个行业性职教集团和 4 个区域性职教集团，总共 18 个职教集团全部成立并成功运行。

“没有职教集团，就没有我们今天的办学成果。”2007 年 7 月，记者走进河南，从郑州到开封，从政府到学校，从田间地头到实训车间，这成了记者听到最多的一句话。

对比今昔，原来职业学校招生难、农村学生走不出县城的状况彻底改观。如今，在骨干职业学校的牵头下，所有集团成员校的学生“统一打包，贴上标签”，城市职业学校的招生“触角”突破了地域壁垒，延伸到县以下；县级职业学校的就业“出口”跳出视野局限，扩大到了县、市、省以外。以国家级重点职业学校为龙头，“2+1”“1+2”“1+1+1”等多种形式的城乡“联姻”，把城乡学校的显性教育资源整合起来，实现了资源配置的效用最大化，招生、就业都十分火爆。

数字说明一切。现在，职教集团已占河南职业教育事业规模的半壁江山。统计显示，这 18 个职教“大家庭”已经吸纳 651 家成员单位，其中职业学校 274 所，在校生 57.84 万人，占全省各类中等职业学校在校生总数的 42.2%，而参与其中的行业协会有 73 个，企业 282 家，此外，还吸引了 22 个科研院所加盟。目前，18 个职教集团共招收农村学生 19.9 万人，吸纳企业资金 1.3 亿元，安置中等职业学校毕业生 23.9 万人！

纵向贯通，校企携手，创出职业教育“优势品牌”

正值暑假，可在河南旅游职教集团的龙头学校——郑州旅游职业学院，无论是院长还是教师，仍都处于忙碌的工作状态。“作为奥运会组委会总部饭店的北京饭店，还有‘鸟巢’，刚从我们这儿挑了83名学生。他们说，就是看中了学生的英语好、懂礼仪、素质高。”集团董事长、学院院长陈锡畴说。

作为河南省最早成立的职教集团之一，旅游职教集团吸引了中州国际集团等国内外近60家旅游星级饭店、旅行社，以及河南省餐饮行业协会、旅游协会参与办学。“河南旅游职业教育”的品牌，在全国职业教育领域和国内外旅游相关行业越打越响，每年能为学生提供上万人次的短期带薪见习和实习岗位。

“职业教育集团的核心价值就是品牌。”陈锡畴告诉记者，学院作为龙头学校，主动改变了过去一枝独秀的局面，将20多年来形成的办学经验和实习、就业网络资源，无偿提供给集团成员学校，形成了品牌连锁效应，现在郑州、开封、洛阳等市的10余所旅游学校、烹饪学校均为集团成员校，很多薄弱学校和偏远学校的学生就业由此找到了出路。

“市场运作、龙头带动、城乡联姻、校企结合”，河南省的行业性职教集团成立伊始，就明确了这一宗旨，如今基本形成了中、高职校际联合，行业企业多方参与的运作模式，不仅学生受益，参与办学的企业也受益匪浅。

走进位于河南农业高新科技园的河南农业职业学院综合实训基地，一片浓郁绿色扑面而来。该基地投资3000多万元，像这样的产学研基地在农业职教集团共有12个。“这些基地近两年不仅接收了集团33个成员校、3000多人次的学生实习，同时还为企业研发新品种超20个，也成为企业新产品研发、新品种展示以及科研院所新技术孵化的重要基地。”农业职教集团董事长、河南农业职业学院院长杨海蛟说。

台资河南源盛食品有限公司就是集团受益企业之一。河南农业职业学院为其选育了6个辣椒新品系，并且提供免费技术指导。如今，3500万株优质辣椒种苗已为企业增加经济效益900多万元。看到人才与技术的作用，更多的企业主动出钱出力，与学校共同承担人才培养的责任。一些企业为冠名班提供了助学资金和奖学金，最近，河南科美兽药有限公司又投资1000多万元，在学校建设兽药生产线。

在校校、校企紧密合作的过程中，职教集团中的很多农村成员校欣喜地发现，在城市骨干职业学校的牵头带动下，学校的师资水平和教学质量有了明显提高。

“总共要进行10天的教育信息技术培训，现在我已经学会了使用制图软件和视频截取。”中牟职业中专教师谢艳玲说。这个暑期，旅游职教集团成员学校有400多名教师要在这里接受培训。

在河南信息技术职教集团，各学校定期选派专业课教师到集团成员企业挂职锻炼，两年来，共组织212名教师到企业实践。在河南省医药职教集团，上学期朱宇等多名骨干教师已经被派到企业实践半年，下半年还有部分教师要到国内知名制药企业考察。

“如果没有职教集团，教师不可能得到这么多培训机会。”医药职教集团董事长左淑芬说，通过职教集团，企业、学校的教育资源有效融合，特别是对于农村学校来说，城市职业学校的实训设施齐全、设备先进，通过师资培训、设备援助等方式，促进了很多农村职业学校办学水平的提升。如洛阳市栾川县职业中专，原来专业没有特色，招生很困难，加入集团联合办学后，专业和师资力量大大增强，现在企业主动到学校要人，连招生带招工，学生毕业后在本地药厂顺利就业，赢得了老百姓的口碑。

横向联合，政府协调，带动区域劳动力素质提升

以行业为纽带、纵向贯通的14个职教集团效果显著，以区域为范畴、横向联合的开封县、信阳市等4个职教集团也是特色鲜明，极大促进了当地职业教育资源的统筹协调发展。

成立区域性职教集团，缘于河南省开封县县长于吉良的亲身经历。

在一次下乡调研时，于吉良走访了一个种果树的农户，问这位农民十八九岁的女儿懂不懂果树栽培技术时，姑娘摇头说不懂。在另一个养猪专业户家里，于吉良也遇到了类似情况。

“农民的孩子并不懂农业，也不掌握农业技术，可要发展农业现代化，没有新型农民怎么行？”不仅如此，于吉良意识到，职业技能的欠缺还影响了开封县的工业发展。县工业园区的厂房建好了，可要招工时遇到了难题，当地的熟练工人很少，只能到外地招，人力成本明显增加。

为了改变这种被动的局面，2007 年初，开封新一届县政府下定决心，要用五年时间，把全县 18 岁至 45 岁的农民全部培训一遍。“目标说起来很简单，就是让养猪的懂得养猪技术、养鸡的懂得养鸡技术、打工的能有一技之长。”于吉良说。这样的职业培训不能光靠教育一个部门，需要多个部门紧密合作，而这正是区域性职教集团的优势所在。

“政府统筹、部门联办、教育协调、多位一体”，区域性职教集团不仅在开封县开花结果，而且在信阳市和襄城县也先后组建起来，职业教育不再是教育局一家的事，也不再只是职业学校的事，而成为劳动、农业、教育等多个部门积极参与的办学综合体。政府搭台，学校、企业唱戏，跨行业、跨区域的职教集团把这几个市、县的职业教育带动得红红火火。

作为成立最早的区域性职教集团，开封县职教集团成立至今已近四年，是一个名副其实的“紧密型”办学实体。教育局、劳动局、卫生局分别下属的开封电子科技学校、技工学校、卫生职业高中等 7 个单位均为集团成员，囊括了全县除民办外的所有职教资源。

刚起步时，面对这样一个新生事物，难免有人担忧、不解。为了免除教职工的后顾之忧，开封县专门规定了“四个不变”：职教集团成员单位原有性质和隶属关系不变，管理体制不变，工资供给渠道不变，人事关系和教职工身份不变。

关系理顺了，人心稳定了，集团的工作有条不紊地开展起来。统一管理、统一招生、统一专业设置、统一考核评估，特别是在学生就业方面，一改往日各职业学校各自为战、毕业生安置环节烦琐、安置成本过高的局面，由县教育局成立的学生就业安置办公室负责统筹就业信息和就业网络，全县职业学校都利用这一平台输送人才，就业工作有序而高效。

“如今，开封县职教集团的毕业生就业已经扩展到全国各地，建立了以北方、中原、长江三角洲、珠江三角洲为中心，辐射全国四大就业基地，用人单位涵盖电子、机械制造、服装加工、精密仪器等多个领域。”开封县职教集团董事长、县教育局副局长王西刚说，近几年来，集团与海尔集团、富士康集团等 150 多家知名企业建立了长期稳定的人才供应关系，毕业生的就业率在 98% 以上。

在信阳市职教集团，区域职教资源整合的效果也有目共睹，集团先后同中国南方航空集团公司、北大青鸟集团等签订了校企合作协议，南航集团每年从助学基金中拿出 20 万元资助品学兼优的贫困生，北大青鸟集团投资 50 万元在信阳职业技术学院兴建了专用计算机房，目前联办学生有 1000 余人；南阳科技职教集团更是将办学质量水平提高到一个新的层次，三年来毕业生就业率达到 100%，对口就业率达 95%，进口旺、出口畅，当地老百姓对职业教育的传统印象大大改观。

河南省教育厅厅长蒋笃运充满信心地对记者说：“组建职教集团是河南实现职业教育跨越式发展的金钥匙，是一种成功的办学模式。它在为城乡、校际、校企之间的全方位合作提供平台的同时，又促进职业学校在招生、就业、教学和技能鉴定四个方面实现‘一体化’，有效地提升了河南职教的发展质量，提升了中职毕业生的市场品牌价值，带动了全省职业教育向规模化、集约化、连锁化方向发展。”

（2007 年 8 月 6 日）

搭建“立交桥”职教快步跑

——广东佛山探索现代职业教育体系建设采访纪行

本报记者·李功毅　蔡继乐　高毅哲

初中毕业后上了中职，中职毕业后可以考高职，高职毕业后还可以考本科；中职和普通高中也能互转，这就是人们所说的职教“立交桥”。

搭建职教“立交桥”，对于更好地满足学生的教育选择，以及职业教育的发展都具有非常重要的意义。国家教育规划纲要提出这一改革目标后，一些地方陆续开始进行探索，广东佛山就是这项改革探索的先行者之一。

佛山市现代职教体系建设改革，核心内容有三个方面：一是探索建立中职与高职贯通分段培养机制；二是探索建立高职院校与本科院校相互贯通的本科应用型人才培养机制；三是探索建立中职学校与普通高中之间的转学通道。

记者近日走进佛山，与当地教育部门的领导和职业院校师生交流，近距离了解佛山职教改革试点的方案设计和实施进展，以期为更多的改革者提供借鉴。

“2.5+0.5+2”培养机制
中高职五年贯通教育教学“无缝衔接”

佛山市为何在全省率先开展现代职教体系建设改革试点？“广东省提出的‘打造我国南方重要职教基地’的战略，加上佛山经济转型、产业升级对高技能人才的现实需求，倒逼我们必须加快职教改革发展步伐。”佛山市市长刘悦伦如是说。

为扎实推进这项改革，佛山市除成立试点工作小组，并组建强有力的团队外，市长助理、教育局局长李亚娟还让副总督学姜蕙牵头，专门负责此项工作。曾担任过顺德职业技术学院院长的姜蕙上任后，立即带人到江苏、浙江等地考察调研，经过充分调研和论证，一份既科学合理又大胆超前的改革制度设计方案出炉了。

在佛山此次职教改革的三项内容中，佛山市最看重、着力最足的还是中高职衔接改革。地处佛山市高新区的佛山职业技术学院，是中高职衔接改革的牵头学校。学院院长徐小增说："对这项改革，学院高度重视，精心遴选了汽修、物流等5个与佛山产业紧密对接、行业岗位技术含量较高的专业作为试点专业，与几家参与试点的中职学校和有关企业共同制订人才培养方案。"

与以往一些地方采用的"3+2"中职升高职方案不同的是，此次佛山的改革采取的是"2.5+0.5+2"分段培养学制，其中"2.5"是指中职前5个学期，"0.5"是指中职第6个学期，作为高职提前介入的过渡学期。5个专业的人才培养方案，都要由企业与中职、高职学校共同协商制订，始终贯穿"专业与产业对接、课程内容与职业标准对接、教学过程与生产过程对接、学历证书与职业资格对接"的思路。

"这意味着中职与高职的教育衔接更加紧密，避免了在学生从中职升高职时，出现学习断层和学习内容重复的问题。"姜蕙说。

特别值得一提的是，佛山的中高职衔接改革，摒弃了以往"3+2"中职升高职学生必须参加的转段考试。这次改革的方案更加科学，5个试点专业均采取"知识+技术+素质"的考核办法，满分100分，其中知识结构考核和专业技能水平各占40分、综合素质测评占20分。

"这样做的好处是避免了一考定终身的弊端，有利于将真正合适的中职学生送进高职的校门。今年这项改革试点的招生安排在普通高中招生批次进行，从目前宣传的效果来看，社会对这项改革的认可度很高。"姜蕙说。

200名高职生“专插本”
创“高职本科一体化”分段培养新模式

在佛山职业技术学院一间实训车间内，30多个大二学生分小组操作数控机床。一个动作极其熟练的男生引起了记者的注意。原来，这个名叫陈显滔的学生，果然与班上其他同学不一样，他是两年前通过“3+2”考试由中职升入高职的。

“我之所以操作机床比其他同学熟练，是因为上中职时就熟悉这些机床。不过，在理论基础方面，我就比不上他们了，将来高职毕业后，如果有可能的话，我还想继续读本科。”陈显滔对记者说。

陈显滔高职毕业读本科的想法，如今有可能梦想成真。佛山市此次职教改革的另一项重要内容，就是探索建立高职院校与本科院校相互贯通的本科应用型人才培养机制。

据姜蕙介绍，经广东省教育厅同意，高职本科一体化人才培养模式改革试点由佛山科学技术学院作为牵头学校。

佛山科学技术学院是由广东省主管、佛山市主办的一所以培养应用型本科人才为主的地方本科院校。接到改革试点任务后，学院高度重视并加紧落实，很快就拿出了试点工作方案。

记者从这份方案上看到，此次试点实行“3+2”高职与本科分段培养的学制，学院通过“专插本”统一考试方式，面向全省招收高职院校应届毕业生，并在这些学生入学后，单独为他们编班。这些学生进入佛山科技学院后，将进行为期两年的学习深造，考核合格后由学校发放本科毕业证书。

2013年，佛山科技学院选取了与佛山产业对接紧密的5个专业作为改革试点，分别是机械制造及自动化、光源与照明、计算机科学与技术、电气工程及自动化、艺术设计。每个专业招一个班，每班40人，以后再根据试点工作推进情况，逐步扩大试点范围和规模。

4月底，佛山科学技术学院2013年“专插本”招生录取工作已经完成。

原计划招收 5 个专业共 200 人，最后录取 120 人。这些学生将在秋季入读学院的三年级。

姜蕙向记者解释，根据这项改革的设计，高职院校的教育起到了相当于普通本科一二年级的培训作用。“高职毕业生能进入普通本科院校就读，本科院校认可接收学生在高职阶段学习所获得的成绩和学分，这在全国也只有为数极少的地方能做到。”姜蕙说。

佛山科技学院一名负责人告诉记者，学院“专插本”招生最近几年已经停招，此次重新招收高职生与以往的招生有着本质的不同。接下来，学院将根据高职院校学生的特点，在专业课考试中注重实践动手能力的考核，同时增加专业基础理论方面的课程，以弥补这些学生在这方面知识的缺失。

中职生与普通高中可互转
打开高中段“普职融通”的突破口

佛山市现代职教体系建设改革的第三项内容，是难度最大，也是最有挑战性的，这就是探索建立中职学校与普通高中之间的转学通道，即“普职融通”。

不过，李亚娟在谈到这项改革时，依然充满信心，她说：“我们既要打通职教生上升的通道，也要打通横向通道，就是完善普通高中与中职学校之间的转学通道，最终的目标是探索职业教育与普通教育开放衔接、多元立交的培养机制。”

谈及“普职融通”改革的依据，姜蕙搬出了《广东省现代职业教育体系建设规划》。规划明确提出：“完善普通高中和中职学校之间的转学通道。探索建立普职融合的综合高中，实现学生分类培养。”

当然，促使佛山市下决心开展“普职融通”改革还有一个重要原因，就是市教育局在调研中发现，近几年，由于职业学校学生就业好，工资待遇也在逐年提高，更多的学生愿意读中职，特别是部分高中学生希望转读职校。同时，在职校学习的部分学生，也有希望和具备条件转读普通高中的。

佛山市将“普职融通”改革的试点任务交给了南海区。记者从南海区教育局制订的试点方案中看到，该区选择南海信息技术学校作为普通高中转中职学校的试点学校。

根据方案，普通高中学生在高一学年结束前，可根据意愿选报专业，转入信息技术学校二年级就读。学生在普通高中一年级所得学分计入职校的总学分，剩下两年按照中职学校要求学习。

罗村高中成为南海区中职生转普通高中的试点学校。南海区教育局规定，区直属中职学校学生在每年 6 月第一学期结束前，可根据学生意愿，通过区教育局统一组织的转学考试，转入罗村高中的二年级就读，学生第一学年在中职学校所得学分可计入普通高中总学分。

“由于此项改革涉及的问题更为复杂，目前暂不接收第二、三学年的普通高中学生转读中职学校，也不接收第二、三学年的中职生转读普通高中。”姜蕙说。

离开佛山前，李亚娟深有感触地对记者说，佛山搭建职教“立交桥”的此次改革，中职、高职、本科和普通高中等各方面都是赞成的，学生家长都拥护，改革成功的关键是要有科学可行的方案、有力的组织协调和精心细致的实施。

（2013 年 5 月 29 日）

改革者说

依托产业发展需求　深化职教体系改革

·李贻伟

2012 年 12 月，佛山率先成为首个通过“广东省推进教育现代化先进市”督导验收的地级市。在推进教育现代化进程中，佛山始终凸显职业教育在加快经济转型和产业升级中的重要地位，努力探索现代职教新路子。

在省委、省政府支持下，佛山在广东率先开展现代职教体系建设改革试点，推进以中职与高职、高职与本科、中职与本科、普通高中与中职的沟通与衔接为主要内容的现代职教体系建设，形成人才培养与供给结构对应机制，建立起与现代产业体系相适应的高技能人才培养的“多层立交桥”。通过改革，佛山既满足了人民群众对接受职业教育提出的现实需要，又满足了为经济社会发展培养更多高素质劳动者和技能型人才的客观需要。

下一步，佛山将根据产业发展需要，在职业技能人才培训上更加大胆地改革开放，探索建立企业和民间力量进入中等职业培训市场的体制机制，从而构建弹性开放、多样化、多层次、面向全民终身发展的现代职教体系和完善的人才梯队。

（作者系时任广东省佛山市委书记）

教育扶贫的“吕梁答卷”①

本报记者 · 高耀彬　赵岩　通讯员 · 王拖唤

巍巍吕梁，纵横八百；东驾太行，西携黄河；山川形胜，南绝龙门。吕梁在地理上的坐标以此而著称。不仅如此，它更以晋绥革命老区、延安屏藩闻名于世。

吕梁是全国 14 个集中连片特困地区之一，全市 13 个县市中 10 个是贫困县。过上丰衣足食的好日子，是 380 万吕梁儿女世世代代的梦想。

2017 年 6 月 21 日，习近平总书记赴吕梁视察，明确指出“只要高度重视、思路对头、措施得力、工作扎实，深度贫困是完全可以战胜的”。这为吕梁破解深度贫困指明了方向。教育扶贫作为整体脱贫攻坚的组成部分，成为全市头等大事和第一民生工程。

一年来，吕梁市委、市政府认真贯彻习近平总书记视察吕梁扶贫开发重要战略思想，坚决落实中央和省委、省政府脱贫攻坚总体要求，按照治贫先治愚、扶贫先扶智的总体思路，发挥教育扶贫在推进精准扶贫精准脱贫中的基础性、先导性、根本性作用，不断加大资金投入，全面落实各项教育扶贫政策，积极推进城乡义务教育均衡发展，农村教育质量全面提升，教育扶贫工作不断迈上新台阶。

教育扶贫，将在吕梁大地教育发展新里程碑上留下浓墨重彩的一笔。

构建全覆盖的资助体系，不让一个家庭孩子因贫失学

临县林家坪镇南圪垛村，中共中央西北局旧址所在地。

---

① 原标题：教育资助体系全覆盖　城乡教育一体化发展　构建职业技能培训就业体系——教育扶贫的“吕梁答卷”。本文写于 2018 年。吕梁市从 2013 年起经过八年精准扶贫，五年集中攻坚，全市 10 个贫困县全部摘帽，1439 个贫困村全部退出，59 万农村贫困人口全部脱贫。

"这是我家祖上的老窑洞，当年西北局书记习仲勋就住在这孔窑洞里。那时候我父亲还是个娃娃，习仲勋亲自给我父亲理发……"村民刘润宝在纪念馆前给记者当起了讲解员。

今年50岁的他是村里建档立卡贫困户，说起孩子上学的事，刘润宝难掩激动。4个孩子，一个工作，一个读研，还有两个在上小学，刘润宝家的经济压力可想而知。教育扶贫政策落实后，两个上小学的孩子不仅在校所有费用全免，还吃上了免费的营养餐，"牛奶、鸡蛋、水果……比家里吃得都好"。不仅如此，政府还给刘润宝的妻子安排了一份工作，为一家人解除了后顾之忧。

"多亏有政府帮助，不然，我不知道家里的日子该怎么过！"刘润宝说。

吕梁市现有各类学校1632所，66万多名在校生中，建档立卡贫困学生6.8万人，10个学生中就有一个是贫困生，涉及的人多、面广。教育扶贫，任务艰巨。

解决问题才是目的，吕梁教育扶贫不是解决一时的困难。一代人的成长不能因贫而辍学，要经得起历史检验。

"解决深度贫困要有深度举措。"从2016年开始，吕梁集全市之力，大打教育扶贫攻坚战，让教育资源向贫困地区倾斜，让资助政策向贫困学生倾斜，建立起了覆盖从幼儿园到大学全过程的"5+5"教育扶贫资助体系。

在认真落实国家教育扶贫政策的基础上，吕梁结合本地实际推出五项重大举措：对贫困县农村幼儿和义务教育阶段农村学生全部实施营养改善计划，每生每年800元；对在普通高中就读的建档立卡贫困家庭学生给予800元的生活费补助；对在中等职业学校和吕梁两所高职院校就读的吕梁籍建档立卡贫困家庭学生给予每生每年1000元的生活费补助。全市共计投入资金6834.98万元，其中市级资金达1524.52万元，资助贫困学生50160人次。国家开发银行生源地信用助学贷款签订合同6.2万份，发放贷款金额达3.83亿元。

为确保政策落实到位，市委、市政府主要领导率先垂范，山西省政协副主席、吕梁市委书记李正印，市长王立伟，分管副市长李俊平分别"领衔"

兴县、临县、石楼3个深度贫困县，立下脱贫攻坚“军令状”。

示范引领下，各县（市、区）教育扶贫政策“升级版”纷纷出台：临县对所有寄宿生给予生活费补助并发放交通补助；中阳县给予所有贫困大学生每人每年3000元的生活费补助，对所有寄宿生给予生活费补助；柳林县、交口县对所有高中学生免除学杂费；兴县对高考达一本线的所有学生给予一次性每人6000元的生活补助；石楼县由财政为高三379名贫困生个人专项资金账户注入每人200元的启动资金等。

地处深度贫困县的石楼中学，仅2017年就免除学费，发放助学金、生活费补助、个人专项资金账户等各类资金390万元，涉及4491人次，“5+5”教育扶贫资助政策得到全面落实。

兴县是吕梁3个深度贫困县之一，2017年全县启动“全面改薄”工程，共计改造薄弱学校55所，城乡中小学校容校貌焕然一新。在认真落实国家教育资助政策的基础上，兴县加大投入力度，健全了覆盖学前教育、义务教育、高中教育、中职教育和高等教育阶段所有建档立卡贫困家庭学生的资助体系。2017年，全县累计资助建档立卡贫困家庭学生（幼儿）23103人次，各类资助资金共计1284.387万元。

2017年，吕梁市资助学生20万人次，资金2.5亿元，其中市县两级财政直接投入9400多万元，全市13个县（市、区）全部通过国家县域内义务教育发展基本均衡的评估认定。

在吕梁采访，所到之处，“不让一个贫困家庭孩子因贫失学”的政策深入人心，“感谢党的政策好”成为广大人民群众的共同心声。

让农村孩子接受公平有质量的教育，从源头上阻断贫困代际传递

2017年6月21日，习近平总书记视察吕梁。

总书记明确指示：“革命战争年代，吕梁儿女用鲜血和生命铸就了伟大的吕梁精神。我们要把这种精神用在当今时代，继续为老百姓过上幸福生活、为中华民族伟大复兴而奋斗。”

铭记总书记的嘱托，新时代教育扶贫，吕梁再出发。

2018年春节刚过，天气乍暖还寒。吕梁市委、市政府“开年第一会”现场，气氛庄重而热烈。与往年一样，会议主题直指脱贫攻坚。不同的是，此次扶贫攻坚举措力度更大、释放“红利”更多。

会后出台的《吕梁市人民政府关于进一步加强农村基础教育的意见》，让人民群众看到了市委、市政府教育扶贫的决心和气魄——

农村幼儿园公用经费全部纳入财政预算，市级财政每月补贴贫困县幼儿教师150元、300元不等，初步测算需增加投入1217万元；

对贫困县所有农村寄宿制学校寄宿生、非贫困县农村寄宿制学校贫困学生和特殊教育学校寄宿生提供免费就餐，小学生每天10元，初中生每天11元，直接惠及15216名小学生、15006名初中寄宿生和858名特殊教育学校寄宿生；

增加投入5200万元，对农村寄宿制学校租房居住不在学校就餐的小学生发放生活补助；编制核定、职称评定、评模评优向农村校及农村教师倾斜，力争农村教师都住上周转房，高级职称结构比例提高两个百分点……

20条教育扶贫“新政”，条条惠及民生、关切民意，只为让农村孩子享受公平而有质量的教育，只为实现让贫困人口和贫困地区同全国一道进入全面小康社会的庄严承诺。以教育阻断贫困代际传递的一系列政策，在吕梁得到了社会的广泛认同。

资金投入的不断增加，办学条件的不断改善，也促使市委、市政府开始更多关注教育扶贫深层次问题，探索教育扶贫向纵深发展的新路径。

“让教学变成教育”“让教师有魅力、学生有活力”“让普通的优秀，让优秀的卓越”“多元化发展，多渠道成才”……孝义，“一个因教育而幸福的城市”。

近年来，孝义在校点布局科学化、师资共享优质化、课程体系多元化、教学管理精细化、特色办学等多方面出击，理念更新、内涵提升带来学校办学行为改变，各中小学结合自身实际纷纷开展特色学校创建活动，课堂教学呈现百花齐放的局面，义务教育更加个性化、特色化，学生核心素养提升，优质教育均衡发展，形成“一校一亮点、一校一特色、一校一品牌”，人民满意度不断提高。

全国“两基”工作先进地区、全国课改十大最具发展潜力区域、全国义务教育发展基本均衡市、中国好老师公益行动计划基地、全国青少年校园足球试点县（市、区）……这是一个县级市创造的教育奇迹。

2017 年 12 月 7 日，全国《义务教育学校管理标准》实施部署会在孝义召开。教育部相关负责人在对孝义义务教育进行调研后感慨，近年来，素质教育落地难、学生课外负担重、教育资源不均衡等我国义务教育改革面临的难点和痛点，一直未能真正破题，“我在这里找到了答案”。

以此次会议为标志，“孝义现象”辐射全国。

教育扶贫，不仅仅是物质的资助；抚慰幼小的心灵，让每一个孩子健康成长，更需要精神的给养。

近年来，农村留守儿童增多，由于亲情缺失、家庭氛围淡化，这些孩子的孤独感等负面情绪增多，仅靠资助并不能完全解决孩子成长过程中所有问题。

临县城庄九年制学校共有 809 名在校生，其中留守儿童 212 名。为了使这些学生在心灵上得到切实帮助，校长赵飞组织 10 名教师志愿者办起“留守儿童之家”，每人结对 20 多名学生，利用课余时间开展课业辅导、安全教育、兴趣培养、心理疏导等活动。

该校辖区赤崖会村贫困户田钱顺家里 3 个孩子，都因患先天性疾病无法入学。赵飞得知后，让学校根据孩子的情况专门安排课程，每隔一到两周派一名教师到田钱顺家送教上门，并给 3 个孩子送去玩具和衣物。

赵飞说：“我也是农家出身，曾经我的家庭与田家没什么区别，帮助他们是我们教育人应尽的责任！”

激发内生动力与技能培训结合，持续提高农民脱贫致富能力

“我感到非常幸运，我能有今天，要感谢政府，感谢‘吕梁山护工’的

专业培训。”

说这话的，是临县后寨则村村民郭文英。2016年，她参加“吕梁山护工”培训后到北京当保姆，凭着专业的劳务技能和肯吃苦的精神，很快得到客户认可，客户还帮她的丈夫在北京找到一份稳定的工作，女儿也进了北京的公立幼儿园。

“一技在身好脱贫。”2016年，山西省委、省政府为吕梁量身定制了“吕梁山护工培训就业计划”，对贫困县农村劳动力实施技能全免费培训，让世世代代躬耕在土地上的农民走出大山，靠一技之长脱贫致富。

临县白文职业学校是一所农村中职学校。过去，学校“门可罗雀”，农村贫困人口劳动力转移培训两年来，学校变得“门庭若市”，每期培训，报名人数超员，许多家长只能等待下一期。为了让学员熟练掌握所需技能，学校每期培训的实操课都不低于150小时，并开设礼仪、普通话、传统文化等专业课，培养吕梁护工“勤劳、朴实、善良、诚信”的素养。40天培训期，每名学员的伙食、服装、实训耗材、师训等费用3000元，全部由政府承担。

学校培训部主任成候平介绍，已培训的13期3097名学员中，签约就业1966人，输出率达63.5%，主要在北京、太原、天津、陕西等地就业，月工资最高超万元。

如今在吕梁，已涌现出不少像郭文英一样的“金牌月嫂”“明星护工”。来自临县的刘俊明，培训后上岗3个月就赚了两万多块钱，凭借自己的细致耐心与吃苦耐劳赢得了雇主的尊重，如今月薪已有8000余元；交口县的杨林栋夫妻二人于2016年在北京一家养老院做护工，一年多就还清了以前的债务，还存款十几万元……

马金莲2016年参加首期吕梁山护工培训后，到北京一家家政公司就业，2017年初她返乡自主创业，注册成立了吕梁懿星家政服务有限公司，带动300多名“吕梁山护工”姐妹走出大山，成为当地的致富带头人。

“吕梁山护工”是吕梁打赢精准脱贫的三张品牌之一。2018年5月25日，吕梁市长王立伟参加第16批欢送仪式，就像欢送出征的“将士”，618名培训合格的护工，统一身着“吕梁山护工”标志服装，赴北京、青岛等地，走上了致富路。

围绕脱贫攻坚、转移就业、对接新兴产业，吕梁又推出了“吕梁山技师技工”培训和“吕梁山工匠”培训。首批58名“吕梁山技工”经过专业培训顺利结业，已分赴杭州、广州等地的企业就业。与吕梁学院实行校地合作，已培训“吕梁山工匠”150余人，贫困户受训学员占26.3%。同时，吕梁还将与中铝、晋煤、焦煤等大型企业合作，组织专门培训，不断拓宽贫困群众就业渠道。

三年来，市县两级通过多形式宣传发动、分类式订单培训、多元化就业安置、多层次跟踪服务，取得了良好的脱贫效果。

吕梁市各职业学校，依靠自身优势为教育扶贫发挥着不可替代的作用。职业教育这把“金钥匙”，为贫困百姓打开了致富门。

截至目前，吕梁市农村贫困劳动力培训已累计实施16期，共培训26530人，实现就业13138人，月均收入超过4000元，就业地辐射到太原、北京、上海、天津、陕西、内蒙古等10多个地区，初步实现了“一人培训就业，全家脱贫致富”。

吕梁利用职业教育的资源优势，开展农村劳动力转移培训和实用技术培训，实现了从“输血”向“造血”扶持方式的持续转变。市委书记李正印表示，将进一步把“吕梁山护工”打造成全国老百姓认可的知名劳务品牌。

“走不出去，家是我们的世界；走出去，世界就是我们的家。”当年，“母亲教儿打东洋，妻子送郎上战场”；今天，脱贫致富奔小康，万名护工出吕梁。

吕梁人民坚信，幸福生活是奋斗出来的。

调动资源投入教育扶贫主战场，彰显扶贫攻坚强大合力

深入田间地头一个多月，寻找致贫原因；整理扶贫档案65册，为精准扶贫提供依据；办夜校搞培训，教村民栽培技术……

山西中医药大学驻临县大石吉村第一书记马秋香，被乡亲们视为致富路

上的“主心骨”。驻村两年来，她与村干部一道，将“一村一品”优质谷子种子550亩，肾形大豆种子300亩，黑玉米、黑豆、黑谷子各100亩引到村里，在临县农委的帮助下成立了山西省白色农业（微生物农业）基地。

“吕梁精准扶贫难度大、困难多，但‘治贫先治愚、扶贫先扶教’的决心不能变。方山县是山西省教育厅机关与直属单位连续几年的扶贫点。2017年，省教育厅决定与吕梁市签订战略合作协议，全方位支持吕梁教育扶贫工作。”省教育厅厅长吴俊清介绍说。

省内12所高校驻兴县、临县开展扶贫攻坚社会实践活动。太原理工大学、山西医科大学、太原师范学院等6所高校，分别在兴县6个乡镇和部分学校建立扶贫支教基地，针对农村教师设立培训计划，对当地贫困儿童、空巢老人进行帮扶；山西大学、山西农业大学、山西中医学院等6所高校结对临县6个乡镇和部分学校，从旅游发展、职业教育、设立助学教育基金、乡镇小学支教帮扶和心理辅导、电商项目等全方位对口帮扶。

同时，省教育厅决定，12所高校以定点帮扶县为载体，建立思想政治教育实践基地；以参与脱贫攻坚社会实践为抓手，建立大学生接受国情教育长效机制。

扶贫主战场，思政大课堂。让大学生在扶贫一线接受国情教育，广大学生在扶贫帮教的同时，懂得青年一代的担当和使命，自身觉悟不断提高，极大增强了报效祖国的责任感和使命感。

与此同时，山西12所省级示范高中帮扶吕梁贫困县9所高中，11所职业学校帮扶10个贫困县。从学校布局、办学理念、校园文化、人才培养、教学研究、队伍建设、学校管理等方面，手把手给予指导。吕梁同时开展本市县际结对帮扶，教育基础较好的孝义市、汾阳市、交城县选派精兵强将，赴临县、石楼县、兴县等深度贫困县传经送宝，吕梁学院10个学科的75名支教大学生，深入离石城区4所中学、11所小学顶岗支教。

2016年，北京航空航天大学、北京理工大学进驻中阳县、方山县定点扶贫。北京理工大学选派8名研究生赴方山县进行扶贫支教，不定期组织大学生开展社会实践。同时，两校出台政策，降低30分照顾两县参加高考的学生，参与学校自主招生。

江苏省江阴市派出几十人的优秀教师团队，连续五年赴吕梁扶贫支教，在当地传为佳话。中阳县中阳一中、三中、北街小学与北航实验学校结成“手拉手”共建校，两地中小学师生互访、教科研互动和跟班影子培训成为常态。

“提高音乐人口比例，助力吕梁音乐兴市战略。”2017 年，中央音乐学院与吕梁市签订精准扶贫战略合作协议，未来五年，将开展音乐学科建设，编写音乐教材等支教活动，对吕梁 300 名左右的中小学音乐教师进行培训，每年选送 5 名优秀学生进入中央音乐学院附中重点培养，在高考招录政策上给予优惠，助力老区音乐教育发展。

中华慈善总会大众慈善促进委员会通过吕梁市慈善总会，为 100 所贫困中小学各建一所图书室，并向每所小学捐赠价值 10 万元的 3700 册图书，惠及全市 13 个县市 61956 名贫困生。

得益于国家对贫困地区、革命老区出台专项招生政策的倾斜支持，2017 年，吕梁考取清华、北大的 18 名考生中，13 人通过专项招生计划被录取，仅中阳县就有 8 名学生走进北大、清华……

集中优质教育资源，形成教育扶贫的强大合力，社会主义的政治优势和制度优势在吕梁再度彰显。

励志扶贫与培养一代新人相融合，铸就青少年民族魂

吕梁，一个英雄辈出的地方；吕梁山绵延八百里，红军东征主战场、晋绥边区、八路军一二〇师总部，到处是红色革命遗址，这里布满了革命前辈的足迹。

临县西隔黄河与陕北相望，当年是延安圣地的屏障。梁峁沟壑间孕育着民族正气，巍巍吕梁山，泱泱湫水河，是吕梁英雄儿女成长的摇篮。

临县林家坪乡南圪垛村在解放战争期间，曾是中共中央西北局和晋绥联防军司令部所在地，贺龙、习仲勋、林伯渠等老一辈革命家曾经在此工作。这里现在已经成为吕梁市青少年德育基地，全市中小学生来这里接受革命传

统教育成为常态。

记者到来时，正遇上吕梁学院艺术系学生在这里写生。中共中央西北局旧址周围，学生们用画笔抒发着他们对革命先烈的缅怀之情和对美好生活的憧憬……

扶贫必须扶志。近年来，以立志成才，摆脱精神贫困，回馈社会，报效祖国为主要内容的“精神扶贫”活动，在吕梁市青少年中广泛开展，赋予了教育扶贫新的内涵。

兴县蔡家崖，曾是晋绥边区革命根据地所在地。战争年代，晋绥革命根据地担当着阻敌西犯，保卫延安的重任，是党中央部署支援前线、统筹后方的战略基地。据不完全统计，1940 年到 1945 年，吕梁人民缴纳公粮 657 万公斤，为中国革命作出了巨大贡献。

毛泽东、朱德、周恩来、刘少奇、任弼时、习仲勋等老一辈无产阶级革命家在这里进行过重要革命实践活动，贺龙、关向应所率八路军一二〇师转战边区 11 年。

1946 年 4 月 8 日，我党高级干部王若飞、秦邦宪（博古）、叶挺、邓发等由重庆飞往延安途中，因飞机失事，在兴县黑茶山不幸遇难，“四八烈士”在此英名长存。

“吕梁苍苍，汾水洋洋，先烈伟绩，山高水长。”得天独厚的红色革命遗址，成为传承红色基因的宝贵资源，为中小学生思想教育提供了生动而珍贵的教材。

2015 年 8 月，兴县投资 3 亿元，一座以一二〇师命名的现代化学校拔地而起。

为了让“红色”精神发扬光大，一二〇师学校始终把革命传统教育作为学校德育工作的核心内容，打造红色校园文化，聘请老八路来校讲述革命故事，鼓舞、激励孩子们积极进取；利用每次发放资助金的机会，分年级召开家长会，既给家长解读政策，又让孩子立志成才，实现家校共育。

学校还将晋绥边区革命纪念馆、“四八烈士”纪念馆、晋绥解放区烈士陵园开辟为德育课程实践基地，让红色文化教育贯穿学校教育始终。

如今，吕梁市百余处革命旧址得到很好的保护和开发，已成为对学生进行革命传统教育，激励广大青少年传承红色血脉、奋发有为、自强不息的重要阵地。

“扶贫重在扶人，扶人重在扶志，培养出一个有志气、有骨气的学生，就能影响和带动一批人励志向上。”冯冬生说。

“蔚汾河水流不断，蔡家崖就在我们身边，烽火里前进的歌声，伴着鼓号声声相传，来吧，同学们，努力学习，像先辈那样忠诚勇敢，不怕任何艰难，我们要做优秀的壮志少年……”雄壮嘹亮的一二〇师学校校歌，带着孩子们的远大抱负，带着父辈们的百年梦想，在吕梁山久久回荡！

70多年前的抗战烽火中，陈毅元帅在此写下了《过吕梁山》：“花信迟迟春有脚，夕阳满眼是桃红。”满怀豪情的诗句，憧憬着这片红色革命根据地的未来。

少年兴，则民族兴；少年强，则国家强。

六月的吕梁，千峰竞秀，万木向荣，大地一片生机！

（2018年6月21日）

改革者说

把教育扶贫作为摆脱贫困的治本之策

李正印

习近平总书记指出，“扶贫必扶智。让贫困地区的孩子们接受良好教育，是扶贫开发的重要任务，也是阻断贫困代际传递的重要途径”，为我们做好教育精准扶贫工作指明了方向，提供了遵循。

吕梁是革命老区，也是全国14个集中连片特困地区之一，做好扶贫与扶志扶智相结合的工作，是攻坚深度贫困的重大举措。近年来，我们认真贯彻落实习近平扶贫开发战略思想和视察山西重要讲话精神，认真落实中央、省委决策部署，把教育扶贫作为摆脱贫困的治本之策，构建教育资助体系，构建城乡教育一体化发展体系，构建职业技能培训就业体系，让每一位贫困学子有学上、上好学，让贫困劳动力有技能、能就业，走出一条深度贫困地区教育扶贫新路。

构建教育资助体系。在全面落实国家教育扶贫政策的基础上，靶向施策，精准发力，构建了包括幼儿教育、义务教育、普通高中、中职高职全覆盖的吕梁教育扶贫政策资助体系。同时，一些县市还积极探索对考入普通高等院校的贫困家庭学生进行生活补助。2017 年，全市落实各类资助资金 2.5 亿元，资助学生 20 余万人次，实现了“不让一个孩子因贫失学、不让一个家庭因学致贫”的目标。

构建城乡教育一体化发展体系。破解城乡教育资源不均衡的问题，最关键的是让农村孩子接受公平而有质量的教育。在分析现状、调查研究的基础上，我市先后出台城乡义务教育一体化改革 60 条、办好农村教育 40 条等文件，引导城市教育资源有序有效向贫困农村流动。改善农村办学条件，投资 15.4 亿元，实施“全面改薄”工程。

构建职业技能培训就业体系。按照“人人持证、技能社会”要求，坚持把贫困劳动力培训就业作为教育精准扶贫的重中之重，按照“政府支持、专业培训、持证上岗、跟踪服务”的思路，在大力扶持中高职学校发展的同时，充分发挥其作用，建立培训实训基地，完善就业服务网络，大力实施“吕梁山护工”“吕梁山技工”“吕梁山工匠”免费就业培训，努力使每个贫困劳动力既有一技之长、有业可就，又能稳定脱贫、持续发展。

在攻坚深度贫困发挥教育扶贫的基础性、先导性、根本性作用上，我们做了一些有益探索。但吕梁脱贫攻坚任务仍然艰巨，在打好打赢这场硬仗中，我们将始终牢记总书记视察山西时“解决深度贫困要有深度举措”的嘱托，进一步改革创新、真抓实干，续写吕梁教育扶贫的新篇章。

（作者系时任山西省政协副主席、吕梁市委书记）

一座老工业城市的蝶变
——城教融合的株洲实践

本报记者·高毅哲　张晨　阳锡叶　赖斯捷

引　言

在新中国的工业版图上，湖南株洲，是无法绕过的存在。

新中国第一台航空发动机、第一枚空空导弹、第一台电力机车……建市60余年，株洲缔造了共和国工业史上180多项第一。中国南车、株冶集团、南方航空等重量级大型企业，在株洲诞生、发展、壮大。

在新中国的职教版图上，株洲，同样是引人注目的存在。

对职业教育稍有了解的人都会知道，一座工业之城的辉煌背后，常常有着一个高质量的职业教育体系。株洲是中南地区最大的职业教育基地，各级各类职业院校36所，包括6所高职院校，30所中职、技工学校，全日制在校生近10万人，每年毕业学生近3万人，为当地产业发展输送了大量高素质技术技能人才。

在株洲，职教、产业，与城市水乳交融、共生共存。

水乳交融、共生共存，意味着一名学生走出职业学校的教室，就能进入企业生产车间“无缝”衔接上岗；意味着产业发展的兴衰和职业教育的起伏同频共振、律动相仿；意味着城市发展与教育改革共生共长共荣。

老工业基地振兴，是当代中国经济发展的重要命题之一。这一命题，意味着要在新技术革命条件下，实施创新驱动发展战略、建设现代化经济体系、推动经济高质量发展，意味着要打通产业链、创新链与教育链、人才链，它拷问的，是老牌工业城市，是既有教育体系。

面对这一时代命题，株洲通过实践探索，给出了自己的答案——城教融合。

我们的故事，从清水塘讲起。

在株洲，没有人不知道清水塘。对清水塘，株洲人又爱、又“恨”。

爱的是，作为在全国名气响当当的老工业区，清水塘奠定了株洲城市发展的基础。巅峰时，清水塘工业区集聚近 200 家企业。几十年来，清水塘工业区累计纳税 480 多亿元，高峰时年产值有 300 亿元，是株洲名副其实的“金矿”。

“恨”的是，当经济结构调整的大潮袭来，清水塘工业区难以跟上时代发展步伐。以化工、冶炼等重工业为主的清水塘，在创造财富的同时，也留下污染严重的顽疾。高污染、高能耗的发展方式，难以维系。

面对抉择，株洲毫不犹豫：关停污染企业，淘汰落后产能，对清水塘进行搬迁改造。改造后的老工业区，将成为以现代服务业为重点的新经济区。

城市在转型，老工业区在转型。

株洲职教人，听到了催人奋进的鼙鼓声。

大手笔筑起职教科技园

再次走进株洲经济开发区的职教城，记者不敢相信自己的眼睛。

八年前，记者曾实地察看正在建设中的职教城。彼时，职教城绝大部分园区，还只是纸面上的规划，放眼望去，零星几栋教学楼点缀在大片的荒地上。

如今，展现在记者眼前的，已是一座环境优美的现代化职教城——占地 13.9 平方公里，目前已投资 120 亿元，并经湖南省委、省政府批准，正式更名为湖南（株洲）职业教育科技园。

园内集聚湖南铁路科技职业技术学院、湖南化工职业技术学院等 10 所高等和中等职业院校，拥有专职教师 4500 多名，其中国家教学名师、技能大师 50 多名，在校学生 8 万余人，校园全部实现生态化、数字化、人文化、“两型化”。

高校科技园并不鲜见，但如此大规模的职教科技园却很罕见。为何株洲如此大手笔?

职教科技园副主任钟立军一语道破:“进入21世纪后，株洲职业教育发展水平，已赶不上株洲新型工业化和新型城市化的加速推进。所有关心职业教育的人，都心急如焚!”

湖南化工职业技术学院招生就业处处长刘艳，对那时的困境记忆犹新。

湖南化工职院的两个老校区位于株洲老城区，每个校区面积不足百亩，校舍破旧不堪。刘艳还记得，有些外省学生满怀期望来学校报到，但拉着行李在校园走了一圈后，立马掉头走了。

2014年，湖南化工职业技术学院搬入职教科技园。新校区占地573亩，全部是现代化的教学楼，环境优美，设施齐全。硬件设施的变化让学校发展上了一个大台阶，招生年年火爆，再也没有出现学生被破败的校园吓走的情景。

湖南化工职院的过往和现在，是株洲诸多职业院校的缩影。

曾经，资源分散、教学规模偏小、专业布局不合理、实训资源短缺、发展后劲不足、缺乏发展空间，是株洲职业院校面临的共性问题。所有弊端加在一起，最终的后果是培养的学生实际操作能力低，无法满足城市转型和企业升级的需要。

这一缺口有多大?

近年来，确立城市转型升级的目标后，株洲抢抓机遇，实施打造轨道交通、汽车、航空航天、服饰、陶瓷五大千亿产业集群等重大战略。经测算分析，每年需要培养、培训的中高等职业技能型人才在10万人次以上。

破题，势在必行。

株洲市教育局局长吴安浩介绍，为破解职业教育发展的瓶颈，2008年，株洲市委、市政府作出建设职教科技园的决策，将其列入全市十大基础工程、四大百亿工程，对口配套株洲重点打造的五大千亿产业集群。

职教科技园的建立，让制约株洲职业院校可持续发展的校园狭小、一校多址等问题得到根本性解决。更重要的是，各院校之间资源共享，互通有无，逐步形成既有竞争又有合作的良好办学生态。比如，园区内建设了轨道交通综合实训站场、微软 IT 学院、机器人焊接、化工、汽车等 30 多个实训基地，对各院校师生开放。

共享，是职教科技园的一大特色。园区成立就业指导中心、培训中心、技术孵化中心、公共实训中心、云计算中心以及零创空间、青创空间、众创空间等双创阵地，并设立 10 多个创新奖励基金，从机制上激发各院校师生创新创业热情。

同时，园区鼓励各职业院校利用专业教学和实习实训优势，引企入校，兴办教学工厂、教学公司，目前已有来自服装、陶瓷、化工等行业的多家企业，将生产线、设计室、产品展示厅搬进园区，企业和各院校共建创新中心、技术攻关小组 100 多个，一批成果应用到生产中。

“我们的初心是，坚持产学研深度融合，校地企合作创新，打造中部职业教育创新之都。”钟立军说，随着签约学校的陆续建成和入驻，到 2020 年，职教科技园将拥有 10 万～12 万名学历教育学生，参与各类培训的人数达 10 万，成为服务长株潭城市群乃至湖南省经济社会发展的强力引擎。

专业设置覆盖城市所有重点产业

纵观历史，在株洲发展的关键节点，职业教育从未缺席。

1951 年，株洲铁路工厂技工学校（现湖南铁道职业技术学院）创立，成为湖南第一所技工学校；1956 年，株洲铁路机械学校（现湖南铁路科技职业技术学院）成立；1958 年，湖南省化学工业学校（现湖南化工职业技术学院）创建……

职业院校的建立发展，为株洲产业发展提供了强劲支撑。

株洲产业的转型升级，也得到了职业院校的强力回应。

作为国家中职改革发展示范校，服饰相关专业是株洲市职工大学（工业学校）的优势专业。与之相对应，株洲是华南的服饰生产和集散重镇。尤其是芦淞区，聚集了数千家服饰加工企业，其服饰市场群是中南地区最大的服装市场群和国家级物流中心。

然而，巨大的规模背后，却是株洲人心中难言的痛。以株洲产量最高的女裤为例，尽管全国每 4 条女裤就有一条产自株洲，然而至今没有发展出一个叫得响的服装品牌。

前些年株洲提出，要实现服饰产业破千亿。“服饰产业要实现‘千亿梦’，打响品牌是必经之路，我们再也不能满足于做贴牌了！”那段时间，从政府到企业、媒体，人人都在呼吁，株洲的服饰产业，要实现转型升级。

要做响品牌，就要有能做品牌的人。株洲市职工大学（工业学校）应时而动，他们在培养方案中加入相关内容，引导学生从技能工向设计师转变。

“我们办学一度遭了不少非议。有人说，你们就是一个中职学校，学生会做衣服就可以了，还硬要把他们培养成设计师，你们行吗？”校长严建国回忆。

对此，株洲市职工大学（工业学校）师生不为所动。他们一步步做起，一年年成长。如今每逢岁末年初，学校都会举办一场毕业生设计作品的时装盛宴。学生根据主题自选面料、自主设计、缝制，在两个月的时间内每人设计 4 ～ 6 套高级定制服。踏实的教学和训练使学生的技能飞速进步，学生周晓兰更是在全国职业院校技能大赛服装制作与设计赛中摘得一等奖。

如今，该校坚持依托行业、对接产业，紧紧围绕株洲服饰产业群，已形成以服装为主打特色品牌，相关专业围绕其发展建设的专业体系。

“株洲的千亿服饰梦，我们一定会作出贡献！”严建国信心满满。

依靠主动对接城市产业闯出名堂的，还有湖南职教界响当当的“黑马”——湖南汽车工程职业学院。

这所原名株洲职业技术学院的学校，从中专升为高职不到十年，就跻身湖南卓越高等职业技术学院建设名单，一时令人惊叹。

秘诀何在？学院党委书记邓志革说了 8 个字：“瞄准产业，精准发力。”

曾经，该校与很多地方的职业院校一样，专业设置大而全，追求规模，不注重质量提升内涵发展。然而，随着生源的萎缩，学校办学渐渐陷入困境。

怎么办？经过苦苦思索，学校领导班子将目光投向株洲的产业脉动。

彼时的株洲，正在寻求汽车产业的突破。2009 年，北汽股份有限公司落户株洲，学校领导班子果断决策，与北汽“校企合作、产教融合”，先后完成三次大的专业整合和系部调整，砍掉不合时宜的老旧专业，围绕汽车产业的专业人才培养做文章，甚至改校名以显改革决心。

校企双方共同投入 1100 万元，建设北汽 BEST 项目基地，五年培养技术技能型人才 3000 多人，满足了北汽株洲生产基地对高素质人才的需求。至 2016 年底，湖南汽车工程职业学院已与 100 多家企业合作，上海通用、宝马、福特、大众、特斯拉、沃尔沃等 10 多家国内外车企在学校建立合作基地。

经过调整优化，学校 6 个专业系中，4 个系以开办汽车专业和培养汽车人才为主，培育了汽车整车与零部件制造、汽车营销与服务、新能源与智能汽车三大汽车特色专业群，建起面向汽车前、后市场，覆盖汽车中、高端技术岗位人才需求的专业布局。学校汽车相关专业的学生人数占到 6 成以上，毕业生供不应求，且大多留在本地、本省，为当地汽车产业的发展提供了可观的人才队伍。

经过十年发展，如今，株洲已初步形成从设计研发，到零部件生产、整车制造，再到产业服务的一条完整的新能源汽车产业链，正在向千亿规模发起冲击。这背后，湖南汽车工程职业学院功不可没。

应时而动，应势而为。

截至 2018 年，株洲职业院校已形成对接株洲轨道交通、航空、汽车、电子信息、新材料、新能源、生物医药、节能环保、陶瓷和服饰等十大重点产业的特色专业群，实现了职业院校专业设置对重点产业、特色产业的全覆盖。

筑巢引凤“不惜一切代价”

不到半年时间，有 3 位院士在株洲开设了两个院士工作站——2017 年

12 月，中国工程院院士李德毅与湖南汽车工程职业学院签约，在学校成立工作站；2018 年 4 月，中国工程院刘友梅、丁荣军两位院士又领衔组建了湖南铁路科技职业技术学院院士工作站。

在高职院校建院士工作站，全国并不多见，更是在湖南省开了风气之先。

资源、资源、资源！

近年来，随着投入不断加大，在整体实现硬件升级后，株洲职教对教育资源和人才资源的渴求愈发强烈。

决定围绕汽车产业办学后，为顺利实现校企合作，引入企业人才资源，湖南汽车工程职业学院全校动员，提出“以用心、诚心、恒心推进校企合作”。

“那时候天冷哦，为了见到企业负责人，我们在北京冬天的寒风中等候三四个小时，甚至多次上门后还坐冷板凳，但为了引进企业的教学资源，再难我们也得往前走。”该校车辆工程学院院长李治国说。

凭借这样的诚心，学校请到中国汽车维修领域、汽车营销领域、新能源汽车领域的顶级专家来校任职，教育部高职高专汽车类教指委汽车检测与维修技术专业分委会主任委员、国家级教学名师尹万建也来校担任汽车专业群带头人。

“有些事，不是凭钱就能干成的！”邓志革说。

株洲下属醴陵市，有着“中国陶瓷历史文化名城”和“中国花炮之都”的美誉。陶瓷、烟花两大支柱产业绵延千年、生生不息，既是县域经济特色产业，更是当地百姓的“金饭碗”。

这里，一所学校赫赫有名——醴陵市陶瓷烟花职业技术学校。

仅仅八年前，这所学校还是一所办学举步维艰、招生困难、负债累累、社会评价极差的学校。八年后，学校全日制在校生达 4200 人，设备总值超 4300 万元，先后被评为国家重点中等职业学校、国家中职教育改革发展示范校、省首批卓越中职学校。

变化从何而来？校长徐峰指出关键词——“资源”。

“我们不惜一切代价引进教育资源！”近几年，学校聘请了中国陶瓷艺术大师丁华汉、黄小玲，湖南省工艺美术大师、醴陵瓷艺堂艺术总监黄永平，湖南省烟花工艺大师、湖南环球烟花有限公司总经理苏骅等一大批企业能工巧匠，他们既有系统而扎实的专业理论知识，又具有熟练的实践操作技能，将他们请进校门，极大地充实了学校师资力量。

同时，学校积极引企入校。在学校实训大楼，融“产学研”于一体的红玉红瓷陶瓷研究中心、御品坊瓷业有限公司等一字排开，它们既是学生学习的教室，也是学生双创的“试验田”。

一系列改革举措激发了学校的办学活力，提高了育人质量。该校学生成为企业争抢的“香饽饽”，部分专业的学生还未毕业就被企业抢订一空，毕业生就业率均在 98% 以上，本地就业率达 91%。

株洲市教育局副局长徐晓芳介绍，“十三五”以来，株洲落实职业教育发展三年攻坚计划，探索“招生即招工、入校即入厂、校企联合培养”的现代学徒制模式，零距离培养产业升级需要的技术技能人才，迄今已重点建设 10 个生产性实习实训基地、10 个职业院校教师流动工作站、8 个基本覆盖产业全链条的特色专业群。

（2018 年 11 月 30 日，有删改）

潮起海河边
——天津打造现代职业教育体系透视

本报记者·陈欣然　李澈　禹跃昆

高耸的烟囱、鳞次栉比的厂房，在逆光下定格成一张张静止的黑白照片。海河之畔，距天津火车站不远的“百年天津工业展览馆”中，一张张照片向来访者昭示着天津这座城市的底色。

中国近代以来工业发展史上，“天津”是一个醒目的关键词。

晚清的洋务运动，为这座彼时刚开埠不久的港口城市带来了中国最早一批军工、铁路和工矿企业。新中国第一台电视机、第一块手表、第一辆自行车也出自这里。

繁盛的工业离不开技能人才作支撑，近代以来的中国职业教育发展史同样与天津息息相关。

1880 年创办于天津的北洋电报学堂是中国第一所工业技术学校；100 多年前北洋工艺学堂提出的“工学并举”理念是实业教育的先声；新中国成立之初天津创设的“半工半读”技术教育模式被推向全国；进入 21 世纪，这里又探索出职业教育“产教融合、工学结合”的“天津模式”，建立起国家现代职教改革创新示范区……

在全国职业教育迅猛发展、各地职业院校百舸争流的今天，天津职教缘何能够始终居于前列？

勇当先锋，职业教育有了技能大赛
——连续 12 年举办“国赛”

提起天津的职业教育，多数人脑海中首先跳出的，大概是从 2008 年起举办，以天津为主赛场的全国职业院校技能大赛。

位于天津商务职业技术学院的全国职业院校技能大赛博物馆，记录着众多被大赛点亮的人生——

“元老级”的首届大赛获奖者、天津职业大学毕业生王警，凭着对技能的“钻”劲儿，被中国航天科工集团二院23所选中，在工作后善于加工急件、难件，获得“航天技术能手”等荣誉称号，为航天事业、为中国制造贡献着自己的力量。

放弃“本科”改投高职的获奖选手张朝，毕业后到一所“双一流”高校当起了教师。他在天津大学机械工程实践教学中心带领学生参加全国大学生工程训练综合能力竞赛，多次获得国家级和省级奖项。

……

为每一名职教学子搭建实现梦想的舞台，为他们提供人生出彩的机会，在全社会进一步营造“崇尚一技之长，不唯学历凭能力”的氛围，提升职业教育的影响力和吸引力。这正是全国职业院校技能大赛设立的初衷。

与此同时，这块天津职教的“金字招牌”，经过十几年发展，意义早已超越比赛本身，作为一项国家职业教育领域的重大制度设计与创新，大赛正成为推动职业教育高质量发展的重要抓手。

谈起大赛对天津职业教育改革发展的作用，天津市教委副主任白海力用4个关键词概括：以赛促学、以赛促教、以赛促改、以赛促建。

以赛促学，大赛获奖选手成为学生心目中最亮的星。每年大赛期间，获奖选手在各职业院校都会受到热捧。学生们心里明白，真正让他们得到尊重的，不是获奖的光环，而是手中实实在在的技能。

以赛促教，赛场上的题目成为引领教师施教的指挥棒。赛场上的变化，通过层层传导，到达课堂，倒逼教学方式和内容不断更新。对此，天津机电工艺学院教师臧成阳深有体会：“（数控机床比赛）不再像以前那样只考核单一的操作技能，而是考设计理论、软件运用、实操等多方面能力。”

以赛促改，涉及人才培养模式、专业设置等多方面的改革在持续推进。在举办大赛过程中，天津与行业企业多方联动，形成了“大赛—职教改革示范区—人才培养”的互动模式，根据赛项内容新增和调整专业（点）113个，结合技术标准开发课程1500多门、教材800余种。

以赛促建，在大赛激励下各学校更加注重教学设备建设。对标大赛要求，各学校纷纷加大投入力度改善实训、实验条件，为学生实践训练提供了更贴近生产一线的良好环境，也为教学改革打下基础。

在“国赛”的示范引领下，“省赛”“市赛”也积极组织起来，三级竞赛体系逐渐成熟。

如今，“普通教育有高考，职业教育有技能大赛”，已经成为教育界的普遍共识。

打破“天花板”，人才培养实现了纵向贯通
——两所本科院校的独特贡献

“我们是在给企业做实际产品，决不能有一丝一毫糊弄。”在天津职业大学教师李建国的课堂上，学生总能听到这句叮嘱。走进他负责的学校机械工程实训中心，处处都能感受到严谨的气息。

1993年到天津职业大学任教，李建国一步步从一名普通实训教师成长为全国优秀教师、国家级技能大师，还带出了一支包括全国技术能手在内的金牌实训教学团队。

在李建国的母校天津职业技术师范大学，像他这样兼具“大国工匠”和优秀教师身份的毕业生为数不少。作为一所地地道道的本科高校，这所大学却一直与职业教育有着千丝万缕的联系。

作为我国最早建立的职业技术师范院校，天津职业技术师范大学迄今为止培养了7万余名高素质职教教师和应用型高级专门人才，其中3万余名校友活跃在全国各地的职业院校教学第一线。每年一到就业季，来自全国各地的众多职业院校都会来这里“抢人”。

学生就业的火爆与该校独具特色的培养模式密不可分，早在20世纪90年代，天津职业技术师范大学就创造性地采取了“双证书”（毕业证和职业

资格证）培养模式。2002 年开始，学校启动以培养“本科 + 技师”为特色的“一体化双师型”教学改革。正如企业急需既懂理论又有动手能力的技能型人才，既能上讲台又能进车间的“双师型”人才深受广大职业院校欢迎。

如果说天津职业技术师范大学赋予了天津职业教育更强的“造血能力”，天津另一所与职业教育有着深厚渊源的本科高校——天津中德应用技术大学，则用自己的办学实践，为构建各层次衔接的一体化职业教育体系探出了一条新路。

2015 年，教育部批准设立天津中德应用技术大学，这是我国第一所应用技术大学。通过这所学校的实践，天津初步构建起了从中职、高职到本科乃至研究生层次的一体化技能人才培养体系。这样的培养模式有什么优点？从该校毕业生田长坤的成长经历中或许能得到部分答案。

来自河南的田长坤 2015 年考入中德应用技术大学读高职，2018 年考取专升本。在母校的五年学习生涯里，田长坤不仅掌握了扎实的专业技能和理论知识，也树立了从事职业教育的信念。2020 年毕业时，他成功应聘到陕西航天职工大学，如愿成为一名大学教师。

如今在天津，如果有意愿，中职学生可以继续报考高职，高职生可以报考专升本。有的通过努力在同一所学校就可以接受本科、硕士层次的教育，以后还可能有机会攻读应用型博士。

2019 年印发的《国家职业教育改革实施方案》，明确了职业教育作为一种类型教育的定位。在这样的背景下，构建一体化的职业教育体系至关重要。

作为创建国家现代职教改革创新示范区工作的一部分，天津积极推动职业教育纵向衔接人才培养模式改革，启动了“中高职五年系统化培养”“3+4 中本系统培养”等多种形式的衔接培养模式，开办了 15 个系统化培养试点专业。

同时，天津 6 所职业院校与 6 所本科院校联合培养技术应用型、高端技术技能型人才培养试点，并先后根据经济社会发展需求开设 12 个联合培养专业，为大量培养本科层次技术技能人才构建起体系。

"中高本硕"有效衔接，让职业教育与普通教育不再"分道扬镳"，也打破了过去很多职教学生面临的学历"天花板"。

破除藩篱，整合资源达到了横向融通
——"职继"协同打造学习型城市

家住天津市河北区的93岁老人于秀华，是一位有着70年党龄的老军人，"活到老学到老，为民服务不能少"是他时常挂在嘴边的一句话。

闲不住的他在自己居住的如皋里社区，义务担任起社区学校教师和青少年校外辅导员，还组织成立了社区党的理论学习组，带动社区党员、市民进行党的理论学习。受老人感召，社区越来越多的居民主动加入党的理论学习组。

发生在如皋里社区的这种现象，是天津发挥职教力量、推动学习型社区建设的一个缩影。

2005年，天津市与教育部签署协议共建国家职业教育改革试验区，"加快建立与地区经济社会发展相匹配的社区教育体系"成为随之推出的试验区十大建设工程之一。

为解决社区教育专业化程度不高、发展不平衡问题，天津城市职业学院牵头，联合天津中心城区5所社区学院成立了全国首个区域型职教集团——天津城市职业学院职教集团。

集团统筹内部成员单位的职业教育和继续教育等各方面资源，所提供的教育服务涵盖职业教育、成人教育、社区教育、老年教育及各类培训。

服务社区的理念渗透在天津城市职院日常工作的各方面：学院实施学生社区社会实践，并纳入人才培养方案；每年全体教职员工分批次进社区服务，解决社区教育师资不足等问题。

"纵向贯通，横向融通"是现代职业教育体系的重要特征。这样的体系应该怎么建？如果说，以天津中德应用技术大学为代表的一批天津高校，进行的职教"中高本硕"一体化衔接探索是对"纵向贯通"的回答，建设区域型服务终身学习的职业教育集团则代表了天津在“横向融通”这个问题上的思考。

天津市教委职教处相关负责人介绍，近年来，天津创设了“职继协同、双周（职业教育活动周、终身学习活动周）推进”的模式，集合职业教育的优质资源，形成服务区域终身学习的新途径和新模式，最终目的在于加快推进学习型城市建设，服务终身教育。

实施好“1+X”证书制度试点，是天津推进职继协同的另一项重要抓手。

2019 年发布的《国家职业教育改革实施方案》明确提出开展“1+X”试点；同年 4 月，教育部等部门联合发文，就落实相关工作进行部署。

“1+X”中的“1”代表学历证书，全面反映学校教育的人才培养质量；“X”为若干职业技能等级证书，是毕业生、社会成员职业技能水平的凭证，反映职业活动和个人职业生涯发展所需要的综合能力。这项制度为推进职继协同提供了一个有效的政策工具。

天津有 47 所院校近 3 万名学生参加“1+X”试点。为了做好这项工作，天津成立了市“1+X”项目办公室，建立了运行管理机制，组建了 14 个试点工作院校联盟，以“1+X”职业能力标准为引领，推动教材和人才培养等方面的改革。

……

推动职教高质量发展、探索一体化培养模式、打造“纵贯横融”的职教体系……天津不仅在实践中不断创新发展着自己的职业教育，也为整个国家探寻着打造现代职业教育体系的密码。

随着时间的推移，写满这座城市职业教育改革发展成果的“菜单”还将持续更新。

（2021 年 8 月 9 日，有删改）

◆◆短评◆◆

建设职教标杆　贡献“天津模式”

本报评论员

职业教育前途广阔、大有可为。天津作为全国首个国家职教改革试验区、全国唯一的国家现代职教改革创新示范区，在改革创新打造现代职业教育体系的实践中取得了卓越的成绩，也为全国各地加快构建现代职业教育体系、推进职业教育现代化，培养更多能工巧匠、大国工匠提供了宝贵的经验和启示。

职业教育承担着服务经济高质量发展和促进就业、改善民生的使命，而培养出大规模的技能人才，满足经济高质量发展的需求是职业教育履行这些使命的基础。天津打造现代职业教育体系一个重要经验就是为每一名职教学子搭建实现梦想的舞台，为他们提供人生出彩的机会。一方面，连续12年举办“国赛”，并构建“国赛”“省赛”“市赛”三级竞赛体系，以赛促学、以赛促教、以赛促改、以赛促建，着力提高职业教育人才培养质量，努力在全社会营造“崇尚一技之长，不唯学历凭能力”的氛围；另一方面，构建起从中职、高职到本科乃至研究生层次的一体化技能人才培养体系，打破职教学子成长成才的“天花板”，实现人才培养的纵向贯通。这些举措的推行，既有力地提高了职业教育人才培养质量，也有效地提高了职业教育的吸引力，让职教学生的人生有了更多可能性，有了更为广阔的舞台，为职业教育的发展营造了更好的社会舆论环境。

职业教育与经济社会发展联系最紧密、最直接，这也就意味着发展职业教育不能关起门来办学，必须突破窄窄的校园围墙，扩展开门办学之路。从100多年前的“工学并举”理念到100年后的“产教城融合”，天津紧密结合技术变革和产业升级需要，紧密对接区域经济发展需求和城市发展定位，探索出“工学结合”职教模式，并升级成了产业、行业、企业、职业、专业“五业联动”的发展新模式和“政、行、企、校、研”五方携手机制，走出了一条系统、协同、开放的职业改革发展之路。正是这种体制机制的创新以及一系列制度创新的支撑和保障，推动天津职业教育在产教融合的必由之路上快步前行。

过去，天津在推进具有中国特色的现代职业教育体系改革实践中，持续贡献着职业教育领域的“天津模式”“天津经验”。当下，天津又承担着全面建设新时代职业教育发展标杆的任务，这是时代赋予天津职业教育发展的光荣使命。期待天津继续深化改革创新，继续擦亮职业教育发展的响亮名片，书写职业教育“前途广阔、大有可为”的新篇章。

合肥：大城崛起的职教“密码”①

本报记者·王志鹏

曾几何时，地处我国中部地区、倚靠长三角的安徽省合肥市，区位优势一直没能得到很好发挥。“有朝一日春雷动，得会风云上九重。”2005 年，合肥实施“工业立市”重大战略，GDP 迅速崛起，继 2020 年突破万亿元后，2021 年又增长到 1.14 万亿元，十年累计增幅 213%，在主要经济强市中位居全国前列。

合肥为什么能发展得那么快？蜀西湖畔的国家级产业基地“中国声谷”、拥揽“人造太阳”的“科学岛”、拔地而起的新桥智能电动汽车产业园……默默诉说着城市迅速发展的“明码”：科技。

剥开繁华鲜亮的外衣，一组数据把答案指向另一种可能——近十年来，合肥平均每年新增人口约 20 万人，其中中职留肥毕业生约 1 万人，高职留肥毕业生约 6 万人。也就是说，每新增 3 人中就有一名是职校毕业生——职业教育及时为区域发展提供了高质量技术技能型人才支撑，是合肥市经济高速发展的“密码”。

高位推动增强职教吸引力，
满足城市不断增长的人才需求

引进京东方、合资建长鑫、吸引蔚来、牵手比亚迪……无论何时，站在合肥的街头巷尾，与当地人谈起这座城市的发展变迁，总能听到他们绘声绘色地讲述着一段段传奇的故事，身后鳞次栉比的高楼大厦、纵横交错的道路

① 原标题：十年来，平均每年约 7 万职业院校毕业生扎根合肥，服务“工业立市”战略——大城崛起的职教“密码”。

仿佛成了最有力的印证。

繁华景象投在合肥市教育局职成处副处长戈弋深色的眼眸里，却让他心里多了一层隐忧。一家家企业、一条条产业链，背后是海量用工需求，然而我国技能型人才缺口仍然较大，“工业立市”的合肥自然面临同样的问题。

2015 年，合肥成立市现代职业教育改革与发展领导小组，省委常委、市委书记任第一组长，市长任组长，市委副书记任常务副组长，分管副市长、高职院校等主要负责人为副组长，市发改委、市教育局等相关市直部门主要负责人为成员，高位推动职业教育发展。

举一纲而万目张，合肥统筹职业教育发展的“大手笔”一个接一个：

——出政策，擘画发展蓝图。形成以《关于加快发展现代职业教育的实施意见》为总纲，以《合肥市推进产教融合校企合作实施办法》《合肥市职业院校教师队伍建设实施办法》《合肥市高中阶段教育相互沟通试点工作方案》《合肥市开展现代学徒制试点工作实施方案》等配套文件和相关方案为支撑的顶层设计，从教育规模、办学结构、办学水平、服务能力、发展环境上为职业教育发展制定“路线图”。

——聚资源，组建由市政府主导的合肥市现代职业教育集团。协调市委、市政府 27 个相关部门、6 个事业单位和社会组织、9 个行业指导委员会、38 所院校、84 家企业，持续开展校校合作、校企合作、校地合作、专业建设、人才培养方案制订等工作，建立了市级统筹、横向联合、上下联动的运行机制。

——调布局，探索“一县一校、一校一品”的职业教育发展路径。全面落实“1+2+3+5+N”，即 1 所应用型本科 +2 所高职院校 +3 所市属公办中职 +5 县（市）职业教育中心 +N 所行业、企业民办学校的职业教育规划。5 所中职学校整合而成的合肥市经贸旅游学校，3 所中职学校整合成的合肥工业学校已整体搬迁至职教城。黄麓师范学校划转市教育局直管，获投资 6 亿元进行改扩建。市财政下拨 7500 万元支持县级职教中心整合资源、改善办学条件。

……

水到渠成花自开。当合肥把职业教育建设放在更高的视点进行“谋篇布局”，打破“就教育论教育”的局限，从行政、经济、社会等方面积极推进育人成效，结果也就呼之欲出——职业教育的“含金量”显著提升、得到了社会各界的普遍认可，越来越多的学生愿意报名职业院校。

合肥理工学校校长张良平对此感受颇深：“十多年前没人愿意上职校，为了招生，我带着老师一所一所地跑学校、一场一场地做报告，为了方便就地宣传，甚至买了辆卡车。现在职校的吸引力强了，哪用跑学校，主动报名的学生都能排二里地，我们只能实行限额限分限时招生。”

专业链主动对接区域产业链，满足城市不同岗位的人才需求

吃早饭的时候，合肥职业技术学院 2019 级机械设计与制造专业学生谢凤江在朋友圈刷到了一篇文章，文中介绍今年全国 1076 万名高校毕业生面临着严峻的就业压力。

当即，他心中掠过一丝丝涟漪，不由得庆幸自己在半年前就得到了大陆马牌轮胎抛来的“橄榄枝”，如今可以一身轻松地在企业里学习新技术。

在合肥各职业院校的毕业生中，像谢凤江这样早早就收到蔚来、大众汽车、长鑫存储等行业龙头企业录用通知的学生不在少数。合肥是如何实现技能人才数量与质量的双提升，让毕业生不仅好就业，而且就好业的?

菁菁校园里，合肥职院副院长周晓隆指着宣传栏上的“合肥市十二条产业链与学校开设专业对应一览表”，上面清晰地标注着合肥市 12 条产业链、行业龙头企业和学校开设的对应专业名类、就业率和本地就业率：“学校五年内本地就业率从 35% 跃升至 60% 以上，根源在于我们瞄准区域产业办专业。”

学校首先研究城市 12 条产业链里的岗位需求，并从中提取 6 ～ 8 种核心竞争力，列为专业的核心课程，再从学科体系中找出所需的专业基础知识。这些专业基础知识加上素质拓展的选修课和通识课程，共同组成了一套

精准对接岗位需求的教学内容。

依托产业办专业，并不是合肥职院一家独创，而是全市众多职业院校的共同选择。每年，合肥都会针对城市 12 个重点产业链的 1200 余家单位开展人才需求调查，掌握紧缺急需人才情况，编制并发布《合肥市年度重点单位人才需求调查目录》，为用人单位招聘所需专业人才和高校人才培养提供参考。

开设专业后也并非不顾社会发展一成不变地办下去，职业院校建立了专业随产业升级动态调整机制。从招生就业、师资队伍、教学改革、教学成效等方面对专业进行评价，完善专业预警，调整专业布局、优化专业结构、突出专业建设重点，不断提高专业与产业的吻合度。2021 年合肥市发布年度质量报告的 40 所中职学校，共设置 139 个专业，第一、第二、第三产业类专业分别占 10.79%、30.22%、58.99%，与全市产业结构比重基本吻合。

2021 年 7 月，合肥入选首批国家产教融合型试点城市。一个对标服务 12 条重点产业链，组建合肥市产业与教育联盟的宏伟计划正在徐徐展开。目前，合肥学院准备与长鑫存储技术有限公司成立集成电路产教联盟，安徽工商职业学院准备与科大讯飞成立智能制造产教联盟，皆已进入章程修订和协议阶段。

专业链主动对接区域产业链，推动产教一体化发展，大大减少了以前专业设置与区域产业布局关联度不高、专业教学标准与岗位实际要求衔接不紧密、学生实习就业与企业“即插即用”需求不匹配等问题。合肥荣事达双创商学院执行校长梁仁春对此感受很深：“我们公司是生产加工型企业，80% 以上的员工来自中高职毕业生。以前学生刚入职，常因犯错被老师傅批评；现在的学生不仅上手快，有时还会反过来指点老师傅一些新想法、新技术，专业素质很高。”

构建“中职＋高职＋应用型本科一体化”现代职业教育体系，满足城市多层次人才需求

2021年6月，合肥首次在市域内统筹组织开展横向课题征集和认领研究工作，在当地职教界激起一池春水。有人直呼“这是打破了学校之间的藩篱”，有人形容为“企业出题，院校答题，真题真答，真解难题”，还有人说“这代表合肥现代职业教育体系的构建达到了一个新的高度”。

在戈弋看来，构建“中高本一体化”现代职业教育体系首先得打破学历“天花板”，实现人才培养的纵向贯通。

据统计，安徽省有高职院校75所，位居全国第7，合肥有36所，占了安徽省的半壁江山；安徽省的中职学校255所，位居全国第10，合肥有43所，约占全省的六分之一。可以说，合肥职业院校体量很大。为了满足学生接受高层次教育的需求，培养更多高素质技术技能型人才，2015年，合肥通过现代职教集团实行校校合作，19所中职院校推出“3+2”人才培养模式，念中高职可以读本科。2020年，合肥有序推进本科院校与优质高职院校联合开展应用型人才培养试点工作。

“五年前高考失利，摆在我面前有两条路，一是复读，第二年再战；二是上职校，升本科。想着走职教也可以拿到本科文凭，那何不试试。”凭借着一股不服输的劲头，王飞龙在合肥职业技术学院拼搏三年，最终通过安徽省普通高校专升本考试进入了合肥师范学院，拿到了本科文凭。

“实现人才培养的纵向贯通十分重要，同样，实现职业教育、普通教育和学术教育的横向融通，为学生多元发展提供更大的平台也不能忽视。”戈弋说，合肥将“政、校、企、行”等跨界要素融入职业教育人才培养中，形成了命运共同体，使得技术技能型人才培养由“学校单体发力”走向“区域联体聚力”。

在搭建公共实训平台方面，合肥建成市现代职业教育公共实训中心，投资3.8亿元，占地48亩，总建筑面积5万平方米，包括现代制造、现代电工

电子等六大技术中心，3500个工位，与联合挂牌企业实训基地、职业院校实训室、合肥职业技术学院双创中心形成“四位一体”的实习实训体系。

在建立师资队伍成长体系上，2015年，依托合肥学院成立合肥职业院校教师能力发展中心，七年来共组织1400多名专业课教师暑期到企业实践锻炼，探索了“理论学习—企业实践—高端研修—教学科研实践—再学习提升”的职业院校教师培养模式，开启了政府主导、高校承办、校企联手大规模教师到企业开展实践活动的先河。此外，先后选派42名教师赴德国高端研修，对“双师型”教师理念的更新、技能的提高、学校专业建设以及人才培养模式的优化起到巨大的推动作用。

在强化工学交替中，市财政每年投入130万元，持续推进现代学徒制全面开展，实现校企“招生—培养—就业”全流程合作。2021年，该市有省级现代学徒制试点学校9所，国家级现代学徒制试点学校2所，试点校与99家企业联合开展62个专业现代学徒制试点，试点班级105个，联合招生招工2438人，校企共同开发课程74门，开发教材52种。

产业发展呼唤技能人才，人才提升推动城市进步。2022年4月，合肥重点产业链“扩容”至16条。为切实增强职业教育与经济发展需求的适配度，合肥正着手制订《合肥职业教育服务16条重点产业链高质量发展实施方案》。预计到2035年，职业教育供给将与全市经济社会发展高度匹配，“一产一链、一地一群、一企一校”的职业教育与16个新兴产业融合发展生态全面形成。

岁月奔流，长风浩荡。十年间，合肥实现GDP万亿元跨越，“芯屏汽合，集终生智”产业布局声名远播；十年间，职业教育伴随着城市发展，强势崛起，对标服务。从京东方、长鑫存储再到蔚来汽车，“龙头”企业处处闪现着合肥职业院校毕业生的身影，从电子信息、能源动力再到装备制造，新兴产业中彰显着合肥职校毕业生的智慧，真正诠释了“职业教育是城市高速发展的密码。”

（2022年8月4日）

短评

职教发展与城市建设同向同行

本报评论员

城市发展的日新月异，离不开教育的支撑。职业教育及时为区域发展提供高质量技术技能型人才支撑，是合肥市经济高速发展的“密码”。

合肥市在职业教育方面的努力和成就富有启发意义、具有借鉴价值。职业教育的长足发展离不开城市的精准规划。出政策、聚资源、调布局，合肥市积极主动作为，整合资源、改善办学条件、大力推广宣传，为职业教育发展制定“路线图”，建立了市级统筹、横向联合、上下联动的运行机制……一系列举措为职业教育提供了丰厚的沃土，显著提升了当地职业教育的“含金量”，促进了当地教育理念转变，让职业教育得到了社会的普遍认可。

城市发展与职业教育建设要相辅相成，互为支撑。合肥市将职业教育建设摆在重要发展位置的做法值得称赞。未来还需进一步融通人才培养渠道，大力推进产教融合，掌握打破局限的主动权，从多元化角度积极落实育人成效，让当地职校学生学有所用、就业有保障，有效地推动当地职业教育发展。

职业教育枝繁叶茂，也将促进城市更好更快发展。职业院校要把握好发展时机，乘势而上、踔厉奋发，积极为城市发展注入新鲜血液、提供创新动能，满足城市多层次人才需求。只有职业教育和城市建设协同发展，才能更好推动职业教育形成良好发展生态，为整个城市新添一抹亮丽的色彩。

第五辑

高等教育从大众化迈入普及化

天津商学院与社区联建学生生活区

本报记者·唐景莉　张宝敏

高校后勤由学校包揽形成大而杂、小而全、封闭式自我服务体系，往往使高等学校背上沉重的包袱。天津商学院打破“学校办社会”的旧框框，与刘家房子农工商总公司联建学生生活区，闯出一条后勤服务社会化的路子，用最少的资源发挥了最大的效益。

天津商学院是国内贸易部直属的一所工、经、法学科兼有的综合性高等院校，和其他高校一样，同样面临经费短缺、投入不足的困难。为走出困境，赢得发展，天商冲破计划经济体制的思想束缚，不等、不靠、不要，把目光转向社会。

1993 年 11 月 7 日，天津商学院与毗邻的天津市北辰区刘家房子农工商总公司正式签订联建学生生活区的协议。协议规定，在天津商学院西墙外村的 147 亩土地上由刘家房子农工商总公司投资 900 万元（实际投入 1200 万元），按天商提供的图纸，建设可容 3000 名学生住宿的 3 幢共 12000 平方米的学生宿舍楼，兴建可供 3000 人就餐的学生食堂，并在周围开辟一定面积的学生体育活动场地。

学生生活区 1994 年 8 月 15 日前如期交付使用。3000 名学生进住后，刘家房子农工商总公司负责房屋维修和学生生活服务，天津商学院负责学生的教育、管理，协议有效期为 30 年。天津商学院保证每年安排 3000 名学生住宿，并交纳住宿费、管理费、公寓费，每生年均 700 元，交费标准一定五年不变。刘家房子农工商总公司提供齐全的水、电、暖公共设施（含室内桌、椅、床等）及卧具。

一个学生一年住宿费 700 元，刘家房子农工商总公司投入的成本和运行费用能否收回？面对这样的疑问，该公司总经理田东平说，当时我们和天商谈这一项目时没把经济效益放在第一位，按1700万元算，大约五年可以收回投资。因为土地是我们自有的闲置土地，商院没有资金征地和建这样的项目；我们有一部分自有资金，再从银行贷点钱，又是自有土地，利用这个优势。

据了解，刘家房子现有2100人，是天津市有名的小康模范村，群众生活水平较高，一般都有百万家财，最穷的也有20万。联建学生生活区，是富裕后的农民支持办学的行为，同时刘家房子每年又可获得210万元的稳定收入（纯收入110万元左右），因此，农民觉得这样做是互利互惠的。友邻是一所高校，刘家房子的人认为，与天商紧密的合作可以让村民更直接地受到文明的熏陶。

日前记者来到联建学生生活区，只见周边栽上了花草，干干净净。学生宿舍6个人一间，整洁有序。这里住的主要是全日制成教大专班的学生，9月25、26日两天新生刚刚报到。刘家房子农工商总公司驻联建学生生活区负责人于金成对记者说，公司管理食堂、宿舍的后勤人员是73人，基本上是初中文化水平，责任心强，腿脚利索。公司在联建生活区的煤、水、电、劳务、维修、材料费支出一年在50万元左右。明年还准备投入60万元，改善道路、花草、树木。一年来，双方合作融洽，完全按学校的规定进行管理。以前不重视教育，从天商建在这里开始，刘家房子给考上大学的学生奖励，每人5000到7000元。守着文化城，当然要搞好文化教育。

据悉，刘家房子农工商总公司正在盖小学，投资140万元，作为天商附小，解决小孩上学问题。还准备盖几栋家属宿舍楼，作为教师公寓。教师出租金，学校补贴一部分。联建成了“你中有我，我中有你”。

联建给天津商学院带来的效益是相当明显的。天商党委书记蔡捷说，从1980年建院至今只有15年，学院的发展是比较快的，现已有本科、专科、研究生近5000人，师生比是1∶10，加上全日制成人教育学生总计在校生达8000人，办学效益是比较高的，教学质量也在不断提高。

有关人士认为，联建的最大好处在于调整了学校的投资体制，增强了办学的活力。联建学生生活区，学校在没有投资的情况下，不仅可以扩大办学规模，而且更重要的是把3000名学生的食宿、生活由社会力量进行管理，减轻了学校的各种经济负担，使学校能把有限的教育经费用于教学、科研，从而提高办学效益。

（1995年10月2日）

一所地方高校的转型突围
——合肥学院十年建设应用型大学之路

本报记者·周飞　储召生　俞路石　俞水

曾经，安徽省一些大企业的董事会做出过决议，合肥联合大学（合肥学院的前身）的学生一概不要，这是合肥学院人心中永远的痛。如今，国家级骨干软件企业科大讯飞，点名要合肥学院的学生，近几年累计录用了100多名毕业生。学校有些学生还没毕业，就被全国著名建筑装饰企业录用。

曾经，合肥学院的学生参加各类学科竞赛，能拿个省级奖项已属不易。如今，与一流大学的学生同台竞技，他们照样摘金夺银：全国大学生机械设计大赛一等奖、电子创新设计大赛一等奖、化工设计大赛一等奖、工业设计大赛一等奖、全国计算机仿真大赛一等奖、全国信息技术应用水平大赛特等奖……近三年，该校学生获国家级奖项239项，其中国家级一等奖以上奖项就有40项。

是什么让合肥学院这样一所地方本科院校发生如此巨大的变化？从2003年提出“地方性、应用型、国际化”办学定位，合肥学院砥砺十年，在建设应用型大学的道路上，成功转型突围。

瞄准德国经验找准办学定位
应用型大学建设必须系统设计

在合肥学院的发展道路上，一直有一个模仿、学习乃至追赶的目标——德国的应用科学大学。

早在1985年，中德两国决定开展政府间合作，按德国应用科学大学办学模式在中国开展应用型大学建设。或许是因为白纸上更容易作画，合肥联合大学这所1980年才由中国放射化学奠基人杨承宗先生创建的学校，居然被德国人选中，成为安徽省和德国下萨克森州协议共建的对象，与德国5所应用科学大学开展合作。一穷二白的合肥学院，就此踏上了应用技术型大学办学之旅。

共建的好处是显而易见的。德国下萨克森州无偿援助学校400万马克，帮学校建立了10个工程类专业实验室。更重要的是，学校先后派出近100位教师赴德国学习进修，近距离感受德式教育。他们成为后来学院人才培养模式改革的中坚力量。

但是，影响远不止于此。

2002年，以合肥联大为主体，合肥教育学院、合肥师范学校与合肥联大合并组建合肥学院。新学校、新起点，如何才能走出一条属于自己的发展之路？这成为学校上下思考的一个重大问题。

“那个时候，大多数新建本科院校都面临办学趋同化的问题。人才培养目标、培养方案都向重点大学看齐，抓重点学科建设，办研究生教育。我们就想，与德国应用科学大学合作这么多年，能不能借鉴他们的办学经验，办出自己的特色？我们开始思考、总结。”合肥学院党委书记蔡敬民说。思考的结果，2003年学校提出了“地方性、应用型、国际化”的办学定位。

“我们发现，德国应用科学大学主要服务周边200公里以内的企业和地方经济发展，这和我们的理念显然不同。我们把它叫作地方性。德国应用科学大学人才培养目标、定位、路径显著区别于普通院校，强调理论与实用维度，有系统和完善的实践教学体系，强调真题真做，到一线就能干，我们把它叫做应用型。至于国际化，不仅仅指交流规模，更重要的是研究、提炼国际上一些人才培养的成功经验、关键要素为我所用。”蔡敬民如此解释。

新的办学定位在学校内外引起不小争议。有人讲，大家都放眼全国，你为什么要把自己给包起来？有人讲，一所地方本科院校，哪儿来的条件提国际化？直到2009年12月，学校接受教育部专家组调研时，一位重点大学的校长还问蔡敬民：“研究型大学提国际化，你们怎么也提国际化？”

于是，蔡敬民不得不在不同的场合，多次阐释他自己的理解：“地方性、国际化，强调的都是一种开放性，都服务于应用型人才培养、应用型大学建设这个目标。开放办学，就是要在服务地方中谋求发展，在国际比较中找到适合自己发展的路径。”

搁置争议，埋头做事，看准了的路，就坚定地走下去。这是合肥学院的处理方式。

很多人认为，应用人才的培养，就是要加强实践教学环节，提高动手操作能力，这样的理解其实是不全面的。“真正的应用型大学建设，一定要围绕学生这个核心，进行一体化的设计与改革。要建立一个体系，这个体系不仅包括人才培养方案、专业建设、课程改革、师资队伍建设，还要调动学生学习的积极性，建立完善的实践教学体系和质量监控体系。”蔡敬民说。

一场艰难却大刀阔斧的改革，就这样拉开了帷幕。

模块化教学突出应用能力培养
把“教师要讲什么”变成“学生能干什么”

万事开头难！应用型大学建设，从哪里破题？

德国应用科学大学的人才培养强调理论应用与实用的维度，要求学生到一线就能干。“我们的目标，就是要培养应用型人才。”蔡敬民说。

服务于这一目标，应用型人才培养模式必须发生根本性的变化，由“知识传授为主”转向“能力培养为主”，重在培养学生的知识应用能力、实践能力和创新能力。基于此，从2005年开始，合肥学院开始研究制订体现应用型特点的人才培养方案，做好人才培养的“顶层设计”。

各个院系纷纷行动起来。针对不同专业学生的就业去向，到行业企业调研，分析岗位能力要素，确定能力培养目标，然后根据培养目标进行具体的能力培养方案设计，把每一项能力转化成一个个的教学模块。每个模块都是围绕特定主题的教学单元，可能是一门课或一门实验，也可能是几门课或几门实验的整合。这就成了合肥学院围绕学生核心能力培养而大规模开展的模块化教学改革。

计算机系主任袁瞥和她的团队针对软件工程专业原课程体系的不足，走访了大量IT企业用人单位，了解企业需要合肥学院的学生去做什么，确定企业对学生能力和素质的要求，最后概括出软件工程专业的7项核心能力及39项子能力，在此基础上重新编排构建软件工程专业教学模块，把企业工程能力和工程素质培养融合到专业基础模块和专业模块中去，一个或若干个模块可培养学生必需的一项能力，并且四年的模块教学过程都是与企业工程师共同完成的。学生通过对这些规定模块和选修模块的学习，走上工作岗位就能很快上手。

生物工程专业原来的基础微生物学基础性强，缺乏专业针对性，与其他基础课部分内容重复，应用性薄弱。生物系葛春梅教授介绍，改革后的“微生物学”弱化了微生物遗传、微生物基因工程、微生物生态、传染与免疫等内容，强化了微生物生理，增加了工业微生物应用。强化实践教学与理论教学相结合是模块化教学的一大特色。过去，学校的电子信息工程专业，学生分别学完模拟电子技术、数字电子技术两门课程后，还达不到应具备的设计电子线路的能力。但把两门课整合成现代电子技术模块后，担任该模块教学的谭敏教授，在理论教学的同时，指导学生基于每个理论知识点进行实验模块设计，形成小产品。随着理论学习的深入，设计的小产品越来越多，最后形成一个完整的大电子产品，这样，学生的电子线路设计能力就培养出来了。已经从该校电子信息工程专业毕业的张悦龙，在校期间带领团队设计的“宽带直流放大器”，参加全国大学生电子设计竞赛获得一等奖。“模块化学习让我在校就掌握了设计电子产品的能力，到工作岗位后很快就进入了角色。”张悦龙说。

模块化教学还给学生的个性化选择和自主学习留下空间。各专业在设计课程模块时，在每个大模块下还设计了若干个子模块，学生可以自主选择其中的一个子模块。电子信息专业就把过去的电子信号处理、电子测量、DSP（数字信号处理）技术3门课程的相关内容整合成信息处理、检测、现代电子技术设计3个子模块，学生只要选择一个模块完成学习量即可，既突出兴趣和爱好，也容易学精、学透。计算机科学与技术专业中的软件工程模块共

84 个学时，自主学习时间为 32 个学时，学生可以制作模型、设计课题，自主学习的任务大大增加。

“模块化教学改革打破了长期以来各门学科自成体系、各自为政的格局，在内容上突出应用能力培养，把‘教师要讲什么’变成了‘学生能干什么’。”合肥学院院长张文兵说。

把学科导向变成专业导向
一切围绕学生的培养配置资源

在合肥学院的产学研合作大楼，有一家合大环境检测有限公司，公司看上去不起眼，却拥有 80 多项国家标准的环境检测权。这个由学校出场地、社会投资建设的企业，既面向社会经营，同时也是一个“嵌入式”实验室。环境工程专业的学生在这里做实验，所用的标本都是真实的送检样品，实验环节就是真实的检测环节，实验结果也是最终的检测结果。

据合肥学院服务地方办公室主任董强介绍，当初成立这家企业，不少人不理解。现在看来，不仅学校省下了一笔购买实验设备的资金，更重要的是学生能够得到老师和企业技术人员的双重指导。经过“真刀实枪”的实践，学生可以“零适应期”走上工作岗位。

不管是校内资源，还是校外资源；不管是政府资源还是社会资源，一定要服务于学生的培养，一定要满足专业发展的需要，这是合肥学院统筹各种资源配置的准则。

这些年，许多新建本科院校都跟着综合性大学狠抓学科建设，合肥学院却提出了以专业建设为龙头，为什么？合肥学院副院长陈啸说，应用型高校应当以专业统筹人力资源、物质资源以及所有条件。“抓住专业建设这个龙头，就抓住了人才调配、资源调配和人才培养规格、质量的控制这个核心。”

如何抓住专业建设这个龙头？合肥学院立足“地方性”的办学定位，根据合肥市“大湖名城、创新高地”的重大发展战略布局，及时瞄准合肥市的支柱产业和新兴产业，动态调整专业结构，与合肥市的产业布局深度互动，培养地方经济发展急需的人才。

在合肥学院的校园周边，就是大规模的家用电器生产基地，全国每三台家用电器，就有一台产自这里。利用这得天独厚的优势，学校开设了电子信息工程、自动化和动画等专业。2010 年，合肥市启动轨道交通建设，学校立即引进人才，组织教学资源，成功申报交通工程专业并顺利招生。随着合肥市国际会展蓬勃发展和国际机场落成，学校又设置了会展艺术与技术专业，并拟设空乘服务与管理等专业。这些年，合肥市国际化进程日益加快，与德、日、韩的企业合作不断扩大，针对这一需求，学校及时开设德语、日语等专业，培养了大量地方急需的高水平、实用型人才。据统计，合肥学院毕业生每年 60% 左右在合肥就业，80% 左右在安徽就业。2013 年毕业生，有 1620 人在合肥市就业，占毕业生总人数的 56.92%，在合肥市经济技术开发区就业的人数就达 1050 人。

借助企业资源，通过校企深度合作培养人才，是合肥学院的又一探索。计算机科学与技术系 2010 年首批获得教育部卓越工程师教育培养计划以后，实行了校企联合组建专业指导委员会，共同制订“企业阶段培养方案”，并建立了一个集软件需求分析、软件设计、软件实现、软件测试、项目管理、系统集成、认证考试于一体的软件工程能力实训平台。企业从大一至大三渐进进入课堂，与学校教师共同培养学生工程能力和工程素质，学生大四进入企业，校企共同培养，在真正的企业工程环境下，培养作为未来工程师应该具备的工程应用能力。

计科系 2009 级毕业班的庄纪军已经被科大讯飞录取，他说：“这样的学习方式，让我有机会到企业边实践边学习，在企业、学校老师的双重指导下，我在真实工作中收获，有机会把学校的理论结合到实践中，更能提前适应工作。”

如果说地方性的定位让合肥学院站得更稳，那么国际化的定位则让合肥学院走得更远。正因为拥有了“国际化”的“基因”，合肥学院得以站在巨人肩膀上跨越发展。

合肥经济的发展催生了现代物流业兴起，学校充分利用中德合作的优势，成功申报安徽省第一个教育部审批中外合作办学项目——物流管理专业，该专业同时获得德意志学术交流中心（简称 DAAD）资助。合肥学院采取和德国国际交流学术委员会联办的方式，并得到德国物流协会支持，使德国物流协会合肥分会顺利落户学院。同时引进德国奥斯纳布吕克应用科学大学物流管理专业的培养方案与课程，根据我国国情加以改造。2013 年，德国 DAAD 组织专家对这一专业进行了国际评估并给予很高评价，还给予 25 名学生 40 多万元的资助。

德国汉诺威应用科学大学在工业设计方面实力很强，曾主办第四届世界工业设计大会。为办好工业设计专业，合肥学院和汉诺威师生连续 13 年每年做一次联合工业设计，吸引了三星、LG 的首席设计师等参与，成为人才培养的优质平台。2013 年联合设计中，合肥学院学生设计的老人助力车，被赞助企业拿到欧洲市场，几个月赚了 500 万欧元。2009 届工业设计专业学生王红丽获国际知名的创意设计大奖“红点奖”。这些合作极大提升了合肥学院工业设计专业的实力。正是看中这一点，荣事达电子集团总经理夏俊生主动找上门来，把小家电设计中心设在合肥学院。

多年来与德国应用科学大学的深层次合作，让合肥学院受益匪浅。学校现有的 5 个国家级特色专业和 1 个省级重点学科，均是在国际合作基础上孵育发展而来的。2010 年，学校与德国高校共建的“合肥德国应用科学学院”正式成立并对外招生。学校还先后与国外 12 所高校合作承担了欧盟亚洲链、德国联邦教育及研究部、德国学术交流中心等 9 个项目。

改到难处是教师队伍建设
强化教师应用能力培养是关键

改到深处是教学，改到难处是教师。

应用型大学建设，教师队伍是关键。一方面，他们要具备宽厚的专业基础知识、扎实的行业实践知识；另一方面，要具备较强的专业应用能力、实践教学能力、应用研究能力和社会服务能力。

“德国应用科学大学要求教师有很强的实践背景，博士毕业后必须在企业工作五年以上才能任教。我们做不到这一点。青年教师比例过高、教学能力不足，专业课教师缺乏实践背景，产学研合作能力不足，这是众多新建本科院校面临的普遍性问题。所以我们就想出各种办法，提高教师实践教学能力。”蔡敬民说。

化工系胡科研老师，有十多年企业工作经历，积累了丰富的工程设计、生产管理和技术研发经验。来到合肥学院后，胡科研把企业化管理和培训模式带进化工工程师之家。在这里，胡科研已先后培训学生 1000 多人，组队参加国家级、省级竞赛并获得省级以上奖 20 多项，2013 年还捧得全国大学生化工设计竞赛一等奖。

胡科研是学校为了改善教师队伍结构引进的人才。这些年，合肥学院实施“人才引进计划”，重点引进像胡科研这样具有企业经历和工程经验的教师，目前已引进高层次人才 75 名，他们成为学校教学、科研的中坚力量。

校企深度合作是加强教师队伍建设的又一条重要路径。学校实施“应用能力培养计划”，要求专业教师每个任期内必须有半年以上的企业工作经历。通过“双进双培”，学校实践就业基地进企业，企业研发中心进校园，校企共同打造应用型师资。目前，合肥学院与企业共建的实践基地有 191 个，“嵌入式”实验室 3 个，工程中心 5 个。合肥学院通过实施校企双方“双聘双挂”的举措，把企业工程师请到学校聘为教授，让学校教师走进企业担任兼职工程师；让教师到企业挂职，企业高级人才到学校挂职，以此打造“双能型”师资，培养实践教学能力。目前，学校专任教师中，有企业工作经历、行业背景、工程背景和经过行业培训的将近 6 成。

在合肥学院主教学楼 9 层，全国最大的建筑装饰公司之一——深圳市建筑装饰（集团）有限公司的设计研发中心就在这里。这里有企业投资的最先进的设备，专业教学的很多实践环节都在这里完成，学生只要有需要，随时可以来做设计训练，而且还有老师和企业技术人员的指导。走进设计室，记者看到老师和一批学生正专心致志地为公司新接的项目做局部设计。“在这里，教师既教学也担任企业工程师，企业工程师同时也是学生的导师，公司最多的员工是学生。”艺术设计系主任谢海涛说。据深装合大公司总经理胡北南介绍，2013 年公司投资了 100 万元分批培训师生。

利用国际合作优势，提升师资队伍水平，是合肥学院的又一利器。除了多年来大量选派教师赴国外学习，合肥学院还积极引进国外智力资源。霍恩（Falk Höhn）教授是德国汉诺威应用科学大学汉诺威学院工业设计系教授，2007 年曾被安徽省教育厅聘任为合肥学院副院长，成为安徽省高等教育史上的第一位“洋院长”。他积极推动德国汉诺威应用科学大学等高校与合肥学院的合作。2009 年 11 月，在中德双方的共同努力下，“合肥德国应用科学学院”成立。霍恩教授兼任合肥德国应用科学学院德方副院长及德方总协调人、工业设计专业协调人。近年来，合肥学院聘请了类似霍恩这样的外国专家 70 多人次，他们积极参与专业人才培养方案的制订，促进了学校人才培养模式的改革，也带动了一大批教师的成长。

应用型大学建设是个系统工程，十年探索，合肥学院做的远不止这些。

为了调动学生学习的内驱力，学校开设了专业导论课，增加了认知学习小学期，实行“N+2”（“N”指过程考核成绩，“2”指期末考试和课堂笔记）学业考核制度改革，还以学科竞赛为抓手大规模改造第二课堂。

为了建设完善的实践教学体系，学校创新实验室管理“少台套、大循环”的模式，坚持学生毕业论文“真题真做”，邀请一批实力企业在校内建立“嵌入式”实验室或研发中心，建立了近 200 个产学研合作育人基地。

为了构建完善的质量监控和评价体系，学校制定涵盖课程、教学、实验、实践、毕业论文等方面的一系列质量评价标准，强化对培养方案制订、课程建设、课堂教学、课外活动等教学主要环节的全程监控。

经过十年发展，合肥学院已成为国家首批“服务国家特殊需求人才培养项目”——学士学位授予单位开展培养硕士专业学位研究生 53 所试点学校之一，国家首批承担“卓越工程师教育培养计划”的 61 所大学之一，中德共建示范性应用型本科院校，全国应用型本科高校专门委员会副主席单位，安徽省应用型本科高校联盟常任主席单位。

十年改革，十年探索。合肥学院用闪亮的“成绩单”证明，应用型大学之路越走越宽广!

(2014年4月16日)

◆◆短评◆◆

抓住应用型人才培养的根本

本报评论员

大众化背景下的高等教育应该是多样化的教育。一方面，随着经济的转型升级，我国高层次技术技能人才的数量和结构远不能满足市场需求；另一方面，众多地方高校同质化发展，不利于办出特色、提高质量。因而，调整高等教育结构，推动高等教育多样化发展，提升人才培养结构与市场需求的匹配度，已成为当务之急。教育部2014年度工作要点明确提出，要引导一批本科高校向应用技术类高校转型。如何转型？本报今日刊发的合肥学院十年转型突围的经验，给我们三点启示。

启示之一，坚守应用型大学的定位。很多地方本科院校都是由专科层次高校和中等专科学校合并组建而成，本身带有十分明显的应用型印记。但是，在发展过程中，很多地方高校总是觉得应用型的办学定位束缚了自身的发展，一心以“综合性、研究型”为目标，以硕士点、博士点建设为龙头，这就不可避免地造成千校一面办学趋同化的困境，学生就业也成了难题。合肥学院的成功，恰恰在于对应用型办学定位的坚守。在十年前提出“地方性、应用型、国际化”的办学定位已属不易，更为难得的是，即便引起校内外争议，面临种种困难，合肥学院也坚持不改初衷。十年探索，十年砥砺，才成就了学校今天的转型与突围。

启示之二，围绕能力培养改进教学。许多地方高校都意识到，只有培养出地方经济社会发展需要的人才，才能求得自身的发展。但是在具体办学过程中，“培养什么样的应用人才”“怎样培养应用人才”，还是一个有待探索的空间。合肥学院抓住“能力培养”这个核心，在对学生就业岗位充分调研的基础上，分析岗位能力要素，确定能力培养目标，设计能力培养方案，最终把学生需要的每一项能力具体化为一个个教学模块。这种专业课程的模块化教学改革，突出了理论教学与实践教学相结合，打破了各学科自成体系、各自为政的格局，变“教师要讲什么”为“学生能干什么”，最终实现了学生能力与产业需求的“零适应期”。这是应用型人才能力培养的关键所在。

启示之三，紧紧围绕专业配置资源。办学资源相对不足，是我国高校发展过程中的共同难题。特别是对地方高校而言，如何用好有限的资源，关系到学校发展的全局。围绕专业配置资源，是应用型大学建设和应用型人才培养的必然要求。因为应用技术类学生是否符合社会需要，主要是由其专业决定的。教育部明确提出，应用技术类高校要“淡化学科，强化专业”。合肥学院抓住学生培养这个核心，抓住专业建设这个龙头，集中了政府、企业、社会乃至国际等各方面资源，为专业的建设服务，为学生的能力培养服务。这是建设应用型大学的坚强保证。

挺进“无人区”

——探寻科研创新的“北航模式”

本报记者·赵秀红

2018年1月8日，北京航空航天大学教授向锦武的团队凭借“长鹰高原型远程无人侦察机系统”项目捧回2017年度国家科技进步奖一等奖。至此，北航近13年已获得12项国家科技奖一等奖，创造并保持了一所大学连续获得国家高等级科技奖励的纪录。

面向国家重大战略，聚焦“关键瓶颈”技术，敢为人先挺进科学研究的“无人区”，以大团队、大平台、大项目，推动形成大成果，北航由此书写了科学研究的傲人成绩。

破解“关键瓶颈”技术

一个发动机叶盘，如果按传统工艺制造，属于“雕刻”，最后剩下来的只有7%。

打个比方，做一个5公斤的钛合金异型件，需要100公斤材料，剩下的95公斤，都是切屑，只能浪费。

制造型材需要设备。早期我国自主研制某型飞机，要做一种钛合金的型材，全机加在一起只要20公斤，但是光拉伸机的投入就要5亿元，才能把这个型材拽出来。

相对于传统的减材制造，3D金属打印通过计算机控制，用激光将合金粉末熔化，一层层堆积起来，“生长”出一个合金部件，所以被称为增材制造。3D打印一个5公斤的异型件，可能只要6公斤材料，材料利用率超过80%。

世界各国都在蓄力进军智能制造，增材制造研究成为必争之地。美国是第一个掌握3D金属打印技术的国家，2002年就已经在飞机上使用该技术，但仅限于几百毫米的小件，大件非常难。

难在哪里？中国工程院院士、北航教授王华明在一间简朴的办公室，给记者讲解其技术瓶颈：3D金属打印温度剧烈变化，激光照到的地方高达3000℃，一扫过去，降为100℃，温度剧烈变化导致内应力非常大，进而变形、开裂，零件越大，越易开裂。另外，3D打印是一层层堆上去的，外观是好的，但是里面有没有裂缝、气孔？其金属晶粒是否可控，决定了内部品质、性能是否可控，特别是关键受力部件，比如，飞机的起落架、机翼。如果品质不可控，根本不行。另外，3D打印需要有大的系统和部件装备，新技术走向工程运用，得有系列标准规范，涉及装备、软件、过程控制、激光冶金、金属材料热处理等多个学科。

“我们在实验中积累经验，试图用最简单、最可控的方法来解决复杂问题。”王华明举例说，比如，针对大型构件内应力大的问题，在尝试了力学的多种方法后，最终宣告失败，最后用最简单的物理学原理，先化整为零，再积零为整，实现内应力离散。

自2005年以来，王华明的技术已经在多型号飞机、卫星、航空发动机和燃气轮机等重点型号研制生产中应用并发挥关键作用。他主持的“飞机钛合金大型复杂整体构件激光成形技术”获2012年度国家技术发明奖一等奖。

“我们的技术主要用在关键受力大型部件。”王华明说，举例来说，重达上百吨的飞机在着陆瞬间，起落架要承受的载荷之巨大可想而知。再比如，某型飞机的起落架支撑框，尺寸大，结构复杂，传统方法难以整体成形制造，而利用激光增材制造的钛合金构件目前已经累计飞行起降1万余架次，工作正常。

一直以来，由于大型金属结构件制造技术有壁垒，我国无法自主生产许多大型装备的核心构件。在中国拥有这项技术之前，中国在研的一款飞机所需的双曲面窗框只有欧洲一家公司能做，周期两年，得先付200万美元模具费。

这一历史被终结。几年前，王华明就说过："我跟飞机总设计师聊天，我们快速设计飞机，都是整体的、大型的、超长的结构，两三个月就能把飞机造出来，不开一套模具，不打一个锻件，不做一个焊缝。也许有人认为这是个梦想，但实际上不是了。"

在很多军事迷的眼里，王华明的技术能像"变形金刚"一样，在激光的作用下，把金属变成想要的形状。

现在 3D 打印能打的最大构件有多大？王华明透露，某新型飞机外廓尺寸十几平方米，是世界上最大的钛合金关键受力部件。而传统的锻造机，最大只能做到 4.5 平方米，耗材达 8 吨，耗时两年。

2005 年，我国还是继美国后第二个掌握 3D 打印增材技术的国家，如今，我国已经远远领先，成为唯一掌握钛合金大型整体主承力结构件激光快速成形技术，并实现装机工程应用的国家。

这背后是王华明院士的团队科研攻关近 20 年的结果，是北航瞄准科技前沿，服务国家重大战略需求的一个突出代表。

服务国家重大战略需求，是很多高校的使命，并不鲜见，而北航把火力凝聚到一点上：着力突破关键瓶颈技术，挺进科研"无人区"，推动引领性、颠覆性创新。

中国科学院院士、北航主管科研的副校长房建成把北航比喻成国家科技创新人才培养的"先锋队"。"我们敢于攻克引不进、买不来的技术，'卡脖子'的技术。敢为人先、敢于创新一直是北航的传统，从'北京 1 号'到'北京 10 号'，都是本科生的毕业设计。在 1958 年，师生们大干 3 个月，造出新中国第一架轻型旅客机'北京 1 号'，还真的从上海飞到北京，搁现在，不可想象。"

这样的传统，在北航延续至今，就拿近一两年举例。

2017 年 10 月，在山东东营机场，我国自主研发的北斗卫星导航系统首次在中国完全自主设计并制造的支线客机——ARJ21-700 飞机 103 架机上进行了测试试飞，取得圆满成功！北航张军院士团队主持研制的北斗多模导航系统等，为试飞提供了多项关键核心技术。

2017 年 5 月，上海浦东机场，国产大型客机 C919 翱翔蓝天，随同 C919 一同飞上蓝天的还有北航校旗。这份荣誉来之不易，从 2003 年开始，我国陆续成立国家重大专项论证组，“大飞机”专项是论证最为艰难的一个。“两次论证都依托北航开展，这是我国高校第一次从立项论证开始深度融入国家重大科技专项。”时任北航校长、论证组组长李未回忆。

2017 年 4 月，“天舟一号”货运飞船发射，不仅总设计师白明生是北航校友，而且飞船上的多项关键技术，如羽流分析、智能压紧释放装置、空间微量泵控制系统等，来自北航多个研究团队。

……

“空天报国、敢为人先”已内化为北航人的血脉基因，成为最鲜明的精神坐标。

“北航始终坚持国家战略立本、科技创新立功，强化基础性、前瞻性和战略高技术研究，引导创新要素向关键瓶颈技术汇聚，持续保持在尖端技术领域的领先地位。”据房建成介绍，学校 2017 年明确提出，实施科学研究“致真问天”计划，进一步改革体制机制，深化军民融合、学科交叉，瞄准制约国家安全和国民经济建设的前瞻性问题与颠覆性技术，铸就创新驱动发展“强引擎”。

新的征程已经开始。

把论文写在产品上

徐向阳的科研项目启动后开的第一次大会是招商大会，主角不是教授们，而是几十家国内汽车零配件的供应商。这在大学校园里很少见。

这位北航教授的项目是“前置前驱 8 挡自动变速器（8AT）研发及产业化”。自动变速器是汽车的核心技术之一，如果说发动机是汽车的“心脏”，那么变速器就是汽车的“大脑”，是汽车行业公认的技术含量最高、研发投入最大、产业化最难、单件利润率最高的零部件之一。

2004 年，徐向阳开始研发自动变速器时，面临三大空白：国内自主自动变速器的市场、技术、标准均处于空白。中国虽然是世界汽车第一产销大国，但是自动变速器全部依赖进口。

“让中国汽车核心技术产业不再受制于人”，这是徐向阳最初的想法。

徐向阳可以走一条传统的路：去买一些配件，做出一个变速器的样机。但在他看来，“那是纯科研思维，我要做的不是样机，而是可以量产、可以卖的产品，科研成果的研发和产业化，都需要企业的加盟，如果没有配套的供应商，一切无从谈起”。

路并不好走。徐向阳跑遍了国内大大小小的汽车企业，因为投入巨大，风险高，加上“三个空白”，国外也才刚刚开始做6AT，整整半年都没有企业敢跟徐向阳合作，“都觉得是好东西，但是中国人没做过，不敢做”。

直到徐向阳碰见山东盛瑞传动股份有限公司董事长刘祥伍，事情才峰回路转。刘祥伍曾经是潍柴动力主管内贸的副总，素以果敢著称，人称“刘大胆”，他对中国汽车市场熟稔，知道国内自动变速器的市场空白，存在巨大的机会。但投入变速器的研发，意味着企业要在十年里，每年投入几千万元全部利润，股东不分红。

两人都是背水一战。2007年5月，在研发项目签约仪式上，刘祥伍举着香槟说：“8AT只能成功不能失败，我的办公楼在17层，如果失败了，我从上面跳下去。”徐向阳说：“如果真的失败了，我就陪你一起跳下去。”

2007年9月，项目启动第一次大会，参会的20多家零部件供应商态度不一，有的跟着项目走下来，有的半道撤了。这并不难理解——一条生产线要投入几千万元，如果失败，白白浪费。徐向阳坚持每一个零部件都有国内供应商、外资供应商，慢慢带着国内供应商学会做原本不会做的“行星排”“阀板”“离合器毂”“油泵”等。“我们一开始就瞄准了一件事：同时解决整个产业链不完整的问题。”徐向阳说。

十年研发，挑战巨大：众多设计方案里，要找到最优；如何精准控制机电液，实现换挡平顺；变速器一年量产几十万台、生命周期30万公里，如何保证性能一致？

2012年，搭载8AT的陆风X5汽车上市销售；2016年，中国自主品牌前置前驱 8 挡自动变速器第 10 万台下线！

中国自主品牌自动变速器在 2013 年市场占有率为零，2015 年为 3%，2016 年为 6%，数字在高速增长，中国人可以做变速器了！

该产品打破美德日韩长期以来对我国的技术封锁和产品垄断，迫使国外自动变速器单台降价 3000 元以上，已为国内整车生产降低成本至少 300 亿元。该项目获得 2016 年国家科技进步奖一等奖。

科技部部长万钢在 2016 中国汽车创新论坛上，这样评价徐向阳的项目：这是汽车工业近年来数一数二的大事，它产学研用深度融合的创新模式值得全行业总结和推广。

在徐向阳自己看来，最大的贡献是培育了自动变速器的产业链，那些跟着走下来的企业不少已经成为行业的“隐形小巨人”，比如天津天海同步科技集团，“行星排”产值已经占企业产值的一半；无锡金润汽车传动公司，国内大部分“阀板”都是他们生产的；而盛瑞传动，2016 年的自动变速器产值已经超过老产品……

“一个重大的科技创新，尤其民口的，需要科学家的创新，也需要企业家的创新。”徐向阳深有体会，非常感谢那些有魄力跟着走下来的企业。

“把论文写在大地上，我们是把论文写在产品上。”徐向阳认为，自己走的这条路得益于在德国奔驰汽车公司做访问学者时，学习到的如何组织实施大规模的、涉及几百个零配件的复杂产品的正向开发经验，“从一开始，我有个明确目标：不是把它作为一个科研项目去做，而是要产业化”。

总有人说打通科研成果转化最后一公里，而像徐向阳这种产学研用深度融合模式让最后一公里的问题直接不存在。这样的案例并不是少数。据介绍，北航积极推动国防领域高精尖技术向民口转化，一方面改革科技成果转化机构，设立专职部门，与资产运营管理部门、校地合作管理部门等协同推进重大科研成果转化落地，并不断健全科技成果转化制度，提高职务成果完成人收益比重；另一方面积极探索成果股权形式的科技成果孵化模式，聚焦航空航天、电子信息、新材料等重点领域设立学科性公司。

“近十年北航牵头的国家级奖项就有六七十项，之前之所以不为人知，跟国防保密的要求有关。北航由8所高校的航空系合并，成立之初就肩负着重大而光荣的使命：空天报国。随着我国国防科技工业由弱变强和军民融合上升为国家战略，北航的发展也面临转型，仅仅航空航天是不够的，而应该有更高的使命：服务国家的经济转型，更多国防成果应该拿出来服务地方经济转型。”房建成认为，北航要打开大门，走出学院路，走出北京城，把论文写在祖国大地上。

这一步伐在加快。

2016年5月，北航与青岛市达成战略合作协议，成立了北航青岛研究院和北航虚拟现实技术与系统国家重点实验室青岛分室，双方将在信息技术、海洋环境、智能制造三大重点方向布局和发力。2017年9月，北航青岛研究院开学，招来首批125名研究生。

2016年7月，北航与合肥联手打造的“北航合肥科学城”揭牌，北航的量子传感、机器人、新材料、医工交叉、通航技术等优势领域落地合肥，目前6个研究中心及通航产业技术研究院的科研团队组建完毕并入驻。

2017年4月，北航与四川省人民政府“联姻”，拟投资114亿元的北航西部国际创新港开工，由6名院士带头的团队已落户成都的北航创新研究院，双方致力于军民融合高端人才培养，培育军民融合产业集群。

……

校地合作连番大动作，北航各种重磅消息令人目不暇接。推开校门，建设异地研究院，推动产学研用深度融合。“北京的发展空间有限，我们很多学科新的增长点都布置在外地，借人之力解决空间不足的难题，也为教师真正服务地方经济、转化科技成果提供更大的舞台，相当于把科研延伸，把学校的培养能力拓展，真正实现把论文写在祖国大地上。”房建成说。

“三代人”文化

观察北航这些年捧回的大奖，有个共性：一个大奖后面就是一个大团队，有的团队规模甚至在200人以上。除了带头人，其他人均默默无名。

这是一支支怎样的团队在作战?

据北航科研院院长王荣桥介绍，这样的团队在北航至少有十几个，一个团队里最少有四五十名教师、上百名学生，张军院士的“空中交通管理团队”，房建成院士的“惯性技术团队”，苏东林老师的“电磁兼容团队”，而“无人机团队”已经是成建制的单位……

“团队持续攻关，技术不断更新，这样才能成就大项目、高显示度项目。”王荣桥解释，从大平台来说，学校有国家级平台如国家重点实验室、国防科技重点实验室等共计 10 个，“这些大平台就是不动的营盘，有着很强的原发动力，三五年不产成果，每个人都会感觉后面有老虎跟着”。

数据显示，北航 2000 多名教师，人均科研经费达到 120 万元，在高校中几乎是常年位居第一。

北航多年来形成的以“大团队、大平台、大项目、大成果”为核心的“四大模式”，已经被社会誉为科技创新的“北航模式”。

万钢曾经评价过该校的科研:“拿得起、扛得住、信得过。”王荣桥认为，这是北航“四大模式”的注脚。

学校从制度上也有力保障了“四大模式”的发展，以引导创新要素向瓶颈技术、大团队、大项目汇集。比如，在科研项目与资金管理方面，进一步简政放权，调动科研人员的积极性和创造性，同时推动科研设施与重大仪器设备开放共享。在未来实施的科技创新“致真问天”计划中，瞄准制约国家安全和国民经济建设的前瞻性问题与颠覆性技术，持续打造“前沿科学技术创新研究院”“国际交叉科学研究院”“医工交叉创新研究院”等创新特区。

一个大奖后面，基本上都是集体获奖，是一个团队在奋斗，除了带头人，其他人默默无名。“一个大团队里，有当神枪手的，也有机枪排、小炮手，还有炊事员，少了谁都不行。”在房建成看来，学校的制度改革只是保障。

到底是什么使那么多人宁愿默默无闻地付出?

很多大学，都有其特有的科研文化，在北航，有个科研的“三代人”文化。

2017 年 1 月 9 日，北航教授宫声凯凭借研究项目“高温 / 超高温涂层材料技术与装备”，以第一完成人的身份荣获 2016 年度国家技术发明奖一等奖。他深耕 20 多年的研究成果，应用于我国最新研制生产的多型号发动机，为自主打造“中国心”作出了突出贡献。

“我认为团队中每一个人的工作都像一颗漂亮的珍珠，我只是把每一颗珍珠串在了一起，离开我的团队，我什么也做不成。”宫声凯这样说。

这样的回答是谦逊，但也是实情。发动机被誉为“现代工业皇冠上的明珠”，在打造“中国心”上，北航屡创新功：承担 4 个国防“973”项目、十年三获国家技术发明奖二等奖、一项国家技术发明奖一等奖。这背后，是以徐惠彬院士、陶智教授、宫声凯教授等为代表的第三代北航人率领团队在作战。

事实上，从 20 世纪 50 年代北航组建我国第一个航空发动机专业起，第一代北航人如王绍曾教授、宁榥教授等白手起家，在国内率先启动航空发动机研制。

20 世纪 80 年代起，以陈懋章院士、高歌教授等为代表的第二代北航人潜心钻研，相关成果获 1984 年国家技术发明奖一等奖和 1993 年国家科技进步奖一等奖，钱学森先生评价“长中国人志气”。

三代人不断传承，勠力打造“中国心”。这样的故事在北航还有很多，如“三代人的陀螺梦”“三代人的长鹰魂”“三代人的凌云志”等，每一个故事都是北航人团队文化、创新品格、传承精神的生动写照。

在房建成看来，之所以有这么多三代人的团队，根源在于北航的价值观，是从建校之初培养“红色工程师”传统延续至今，以国家利益至上的一种精神和文化，“支撑一代代科学家瞄准一个领域深耕，肯定不是靠短期利益能维系的，一定是一种强大的精神支撑着，为国防科技工业奉献青春和才智，这种使命担当深深扎根在北航人的心中”。这种隐性的、一脉相传的科研团队文化可能比单纯的科研制度和体制的改革更有影响力。

走出“舒适区”

北航还有一张人才的成绩单：2017 年 10 月，当年国家杰青、优青出炉，北航获评 4 位杰青、8 位优青，总数 12 位，位列全国高校第八；近八年自主产生了 9 位院士；近五年来，获得国家科技三大奖项的获奖人名单里，近 50 名学生名列其中。

这个成绩单是怎么得来的呢?

陈华伟，42 岁，2017 年获评杰青。他 2007 年回国，加入北航，埋头十年，聚焦于多学科交叉前沿研究领域。2016 年，他在《自然》杂志发表了《猪笼草口缘区表面液膜连续定向搬运机制》，这是我国高校机械工程领域在该杂志的首篇论文。

陈华伟的研究非常有趣。他所在的机械工程领域是非常传统的老学科，如何寻找自己的研究方向？他把目光投向学科交叉，因为“单一的学科研究很难出创新成果了”。他用纳米、仿生等新技术找到突破口，用他的话来说，就是向大自然“偷师学艺”。

猪笼草是一种热带植物，有着湿润的“嘴唇”，当昆虫在附近爬行时，常常会“失足”滑落进捕虫笼内。“通过深入表征分析猪笼草口缘区微观结构特征，惊奇地发现，液体在猪笼草口缘能够沿着单一方向快速搬运，从而首次发现液膜单方向搬运的神奇现象。也就是说，在猪笼草的口缘区，水可以从低处往高处流。”陈华伟说。

为什么水可以从低处往高处流？陈华伟和团队成员通过液体、气体在界面上微观流动的动态观测，揭示了自然生物原型体表表面单方向液体搬运新现象和基于此的仿生设计新方法，开创性地提出了“梯度泰勒毛细升”理论。

这一研究成果可直接用于很多领域，如医工结合方面，解决微创手术在高温环境下粘刀问题，进行无耗能“水膜”补充，实现“一把手术刀可以做完整台手术”，如今已经在湘雅医院微创手术中使用；工业方面，可以应用到无人机表面防冰等；农业方面，解决沙漠干旱植物滴灌供水，实现长距离搬运。

“学校给予我很大的自由度，鼓励年轻学者把目光瞄准科学前沿。坦白地说，十年里，我就出了一篇高水平论文，学校没有给我压力，而是自己有压力。在研究条件方面，学校鼎力支持，在寸土寸金的地方，学校北门那边开辟了一个实验室。”陈华伟说。

陈华伟的成长并不是孤立的，离不开一个计划——北航“青年拔尖创新人才支持计划”，他是首批入选者。

“学科建设的经费是有限的，但要花在刀刃上。”据王荣桥介绍，从2016年开始，北航实施“青年拔尖创新人才支持计划”，五年投入6亿元经费，面向青年教师，重点培育优青、杰青后备人才，鼓励他们面向国际学术前沿开展原创性基础研究。一年两批，一批选60人，给予人均合计100万至200万元经费支持，“五年内基本能把青年教师覆盖一个遍”。

“这是做一件为了北航10年、20年、30年后的事。”房建成说。该计划实行导师制，导师由院士、长江学者、杰青等顶尖学者担任，践行“精育细导”的高端人才培育理念。

“有个数字的对比可以说明问题，2010年，学校当年获评的杰青数字是零。而2017年有12位杰青、优青，其中4个杰青都是第一批计划的入选者。2017年才是计划实施的第二年，未来的收获更可期待。”王荣桥说。

北航的青年科技人才计划跟“爬梯子”一样。拿到杰青、优青的学者，还有一个“青年科学家团队培育计划”，重点面向42岁以下优青、青年长江、青年拔尖人才等，培育未来领军人才，会聚3～5人中小规模研究团队，设立专项基金，每个团队每年大约有50万至100万元不等。再往上，是“高端成果培育计划”，对获得国家奖、省部级奖等进行高额激励，目标是培育院士候选人。

“有组织地精准培养人才”“有组织地科研”，关注青年教师就是关注学校未来，培育好“青椒”们，才能让他们成为学校未来的中流砥柱，房建成对此有个精炼的总结。

在高校里，当一代人脱颖而出，成为有学术影响力的“大树”时，也容易出现“大树底下不长草”的现象，如何克服人才队伍建设的这个“阿喀琉斯之踵”？

“走出‘舒适区’，延缓‘满足感’。”王荣桥用几个字来概括，学校从机制上设立了“三足鼎立”的科研生态，力克“大树底下不长草”。

何为“三足鼎立”？“一足”为国际交叉科学研究院。学校为这部分学者提供约50万元年薪、300万元实验设备启动费，2012年成立，目前已会聚约200人，主要瞄准若干学科交叉方向，推动学校由技术创新为主向技术创新与原始创新并重转变。

“一足”为前沿科学技术创新研究院。主要依托北航的国家级科研基地，以体制机制改革为重点，以专职科研队伍建设为抓手，打造创新要素汇聚、创新活力迸发的科研特区，承担一批“科技创新—2030”等国家重大科技专项任务，产生一批国家科技一等奖等标志性成果，培养一批院士、长江学者、杰青、“四青”等杰出人才。

学校规定，进入前沿科学技术创新研究院的团队带头人必须是70岁以下的院士或者国家级创新平台负责人等知名学者，并在资源配置上给予倾斜支持。

在高校里，有的学者当了院士之后反而没有成果了，对学校的贡献也变小了，其实是种人才浪费。“我们要持续调动院士等高端人才的积极性，让杰出人才走出‘舒适区’，例如院士可以培育院士候选人，可以发展新的方向，产生更长久的激励。”王荣桥坦言。

还有“一足”为医工交叉创新研究院。北航“无医”，能否用航空航天精密仪器去解决医学高端器械问题？北航近年来积极布局医工交叉，承接了北京市3个医学相关高精尖创新中心，形成了医工交叉高精尖创新群，对一个产值12万亿元的行业发起进攻。

有组织地培养人才，使得人才“分类卓越”。这种模式也同时让人才培养受惠。对于很多高校来说，学生的名字很难出现在国家科技三大奖的名单里，但在北航，统计显示，近五年来，有近50名研究生出现在国家科技三大奖的获奖人名单里。

（2018年1月11日）

一场从教室开启的本科教育变革
——四川大学建设一流本科教育纪实

本报记者·万玉凤

走进四川大学江安校区第一教学楼，你会发现这里有很多不一样：形式多样的交流互动式走廊，刷新着教学楼的刻板形象，1 万多平方米公共服务空间勾勒着“学术殿堂”的模样。走进教室，充满科技色彩的陈设吸引了众人的目光，在网络互动教室，看不到一排排整齐摆放的课桌，取而代之的是一张张半圆形的桌子。每张课桌上摆放着 3 台电脑，3 名学生围桌而坐，课桌星罗棋布，教师穿梭其中。

以“教室革命”为抓手，四川大学瞄准课堂教学改革这一突破口，实施小班化互动式教学、非标准答案考试、全过程学业考评、重奖一线教师、开展国际课程周……奋力推进一流本科教育的改革与实践，努力打造着“学生能转身遇到好老师，校园随处见讨论”的理想校园，通过课堂革命打造一流本科教育的“川大模式”。

教室革命：打造充满科技感多功能智慧教室

网络互动教室、灵活多变研讨教室、多屏研讨教室、手机互动教室……走进川大第一教学楼，各种区别于传统教室的智慧教室迅速吸引了记者的目光。可移动、可拼接、多类型的活动桌椅，学生可以根据课程需要围成不同大小的范围，以满足不同学科研讨教学的需要。同时，利用信息技术，提高学生的学习专注度和教学参与度。

教育信息技术的高速发展为课堂教学带来了持续变革，小班化教学对传统教室的设计提出了新要求。2012 年，川大启动“智慧教学环境建设工程”。

“我们投入了2亿多元全面推进‘教室革命’，打造多视窗互动教室、灵活多变组合教室、移动网络互动教室等类型的智慧教室400多间，超过教室总数的80%。”四川大学校长李言荣介绍，2019年学校将实现智慧教室全覆盖。

在此基础上，学生抬头就能互动，转头就能遇到老师。这样的格局，让学习变成了“启发式讲授、互动式交流和探究式讨论”。据川大教务处处长张红伟介绍，从2010年起，学校把新生按25人规模编班，全面开展高水平互动式、小班化课堂教学改革。目前，开设互动式、小班化课程9024门次，超过课程总数的70%。

与此配套，学校实现非标准答案考试全覆盖，根据不同学科、专业特点实行开放式命题。“我们看重的是学生的思维方式和分析问题、解决问题的能力。”该校经济学院教师闫雪凌介绍，2017年，她的“国际市场营销”课期末考试最后一道题，就是让学生给川大设计一个国际市场营销方案，学生拿到题目后觉得非常有挑战性，感觉自己从学生变成了学校的代言人和推广者。

除了推进非标准答案考试，川大100%的课程都实现全过程考试。据介绍，期末考试成绩权重降低到不超过50%，平时成绩的分布在6次以上，让期末考前突击在川大成为“过眼云烟”。通过这些举措，川大实现“让学生真正把头抬起来、坐到前排来、提出问题来”。

课堂革命：激励学生勤学、悦学、慧学

大学教室改造在令人眼前一亮的同时，也对学校的师资提出巨大挑战。

“我们以前的教学工作就是一个PPT、一个教案，学生很多时候都是被动在听，现在教学条件变好了，课堂规模变小了，教学模式也必须发生变化。”该校计算机学院教授张蕾表示，教室革命只是一个突破点，最本质的还是教师的教学水平和敬业水平。

把微观难以想象的原子、分子搬进课堂，展现在学生面前；上千名学生

7天时间在线比赛做题，甚至半夜催老师出题，老师不得不限制答题时间劝学生睡觉……这是真实发生在四川大学“近代化学基础”课程中的故事。

周加贝、赖雪飞、权新峰……一群教化学公共课的青年教师凑在一起，研究如何利用新技术，让学生喜欢上这门特别枯燥且难学的课程。

周加贝通过混合现实教学，把真实环境进行虚拟数字化，通过MR（混合现实）眼镜向外投影，与虚拟环境结合，实现真实和虚拟环境互动教学，让学生能够看到形象立体的原子、分子结构。赖雪飞组织学生开展“化学争霸赛”，将竞技游戏和学习结合起来。她把化学知识与全球第一大游戏化教学平台结合在一起，初赛学生攻城略地在线答题，得分排名前列的学生组成战队，通过“现场+在线直播”进行“城堡争夺战”。比赛吸引了1000余名学生参与，大家热情高涨。

“枯燥的化学课变得特别有趣，‘黑科技’让我们上课、学习的积极性大大提高了。”该校新能源材料与器件专业2017级学生钱睿俊告诉记者。

川大计算机学院教授魏骁勇上课不亲自点名，而是用无人机点名。这可不是小题大做，其实这属于魏骁勇课堂教学的一部分：在课堂上放出无人机，除了能知道谁来上课，还能追踪学生上课时的表情。教师通过学生的表情可以轻松掌握授课效果，进而改进教学内容和方式。2011年，魏骁勇开始对“基于课堂内关系网的大数据教学分析”进行研究。像他这样面向未来课堂教学的改革创新，在川大并不鲜见。

制度护航：引导教师爱教、乐教、善教

要实现课堂革命，高水平的教师队伍是关键。教师的全身心投入本科教育、创新授课方式的积极性，或多或少与川大对一线教师的奖励机制有关。

一方面，川大通过设立针对老、中、青优秀教师的“教学三大奖”，包括特等奖100万元、一等奖50万元等，重奖全身心投入一线教学的教师、重奖积极开展教学改革的教师、重奖课堂内外与学生交流互动的优秀典型教

师。每年学校召开的本科教学工作表彰会，已成为川大一个重要节日，使一线教师有强烈的荣誉感和成就感。

另一方面，学校加强对教师的培训，让他们尽快适应小班智慧教学带来的变化。

川大实行教师“双证”制度，教师上讲台必须持有教师资格证和教学能力培训合格证。五年来，参训教师超过 3 万人次，大面积、大幅度提高了教师的教学能力和教学水平。

每年一届的“以学为中心教育”系列研讨会上，世界一流教育专家带来最新教育资讯；每学期 2 到 4 期的“本科教育创新大讲堂”，时时发布教学改革创新信息；新教师教学能力培训、“教学策略”系列培训进学院、全英语授课教学能力培训等各类培训提升教师教学能力。

为了让技术走进课堂，进一步推广先进的教学理念及方法，进一步激发教师将技术与教学融合的热情与动力，该校现代教育技术中心自 2018 年初起，持续开展“智慧校园行”智慧教学环境学院专场培训活动，帮助教师掌握智慧教室的新科技，体验智慧教学带来的新魅力。

四川大学党委书记王建国表示，学校持续重视教师教学发展事业，加强教师教学能力建设，将思想政治素质的培养和考察贯穿教师职业生涯全过程，健全师德师风建设长效机制，完善把教学质量作为教师业绩考核、评价重要指标的制度，不断强化“教师是第一身份，上好课是第一要务，关爱学生是第一责任”的意识，促进教师爱教、善教、乐教，着力建设品德高尚、学术卓越、教学优秀的一流师资队伍。

此外，为进一步强化本科教育的核心地位，川大把本科教育作为“一把手工程”，全面落实领导责任、加强工作考核等，通过制度创新营造重视本科教育核心地位的良好氛围与环境。“今年学校预算审议的时候，校党委常委会明确提出本科教育的经费今后每年只增不减。”王建国透露。

“大学因本科生而生，因本科生而长。经过近十年的努力，四川大学秉持精英教育、个性化教育和全面发展教育相结合的人才培养理念，不断出实招硬招，不断加大经费投入，让本科教育真正落地生根。”李言荣进一步表示，未来，学校将聚焦一流人才培养全要素、全过程的持续改革，加快建成中国特色、世界水平的一流本科教育，努力培养能够担当民族复兴大任的时代新人。

（2018年6月25日）

千年盐碱滩上的“温饱试验”

——中国农大一场接力45年的“赶考”记

本报记者·董鲁皖龙　柯进　高靓

在中国农业大学校园内，一块刻着“改土治碱，造福曲周”的石碑，无声地矗立了30年。千里之外的河北省邯郸市中国农大曲周实验站内，静立着一块刻有同样八个大字的石碑。

稍有不同的是，立碑者一个是曲周群众，一个是曲周县委、县政府，它们浓缩了中国农大与曲周县“牵手”45年的情谊。

“中国农大是曲周人民的功臣、恩人！如果没有中国农大，曲周可能还是个‘咸碱浮卤，几成废壤’的盐碱滩！”与中国农大并肩奋战了25年的曲周县原政协主席胡耀东深有感触地说。

为了周总理的嘱托

出曲周县城，驱车半小时就到了中国农大曲周实验站。

一路上，千里沃野，麦苗吐绿。道路两旁，不时可见低矮的葡萄园和挂满红果的苹果园……

站在那块当年盐碱最严重的台地上，80岁的王庄村老支书王怀义感慨万千：当年，他带着村民和中国农大石元春院士等研究团队一起劳作时的场景，仿佛又在眼前浮现。

45年前，土地有着2000年盐碱史的曲周，是一个连“饥饿的老鼠路过都会含着泪离开”的地方。

20世纪70年代，土地盐碱化重灾区的黄淮海平原有2.8亿亩耕地，其中盐碱地占了近五分之一。而邯郸东部的曲周县更是当时出了名的“盐碱窝子”。每年，整个黄淮海平原群众要吃国家返销粮 30 亿公斤。

“确保国防安全和粮食安全，是新中国成立后很长一段时间国家面临的两大战略问题。”中国农大曲周实验站站长江荣风说，“黄淮海平原土地盐碱化所导致的粮荒，是当时中国的主要内忧。”

1973 年，周恩来总理提出，以河北黑龙港地区为试点，围绕地下水开发和旱涝盐碱综合治理组织科学会战，一定要把盐碱地治理成米粮川。

任务到了中国农大，学校找到了研究土壤的讲师石元春。

赶赴曲周考察时，石元春愣住了：6 月的田野，本应是麦浪滚滚、丰收的景象。可他看到的是，沟渠纵横无序，田块七零八落，庄稼像秃子头上的毛发。

回到学校，石元春立刻组织队伍：林培、陶益寿和他同为 1956 届土化系研究生，毛达如师从苏联植物营养专家沙哈诺夫，辛德惠更是留学苏联的“洋博士”……个个都是独当一面的“将才”。

同年 9 月初，石元春一行 7 人进驻曲周县张庄村。由于当年秋涝严重，教师们卷着裤腿，扛着铺盖，拎着生活用品，蹚过齐膝的水，来到千里之外的盐碱滩安营扎寨。

黄淮海平原科学治碱的序幕，由此拉开。

45 年倏忽而过。想起往事，王怀义擦拭着布满皱纹的眼角，哽咽着说：“现在，我们的生活好了，没想到，当年一起奋战的辛德惠院士却走了……”

在中国农大曲周实验站院子的一角，一座黑色大理石墓碑——“辛德惠之墓”静静矗立。

“老碱窝子”实现了每亩单产 732 斤

战斗的青春最美丽。

离开曲周虽然多年，但 87 岁的两院院士、中国农业大学原校长石元春每每午夜梦回时分，想念最多的，还是在曲周那段战天斗地的岁月。

站在张庄村治碱遗址模型前，石元春被当地群众紧紧围绕着。当年一道奋战在盐碱地上的老战友们重逢，指着模型上的一块块台地，有说不完的故事。

进驻曲周时，面对几十万亩盐碱地，是从白寨下手，还是从张庄开始，治碱小组与曲周县政府出现了分歧。

“白寨离县城近，生活方便一点，碱轻，容易见效果。”时任副县长的赵迎代表县政府建议。

赵迎的话里夹杂着担心。自新中国成立以来，数不清有多少拨工作组来过曲周治碱。然而，20多年过去，盐碱还在。

“白寨改好了，张庄不还在那里吗？”几番争论后，治碱小组决定，就从“老碱窝子”张庄开始。

经过大量调研和数据分析，石元春和同伴们发现，黄淮海平原春旱夏涝，只有灌排蓄协调，才能遏制盐渍化。他们根据“盐随水来，盐随水去”的规律，提出“以浅井深沟为主体，农林水井并举”的综合治理方案。

理论能否站住脚，得靠实践检验。

于是，治碱小组在张庄村南选定400亩重碱地作为试验区。

一切准备就绪。可是，张庄的施工大队却迟迟不上阵。

“重盐碱地还可以淋小盐，万一治不好，连这点卖盐的收入也没了。”“这些年，治碱的来了一拨又一拨，都是‘飞鸽牌’的，你们打算待多久？”村民疑虑重重。

“治不好碱，我们就不走！”石元春语气坚定。

第二天，村民们涌入“400亩”，压盐、平整土地、开沟挖渠。没过几天，24块条田上春麦、冬麦、玉米、高粱全部标好。与此同时，4500亩试验区工程同步进行。

“第一仗是信心之仗，打不好，群众就不信我们了。”治碱小组每个人的心都是沉的。

1974年春天如约而至。与过去逢春苗枯不同，经过两次漫灌压盐和科学施肥，“老碱窝子”上的小麦苗实壮硕。

麦收时节，张庄人忙着抢收。田间地头，围满了看热闹的人。

粮食入仓后，治碱小组盘点战果，张庄一夜成名：1974 年，张庄大队粮食总产 60 万斤，比历史最高水平增产近一倍。1970 年前，张庄平均每年要吃国家返销粮 4 万斤；而 1974 年张庄向国家交粮 11 万斤。

看到成果，王怀义坐不住了。每天下工，他就去张庄的教师驻地坐着，一连去了 5 天。辛德惠最后说："马上就去你们村。"

1978 年，王庄被列为第二代试验区。随后，曲周北部 23 万亩"拉腿田"也参与试验。

据《曲周县志》记载，治理前，全县粮食最高总产 3.47 万吨，单产 363 斤，而 1987 年总产达 6.76 万吨，每亩单产 732 斤，分别增长 94.8% 和 101.7%。

1993 年，由中国农大牵头的"黄淮海平原旱涝盐碱沙薄综合治理与农业发展项目"与"两弹一星"一起，同获国家科技进步奖特等奖。

就在这一年，曲周县委、县政府将一块刻着"改土治碱，造福曲周"的石碑，立在了中国农大曲周实验站的院子中央。

石碑的背面，是石元春、辛德惠两位院士及众多当年参与治碱会战教师的名字。

黄淮海平原升起中国农业"两弹一星"

"为什么是我们？"

中国农大人常常在思考。

"1993 年是农大最辉煌的时期，奖杯和石碑，代表着科学界和人民群众对我们的最高认可。"中国农大曲周实验站副站长张宏彦说，曲周实验给我们留下的启示，是"一结到底"——学校和地方、理论和实践、农民和教授，紧密结合在生产一线。

回想当年黄淮海平原治碱这样一个大科学项目，张宏彦一口气用了一连串的"正好"来解释偶然性——"正好"选在最严重的点，措施"正好"有效，点上经验"正好"能放大，"正好"校长打了报告，"正好"农业部部长来了，"正好"获得了国务院嘉奖，"正好"在国家粮食安全问题最严重的时候，解决了农民的温饱问题。

历史有一定的偶然，也有必然。“如果没有把张庄经验推广到整个黄淮海平原，今天的黄淮海平原，可能不会变成我国的大粮仓。”张宏彦说。

1979年，国家科委和农业部决定开展黄淮海平原旱涝盐碱综合治理，由曲周实验站牵头负责。至此，石元春才明白，他们正在打一场涉及国家粮食安全的大会战。

中国治碱震惊世界。1985年，国际盐渍土改良学术讨论会在济南召开，与会代表考察完曲周后惊叹不已。时任国际土壤学会副秘书长、著名土壤学家萨博尔奇称：“中国盐渍土改良是世界一流的！”

十几年的治碱战役，被誉为中国农业的“两弹一星”，扭转了我国南粮北调的历史。

今天，在曲周，“中国农大”成了科学的代名词。

40年前，王怀义将中国农大教师请进王庄，最终“使王庄村民的收入领先周围村子十年”。而今，王怀义再次把中国农大请进了王庄。这一次，他希望，中国农大的“科技小院”能让村民走上致富路。

（2018年10月23日）

南方科技大学：十年磨一剑

本报记者·刘博智　刘盾

2010年，中国发生了许多大事。

GDP跃居世界第二，举办了世博会、亚运会两项盛会。那一年，中国改革正在爬坡上坎，时任国务院总理温家宝在《政府工作报告》中说：今年是“加快转变经济发展方式的关键一年”。改革如何突破关键环节，引人关注。

那一年，教育圈也发生了一件大事，《国家中长期教育改革和发展规划纲要（2010—2020年）》出台，包括高等教育在内的教育体制机制改革令人瞩目。

那一年，深圳“三十而立”，从边陲农业县崛起为大都市。但当时深圳也正面临着传统发展模式遇上“天花板”、发展空间受限等“成长的烦恼”。

那一年，也发生了一件“小事”，一所学校出生了，“身份证号”是14325，名字叫“南方科技大学”。

有人说她生逢其时。如果不是这些“大事”，南科大或许不会以探索者的姿态出现，被赋予探索具有中国特色的现代大学制度、创新人才培养模式的双重使命。之后的十年，在中国高等教育改革创新翻滚的巨浪里，她勇立潮头。正式获批仅六年，南科大就成为博士学位授予单位，跑出了中国高等教育发展的“南科大加速度”。

如果一所大学有形象，在国家教育咨询委员会委员、北京师范大学教授钟秉林眼里，南科大自诞生起，就像一位带着冲劲和闯劲的“翩翩少年”，以梦为马、破路向前。“全球遴选校长”“一校一法”“理事会制度”“全员聘用”……南科大敢闯爱创，为中国内地探索新型研究型大学的发展之路。而南科大改革创新正是为了更好地坚守为党育人、为国育才的初心。在10岁生日贺卡上，南科大人以“新·益求新，创领未来”，敬过往，致未来。

使之有其命

“你觉得深圳的经济转型成功吗？”十年前，一位英国经济学家来到深圳，他问一位政府工作人员。

这位工作人员给他讲了一个故事。她家所在的车公庙工业区，20 世纪 90 年代全是制衣厂、电子厂，工人们三班倒，每一栋楼晚上都是亮如白昼。旁边皇岗口岸去往香港的大货车，彻夜堵车。突如一夜之间，彻夜的白昼和汽车鸣笛消失了。这里腾笼换鸟，高新企业、跨国企业总部成了这些楼宇的新主人，它们也有了新名字：亿元楼。

说起经济，深圳人腰板挺直，一说高校，立马蔫了。彼时，深圳只有深圳大学一所本土本科高校。南科大筹备办主任、深圳市教育局原副巡视员梁北汉曾比喻，深圳经济社会发展像火车高速前进，而深圳高等教育发展像骑自行车拼命追赶，越落越远。

在深圳，从梅林关驱车到梅观高速，抬头就能看见一个路牌，左边写着“富士康”，右边写着“华为”。

当时深圳正处于由制造跨向创造的历史十字路口。深圳经济社会发展比全国大多数地区领先一步，更早遇到发展中的新问题。再单靠引入外来人才，已不能满足深圳建设现代化国际化创新型城市的需要，要抢占战略性新兴产业先机，高水平新型研究型大学这一创新“源头活水”必不可少。2005 年 10 月 20 日，一份长达 15000 字的《创办深圳科技大学研究报告》递至市领导案头。一定要办大学，深圳市的决策者很快统一了思想。深圳抽调市教育局的梁北汉、许建领和深圳大学的韩蔚等人成立南科大筹备办，地点就在深圳市民中心几间半地下室，制订筹办计划、修改论证办学方案、启动校园基建、引进人才。

该建什么样的大学？市场经济是“深圳速度”的重要基石，深圳坚持让市场在资源配置中发挥决定性作用。筹备办深入调研后发现，深圳产业市场急需高起点创办的高水平研究型大学，而不是其他类别的高校。

“低起点创办的高校在未来转型升级时，会面临诸多历史包袱。更重要的是，深圳高等教育发展需求已在全国超前一步地转为质量为先。我们不但要当好打鸣者，更要率先用行动顺应中国高等教育从规模扩张转向内涵式发展的新阶段。”许建领强调，虽然当时一步到位地创办高水平本科高校看似不可能，但深圳努力撬动国家高等教育改革，用足用好国家的改革红利，想方设法把不可能变成了可能。

怎么建？深圳市决定一步到位，举全市之力创办高水平研究型大学。虽然深圳寸土寸金，但市里从300多平方公里的原关内宝贵土地资源中，拿出近2平方公里建设南科大。市领导及市政府各直属部门都成了南科大筹备办“义务队员”。深圳市政府系统几乎所有部门都按职责分工，承担了南科大筹办的具体工作。

2010年12月20日，教育部正式下文，同意筹建南科大，俗称“批筹”，“身份证号”是14325。900多个日日夜夜的筹建工作，终于换来“出生证”。

“南科大是一个城市的梦想，每一步都要付出巨大的艰辛。”南科大党委书记郭雨蓉说，筹建伊始，南科大人就都体现出一种顽强的使命感。

使命，南科大人的解读是“使之有其命”。

教改探新路

2005年，“钱学森之问”在全社会引爆了持续数年对教育问题的大讨论，也考问了这一代教育人。教改提上国家重要议事日程，多项教改措施相继出台，中共中央、国务院颁发了《国家中长期教育改革和发展规划纲要（2010—2020年）》。

“我为教改而来”“回答钱学森之问”……面对媒体的镜头，第一任校长朱清时毫不避讳自己与南科大的使命。“自主招生”“一步到位办成亚洲一流的研究型大学”……南科大的每一项改革都直指中国高等教育的难题。南科大不但要办一所高水平研究型大学，更要拿出当年深圳“杀出一条血路”的勇气，为中国的高教改革冲出一条路。

社会给予南科大极大关注。当中科院院士唐叔贤给南科大教改班上第一堂课时，他没想到国际著名期刊《科学》杂志的记者居然坐在了下面，后来还登出了一篇长篇通讯。2010 年底，“南方科大”入选当年“中国媒体十大流行语”。

“誉满天下，谤亦随之。”与此同时，关于南科大改革的“易碎性”讨论不断，关于“南科一梦”的争议不辍。风暴眼中，南科大专心治学育人，努力用成就来释疑止争。三位院士给南科大教改班上课，得益于书院制，教师和学生们同吃同住，大家一起聊人生、谈理想、做学术，学生可以随时与大师“翩翩起舞”。

因为频繁跳级，东北考生张至只有一张幼儿园的毕业证，进入南科大学习，让他这样有主见、爱思考的学生找到合适的“土壤，温度和水分”，他经常因为一个问题弄不明白，就去找教授讨论到深夜。

南科大在全校学生中实行“书院制”和“双导师制”改革，学生进校自由选择书院，四年中将有生活和学术两位导师全程“陪伴”。从校长、院士到普通教师，都必须担任导师，教授给本科生授课率为 100%。

南科大很多项重大改革都是“政府与学校商量着走”。地方财政如何支持高校教授科研攻关？当南科大教授有难题上门询问时，深圳市相关部门领导并未以没有相关法规为由打发他们，而是坐在一起商量如何办。深圳市相关部门还将摸索出的好经验提升为规章制度，惠及深圳市内所有高校。这背后是南科大人改革的决心，是教育部、广东省、深圳市对改革的尊重。

既然是试验田，选种子至关重要。南科大十年，“每一颗种子都是精挑细选出来的。”许建领说，这种“精挑细选”是指从 2012 年的 186 名学生，到如今的约 7500 名在校生，每一名学生都是通过自主招生招进来的。

2012 年 4 月，南科大提出了“631”基于高考的综合评价录取模式，高考成绩占 60%，南科大机考和面试占 30%，高中学考等占 10%。讨论期间，有人提出高考占比是不是降低一些，广东省教育厅时任厅长罗伟其坚持说“6”代表国家高考占主体，这是原则。最后该方案报送教育部，很快获批。

高考关乎社会公平，每一次微调都考验勇气和智慧。“631”中“6”是对高考制度作为主导的遵从，这是原则；“3”是学校获得的招生自主权；“1”是对“一考定终身”的回应。

南科大“631”模式推出后，被国内多所高校“复制”。2019 年，广东已有 11 所高校试点“631”招生模式。

这场处于攻坚期和深水区的改革探索，并不总是一开始就能直达成功的彼岸。但深圳、南科大的时代使命就是去闯别人还没有闯过的无人区，去探旧地图里还没有的新路。有的改革延续至今，对学校快速发展起到了关键作用，比如理事会制度；有的改革在实践中不断优化调整，日渐符合中国和南科大的发展所需；有的启动不久，就按下暂停键。

然而，这就是改革的意义。这里就是因“闯”而生的深圳，因“闯”而兴的南科大。

聚光向法治

有段时间，南科大突然从举世瞩目的舞台中央，退隐到了聚光灯之外。2020 年 5 月，南科大教师一个月发表了 6 篇文章在《科学》《自然》主刊。人们突然发现，南科大迅速成长，硕果累累。

为什么南科大能“长”得这么快、这么好？中科院院士、南科大第二任校长陈十一认为，办大学首先要延揽全世界的英才，教师的质量比数量更重要，要从全球选材。在陈十一带动下，南科大各学院院长、系主任都努力成为“伯乐”，面向全球选配高水平教学科研团队。

创新需要密度。在南科大，有 6 栋 10 多层高的教师公寓整齐排列。南科大教授邓巍巍说：“这 6 栋公寓可能是世界上教授密度最高的地方之一，在 80 米乘 120 米的范围内住着近 300 位教授，是真正意义上的往来无白丁。”如今，南科大从最早第一批签约的 3 位教师，迅速壮大到 505 人的教研系列师资队伍，超过 60% 的教师拥有在世界排名前 100 的高校工作或学习的经历。深圳现有 46 位全职院士，南科大就有 23 位。

引才更要用才。独立课题组负责人制（PI 制）是南科大创新密度、创新产出的重要制度保障。就算是初出茅庐的博士后，只要应聘进入学校教学科研序列，都会有自己独立的实验室、启动经费，可以组建独立课题组，独立申请项目和经费。

“PI 制”激发了南科大人科研攻关的动力和潜力，科研楼晚上 11 点依旧灯火通明，很多教师还埋头在实验室。冷冻电镜中心等科研大平台 24 小时开放，始终有人。

创新不仅需要密度、激情、交叉，更是一个“静待花开”的过程。

深圳市民曾经票选出“深圳最有影响力的十大观念”，其中一条是“鼓励创新，宽容失败”。在南科大，“鼓励创新”和“宽容失败”也像硬币的两面。没有宽容，创新就会变成无本之木。

南科大物理系副教授张立源带领团队首次观测到三维量子霍尔效应，入选 2019 年度中国科学十大进展。张立源性格腼腆，刚来学校时是一个没任何头衔的海归。

“做研究就像挖矿，挖到矿之前，可能很长时间都看不到任何苗头。”由于不擅申请基金和课题，张立源的研究曾陷入资金短缺的困境。陈十一用校长基金给他特批了经费，他网购二手实验用品，自己动手组装。在他带领团队奋斗的四年里，学校没有以数论文的方式对他进行考核。

“大学要克服数豆子的问题。”南科大工学院院长徐政和说。

南科大的教师是幸福的，学术研究上拥有自由宽松的制度和氛围；非升即走的 Tenure-Track（预聘-长聘）制度，又让南科大的教师“压力山大”。

在南科大，一切以学生为中心。南科大一直在推动科研实验室面向学生开放，鼓励教师将一流科研资源转为一流育人资源。学生大一就有机会进入人工智能研究院等高水平实验室。

学生宿舍处于学校中心位置，依山傍水。营造以学生为中心的学习氛围，鼓励学生“扔纸飞机”，独立思考，是南科大很多教师的共识。

学分制、导师制、书院制和个性化、精英化、国际化组成的“三制三化”，是南科大人才培养的鲜明特色。南科大党委副书记李凤亮介绍说，办学伊始，学校就逐步实施“通识 + 专业教育”的本科生培养模式。新生入学不分专业，强化通识教育。学生在大一下学期（最晚在大二下学期）根据兴趣、特长自由选择专业，在“宽口径、厚基础、精专业”之上，注重学科交叉，持续努力探索构建新型协同育人体系。

为给中国特色现代大学探路，南科大将改革创新作为使命和行动，在自主招生、人事改革、科研制度、育人体系、产学研协同创新等方面锐意改革、先行先试。

改革还在向着更深处进发。南科大甫一成立，时任校领导给市领导写信，里面包含办学自主权、管理制度、人才引进等方面的治校纲领，并要求每一条都得“上会通过”，避免“新官不理旧账”。

2011 年 6 月 8 日，深圳市政府以第 231 号令形式，公开发布《南方科技大学管理暂行办法》(下称《暂行办法》)，这是国内第一部针对单一大学的法规。媒体将其誉为中国高校第一部学校“基本法”。

建校初期很多成功的改革探索，那些保存下来的“火种”，都在《暂行办法》中得以延续。一校一法，让政府“放权”，给南科大“确权”，在此基础上依法治校，保障南科大办学自主权。

先行示范校

大学可以“速成”吗？对部分高教研究专家来说，大学是“百年之功”，岂有“速成”之理？

南科大偏偏就是一所“速成”大学。在 2019 泰晤士高等教育全球年轻大学排名中，南科大位列中国内地高校第一；在 2020 泰晤士亚洲大学排名中，南科大位列中国内地高校第八。南科大何以实现跨越式发展？

朱清时珍藏着一幅南怀瑾抄录秦末隐士黄石公的《素书》书法，里面有一句：“得机而动，则能成绝代之功。”“办好大学其实没有秘密。”在陈十一看来，校长要做的是“抓住时代脉搏，回归教育本质”。得机而动，是南科大前两任校长的重要改革方法论。

在人工智能、清洁能源、量子信息技术等新科技引领下，第四次工业革命浪潮滚滚而来。技术革命呼唤人才培养，属于科技大学的时代到来了。在模仿的基础上创新，抢占科技发展前沿，香港科技大学、韩国浦项科技大学迅速崛起的珠玉在前。时代也给了深圳和南科大“变道超车”、建设高水平研究型大学的机会，这样的机会同样摆在所有中国大学面前。

在南科大工学院专业墙上，见不到传统大学工学院里“地质”“土木”等相对传统的强势学科，因为这些并非深圳产业布局的重点。取而代之的，则是“电子”“生物医药”，因为这些是深圳支柱产业、战略新兴产业，是产业转型升级的“骨架”。

大而全的学科设置，在南科大看不到，这里处处透着深圳的“务实”精神。郭雨蓉说，学科配置要抓住学科内在规律，捕捉产业发展未来需求，“在火山岩浆还在涌动时，预测到终有爆发的一天，在那个时候加大布局，才能迅速占领前沿和行业制高点”。南科大鼓励不同学科深度交叉、融合，小而全、小而精、促交叉、创体系的学科格局显现。

如何评判一所大学办得好不好？南科大教授吴景深认为一个重要标志是，“城市产业发展遇到技术问题，会不会第一时间想到你”。

光子产业在5G时代是“咽喉要地”。南科大校企协同成立了光子产业创新联合实验室，旨在以跨越式新技术引领产业发展。像这样的故事，在南科大还有很多。

南科大发展的“母版”是谁？有人说，她是港科大在内地的翻版，高起点，迅速崛起；有人说，她在精神上与加州理工学院相契，以小规模、高质量、科研型为追求，校徽同样以火炬为标志，引领着高教改革的道路；还有人说，南科大之于深圳，如同斯坦福之于硅谷。

这些说法看似有道理，但都不准确。南科大的十年，就要回答一个问题。陈十一说：“我们在中国大地之上，在社会主义体制下，如何快速办出一所高水平的研究型大学。”办中国自己的高水平大学，这是深圳人要争的一口气。

不可否认，南科大是个博采众长的“模仿者”。学来国际通用的办学模式、管理制度后，南科大也像深圳这头孺子牛一样需要不时“反刍”，才能促进消化，令世界通用标准与中国大地真正对接。

在南科大，几乎每一项制度都是经过本土化“反刍”后，才焕发出更强的动能。

南科大一开始实行的是通用的“2+2 学制”，但在运行中发现，有些学生需要更早进入专业，因此学校试行“1+3 学制”等更个性化的机制，供学生选择。“学生就像在房间里扔进一颗弹球一样，每一次反弹都将制度的每一处角落都探索到，反馈、修正。”在南科大从事多年学生工作的李旭说。

南科大也是这样一颗“弹球”，再次反弹时，“探索中国特色现代大学制度和创新人才培养模式”的南科大，也交上了自己的答卷。

但当前的南科大还难以被全面定义，因为学校还处于日日更新的猛长期，仍处于爆发期发展的前夜。“当前成绩的高度让我们有理由对这所学校的未来充满信心。”中科院院士、南科大新任校长薛其坤表示，今年是南科大成立 10 周年，学校将通过自上而下、自下而上两种途径，充分发掘师生、校友、社会贤达的智慧，制定更符合国家战略和深圳特区发展方向的大学发展规划。

“科技是南科大的名字，更是南科大未来科技报国的重心，学校将与国家‘十四五’规划科技发展所需同向同行。”薛其坤强调说，南科大将面向未来加强基础研究，引导更多教授努力取得从 0 到 1 的突破，并借助地方政府的支持、珠三角发达产业链的支撑，到大学之外的产学研广阔天地，推动一些具有从 0 到 1 突破意义的科研成果转化应用。

有人说，南科大是无法复制的“异类”。南科大之于中国高等教育，正如深圳之于中国，是探路领航的先行示范者。在深圳和南科大的带动下，地方政府兴办创新型大学正成为趋势。很多地区领导深入考察南科大，并把南科大经验作为高起点制定新办高校办学规划的重要基础。

早晨 6 点，南科大校园里，一位老人跑过南科大后山的那片荔枝林，他是一位院士，也是众多南科大追梦人中的一员。他上身穿着南科大的文化衫，上面用英文写着：We Make History!（我们创造历史！）

（2020 年 12 月 18 日）

苹果为什么这样红

——陕西苹果产业“蝶变”背后的西农智慧

通讯员·张晴　付文婷　本报记者·冯丽

“这就是农业现代化，你们找到了合适的产业发展方向。”2022 年 10 月 26 日，习近平总书记在陕西省延安市安塞区高桥镇南沟村考察时指出，陕北大力发展苹果种植业可谓天时地利人和，这是最好的、最合适的产业，大有前途。

这让给习近平总书记介绍南沟村苹果产业发展现状的驻村干部张光红深受鼓舞：“乡村要振兴，产业必振兴。小苹果里有大民生，我们要继续借助西北农林科技大学的科技优势，让南沟的苹果更红更甜，让百姓的生活更美更富。”

挥别“黄色哀愁”，享受绿水青山

“昔日的南沟，春种一面坡，夏收一袋粮。今日的南沟，树上能摘果，树下可赏花。”这段顺口溜道出了南沟村近年来的可喜变化。

南沟村位于黄土高原沟壑丘陵区，地形以山地丘陵为主，曾是陕西省定贫困村。黄土高原因生态环境脆弱、土壤侵蚀严重闻名于世。2022 年，南沟村实现了油菜花海观光旅游收入 800 多万元，苹果亩产 3000 斤以上的好成绩。

对南沟村的“蝶变”，毕业于延安市农校，生长于黄土高原，在南沟驻村 11 年的高桥镇干部张光红是亲历者、见证者，“南沟村实现生态好和经济好的双目标，有两个原因，一是党的政策好，二是大学的科技行”。

他口中的大学，就是西北农林科技大学。

从20世纪50年代开始，以朱显谟院士为首的西北农林科技大学水土保持研究所的科技工作者，就致力于黄土高原的综合治理，提出国土整治28字方略，为黄土披绿装，向生态要效益。

此后，西北农林科技大学持续不断地提供科研助力。

70年来，一代又一代科技工作者扎根黄土高原，研究水土流失发生机理，推行生态型产业发展模式，提高生态系统整体服务功能，为黄土高原经济社会发展、生态系统修复贡献智慧与力量，助推陕西绿色版图向北推移近400公里。

“过去，我们这里下一场大雨脱一层皮，发一回山水满沟泥，现在不一样了，处处绿水青山。”张光红深有感触地说，老百姓挥别了“黄色哀愁”，享受着绿水青山。

2015年，脱贫攻坚战的冲锋号吹响。既要绿水青山，也要金山银山。南沟村位于黄土高原腹地，属于全国苹果最佳优生区，苹果产业成为脱贫摘帽的首选产业。

2016年，南沟村栽上了矮化苹果。矮化苹果树体管理方便，省工省力，但其根系主要分布于浅层土壤中，摄取土壤水肥的范围较小，制约果树生长和高产高效。

60岁的南沟村党支部书记张润生说:“春夏两季干旱缺水和土壤贫瘠是制约山地果业发展的主要因素，但这些问题在西农专家的指导下，都有效解决了。”

以冯浩研究员、范兴科研究员为主力的“黄土高原生态服务功能提升与果园水肥协同技术”项目团队，在前期大量研究工作的基础上，针对性地提出了解决方案——发展以滴灌等高效节水为主要形式的水肥一体化灌溉施肥技术。

“范兴科老师在这边待了三四个月，安装调试好了南沟第一套水肥一体化设备，杨建林教授为我们筛选出适宜陕北山地果园行间套种的3个强冬性油菜品种，提升土壤有机质含量，为果园的丰收、苹果的品质提供了科技支撑。”张光红的话语中充满感激。

南沟村果园套种油菜三年后，土壤有机碳平均增加 26%，果园产量平均提高 8%，水分利用效率平均提升 19%，实现了以地养地、秋雨春用和山地果园产能提升。2019 年，400 亩山地矮化果园第一年挂果，平均每亩产量近 1400 斤，2022 年亩产量超 3000 斤。

“优势在山坡，致富靠苹果”

南沟村的苹果产业是陕西苹果产业发展的一个缩影。目前，陕西是中国最大的苹果主产区，是全球集中连片种植规模最大的区域，世界上每 7 个苹果、全国每 4 个苹果中就有一个来自陕西。

让苹果在陕西大放异彩，成为百姓致富果，离不开西北农林科技大学的科技和人才支撑。该校从品种选育、栽培模式、推广模式、适生区域等方面进行创新，助推陕西成为果业大省和果业强省。

20 世纪 50 年代，原芜洲、崔绍良、付润民、黄智敏等果树专家以“金冠”和“鸡冠”作亲本进行杂交。经过十余年的努力，在 1967 年成功选育出晚熟、耐贮苹果品种“秦冠”，这是新中国成立以来唯一获得国家奖的苹果品种，也是截至目前我国推广面积最大的国产苹果品种。这一时期，秦岭北麓成为中国的苹果适生区。

2005 年，西北农林科技大学在渭南市白水县建立了全国第一个苹果试验站。赵政阳教授担任首席专家，会聚学校相关学科 20 多名专家，采取“1+4+4”，即学校 1 名专家带 4 名县级技术干部和 4 名乡级技术人员的模式，使苹果产业以燎原之势在渭北旱塬遍地开花。

林皋镇北马村曾是贫困户的林秋芳，从 2015 年开始在专家指导下种苹果，现在是远近闻名的“林百万”。“我的苹果按个卖，最高能卖到 20 元，一亩地可以净赚 6 万多元。”林秋芳说。

2012 年，学校与延安市政府合作共建了洛川苹果试验站，国家苹果产业技术体系首席科学家马锋旺带领团队选育新品种，革新栽培模式，大力推动矮砧密植栽培技术，实现了我国苹果栽培制度由传统的乔砧密植向现代的矮砧集约高效方式转变。2020 年，洛川县苹果总产量达 95 万吨，苹果产业综合收入突破百亿元，全县依靠苹果产业实现脱贫摘帽。全县 49053 户果农，今年近 90% 收入超过 10 万元，28% 超过 20 万元，不少农户年收入超过 50 万元。

在榆林市子洲县，2016 年起，以马锋旺教授和国家苹果产业技术体系延安综合试验站站长邹养军为首的专家们，帮扶子洲县清水沟现代农业产业园区发展山地苹果 1300 亩，先后引进"秦脆""秦蜜""华硕"等 10 多个新品种。

根据发展趋势，2020 年，学校又在榆林市米脂县建立国内首个山地苹果试验示范站。这是该校在陕西建立的第 4 个苹果试验示范站，也是助力苹果产业中心区"北扩西移"，为巩固陕北脱贫攻坚成果、助力乡村振兴作出的新探索。

在陕北山地，学校专家推广苹果矮化密植、肥水膜一体化、免套袋栽培、病虫害绿色防控等新技术，清水沟现代农业产业园区产值连续三年超过 2000 万元。目前，该园区带动周边村镇发展山地苹果超过 10 万亩，子洲山地苹果发展 30 万亩。"优势在山坡，致富靠苹果"成为老百姓的共识。

从秦岭北麓到渭北旱塬，再到陕北黄土高原，西北农林科技大学助推陕西苹果版图北扩约 200 公里，扩种 210 万亩，形成了渭北南部、渭北北部和陕北山地三大产业带，支撑黄土高原成为全球公认、世界最大的优质苹果产区。

目前，全省注册苹果品牌 519 个，"洛川苹果""延安苹果""咸阳马栏红苹果""白水苹果"4 个品牌荣登中国果品区域公用品牌价值榜 10 强。其中，"洛川苹果"位居全国水果类品牌价值榜榜首，"延安苹果"品牌位居全国苹果品牌价值榜前三，带动陕西省苹果产业高质量发展。

"小苹果"成就"大振兴"

"让陕北苹果成为最好最合适的产业，农业科技工作者责无旁贷。我们要用科技创新驱动苹果全产业链，实现高附加值，推动苹果产业绿色优质高效发展，助力革命老区乡村全面振兴。”马锋旺认为，有四方面工作要做：一是提质增效，二是节本增效，三是增产增效，四是品牌增效。

品质是效益的根本，苹果品质的提升首先靠的是品种。目前，我国苹果产量占全世界55%左右，但90%以上为国外引进品种，我国自主培育品种占比不到10%。

2015年以来，西北农林科技大学相继选育出“瑞阳”“瑞雪”“秦脆”“秦蜜”“瑞香红”“秦霞”“秦帅”等优良新品种，在陕西、甘肃、山西等黄土高原苹果主产区以及西藏、川西等冷凉气温山区相继推广，受到了群众认可和欢迎。

2022年，5亩“秦脆”为延安市洛川县石头镇背固村果农崔卫东带来了18万元的收入。2019年春，他栽植了5亩“玉华早富”。8月，在洛川苹果试验站举行的一次果农培训中接触到新优品种“秦脆”后，他狠下心毁了刚栽的果树，在次年春季种下了“秦脆”矮化苗。经过邹养军研究员的指导，采用矮化密植、节水灌溉和配方施肥，栽后第二年就收入4万元，平均一个苹果卖到了10元以上。“不怕不识货，就怕货比货。好东西就能卖上好价钱。”崔卫东高兴地说。

开展果园机械化、省力化栽培研究，是节本增效的重要手段。在陕北山地，西北农林科技大学的专家团队引进了果园无人机喷施药肥。在洛川县蹲点、建立苹果基地30余年的洛川苹果试验站站长安贵阳研究员介绍，无人机一天可实现作业200亩到300亩，极大提高了劳动效率。

增产增效，就是要提高单产水平。翟丙年教授作为国家苹果产业技术体系土壤和产地环境污染管控与修复岗位科学家，通过14年长期定位试验来研究增施有机肥、有机无机肥配施对土壤物理、化学和生物学性质的影响，形成了利用生物有机肥、微生物菌剂、生物质炭、矿物型土壤调理剂改良修复土壤技术，集成了“一喷二盖三调控”旱地果园土肥水综合管理技术模式，在渭北旱地及延安、榆林山地进行大面积推广应用。

陕北山地果园90%属于旱作雨养农业。赵西宁研究员构建了雨水集聚深层入渗技术，实现当季降水到根区土壤水的直接补给利用，有效提高了自然降水利用率，同步缓解了干旱缺水和水土流失问题。“黄土高原旱作果园雨水集蓄根域补灌技术”在地处黄土高原7个县区的苹果园进行示范应用，是农业农村部2021年的主推技术之一。

目前，延安市苹果种植面积达331.7万亩，约占世界的1/20、全国的1/9、陕西的1/3。2021年苹果产值达219.1亿元，其中2012年至2021年为产值增长最快时期，年均增长14.3亿元，农民人均苹果纯收入由5250元增加到9688.6元。无论是产业规模、果品质量，还是品牌影响力，都是中国苹果的佼佼者，已经成为中国乃至世界重要的优质苹果生产基地。

党的二十大报告提出，建设现代化产业体系，着力提升产业链供应链韧性和安全水平，加快构建新发展格局，着力推动高质量发展。在科技的助力下，苹果产业带动广大群众从全面决胜脱贫攻坚走向乡村振兴，高质量实现就地就业和创业，成为脱贫、富民、振兴的典范。

“产业发展是实现乡村振兴的现实基础，是实现稳定脱贫和持续增收的长效措施。”西北农林科技大学校长吴普特表示，西北农林科技大学在苹果产业方面有着深厚的研究积淀、人才支撑和成果贡献，全校上下要认真贯彻落实党的二十大精神和习近平总书记在延安考察重要讲话精神，立足特色资源，发展优势产业，让“小苹果”成就“大振兴”，让广大农民共享现代化发展成果。

（2022年11月10日）

第六辑

教育领域综合改革全面深化

教育与经济建设协调发展的一个好典型
——山东省平度县教育工作考察

本报记者·朱世和　鞠庆友　《人民教育》记者·高文元　李国早　通讯员·张增伦

这几年，山东省平度县教育工作的经验受到教育界的广泛关注。人们到平度听一听县委、县政府对教育工作情况的介绍，看一看平度的学校，了解一下毕业生在各个岗位上的表现，都会感受到一股蓬勃向上的力量。参观过平度的同志，有的说，平度县委是有远见的县委，真正把教育事业放在了突出的战略地位；有的说，平度是教育与经济建设协调发展的一个好典型，从这里看到了我国农村教育的希望。更多的同志希望从平度的经验中得到启发，探索一条发展农村教育的路子。

那么，平度县教育工作的主要经验是什么呢？带着这个问题，我们于1987年12月在参加了国家教委和农牧渔业部在平度联合召开的“农村教育为当地经济建设服务经验交流会”后，进行了一段时间的采访，希望能对关心平度教育工作的同志提供一点材料。

平度县位于胶东半岛西部，属青岛市管辖，人口124万，面积3166平方公里，是山东省的大县之一。自然条件好，适宜种植小麦、花生、棉花，大泽山一带适宜葡萄、苹果等多种果品的生长。地下资源丰富，品种多、储量大，有石墨、黄金、大理石、花岗石、滑石等20多种矿藏，石墨的蕴藏量位居全国第一。

这样一块有着优越的自然条件和地理位置的宝地，在历史上却是胶东的一个穷县。直到1978年，人均收入还只有75元，靠吃国家统销粮过日子。

党的十一届三中全会以来，平度县委、县政府从实际出发，逐步建立和完善了统一作物种植计划，统一购置、管理大中型农机具，统一规划和进行农业基本建设等“六统一”下的家庭联产承包责任制，调动了广大农民的生产积极性。同时，进行了大规模的农田水利建设，使有效灌溉面积达到 187 万多亩，占耕地总面积的 72%，兴建了化肥、电力等方面对平度农业发展有决定作用的几个企业，为农业稳产高产创造了物质条件。与此同时，切实抓了教育工作和科技推广工作。1978 年以来，平度的农业连年增产。1986 年粮食亩产有 1100 多斤，总产达到 18.1 亿斤，同 1978 年相比，亩产翻了将近一番，总产增长 66.2%。从 1983 年以来，每年向国家交售商品粮两亿多斤，占青岛市的 40% 多。1986 年棉花亩产皮棉 122 斤，总产 29 万担，同 1978 年相比，亩产翻一番，总产增长 92.4%。1986 年花生亩产 502 斤，总产 3 亿斤，同 1978 年相比，亩产翻了一番还多，总产量翻了两番多。1986 年果品达到一亿多斤，比 1978 年增加 6000 万斤。1982 年以来，乡镇企业逐渐兴起，到 1986 年全县从事乡镇企业的人数达到 12 万人，占农村劳动力的 23%，产值为 7 亿多元。1986 年，全县工农业总产值达到 15.3 亿元，比 1978 年增长两倍多，农民人均纯收入为 670 多元，比 1978 年增长 8 倍多。石墨、大理石开始销往日美英等 20 多个国家和地区。黄金年产量超过万两。1986 年，平度被国家和山东省列为粮食基地县、出口棉基地县、果品基地县和优质小麦基地县。

前几年平度经济所以能上去，有多方面的原因。其中靠政策调动广大农民的积极性起了很大作用。要使平度的经济在现在的基础上再跨一个台阶，就要进一步提高农业的经济效益，促进农业劳动力继续向非农产业转移，加快发展乡镇企业。平度县委、县政府的领导同志在党的十二大、十三大精神的鼓舞下，对发展平度经济是颇有雄心壮志的。他们确定的全县经济和社会发展的战略思想是：强化农业，大上工业，搞活流通，狠抓科教。主要措施是：增加对农业的投入，大力推广实用技术，逐步推行集约化经营和适度规模经营，提高农副产品的商品率；大力发展乡镇企业，建立以食品加工、矿产、建材、纺织、机械为支柱的外向型创汇生产体系；利用本地资源搞好"外引内联"的经济技术合作，对外实行全方位开放，逐步建立起一个外向型的农村经济体系，变资源优势为商品经济优势。按他们的规划，到 2000 年，工农业总产值有把握达到 66 个亿，比 1980 年翻三番。

在这几年抓经济的过程中，很多事例使平度的各级干部认识到，要发展经济必须靠知识、靠人才。1985 年至 1986 年，张戈庄镇在农民文化技术学校先后举办了 48 期花生地膜覆盖种植技术培训班，使 200 多名在乡初高中毕业生和绝大部分青壮年农民掌握了这一技术，从而创造了万亩花生超千斤的全国大面积花生单产最高纪录。距县城不远的焦家寨锅炉辅机厂是该县最早建成的锅炉厂，1984 年产值曾超过百万元，以后却逐年下降。究其原因，是厂的领导班子文化水平低、不善管理，工人素质差，在同行业竞争中打了败仗。地处田庄镇的青岛第四铸造机械厂，原来是个只有几盘烘炉、10 多名铁匠的小农具修造厂。这些年来，这个小厂把提高职工素质当作企业发展的关键来抓，与高等院校和科研部门挂上了钩，送出去学，请进来教，使 270 名职工的技术水平平均达到三级以上，还培养出 8 名助理工程师和 24 名技术员。现在这个厂已能生产 10 多个系列 100 多个品种规格的产品，近几年，产值每年递增 28%，利润每年递增 15.4%，1986 年完成产值 331 万元，实现利润 53.1 万元。要致富，得有技术；要生财，得有人才。这是广大农村干部从现实生活中得出的结论。

1986 年，平度县聘请有关专家帮助县里制定了《平度县经济、社会、科技总体发展规划》，搞了人才预测。据测算，从 1987 年到 2000 年，总计需要各级各类科技人员 1.8 万多人。而目前平度只有科技人员 7000 多人，其中工程、农业科技人员又仅占科技人员的 23%。广大农民的文化科学水平不高，具有初高中文化水平的只占全县人口的 23.5%。到 1986 年底，全县农业上还有 11.4 万个剩余劳动力，其中相当一部分是因为文化素质低、缺乏专业技术，转移不出去。人才匮乏和劳动力素质差与经济发展的需要形成了尖锐的矛盾。怎样解决这个矛盾呢？县委书记单承志说：“人才，光靠国家分配不行，靠招聘也不行，最重要的是靠我们自己办好教育来培养。十年前的教育，是今天的经济；今天的教育，是十年后的经济。”要使平度经济振兴，当务之急是进一步提高工农业的技术水平，提高劳动者的素质，提高企业的管理水平。要做到这一点，根本的办法是大力发展教育事业，使经济建设逐步转移到依靠科技进步和提高劳动者素质的轨道上来。这就是平度县委、县政府的认识。近十年来，平度历届县委、县政府都是非常重视教育的。这两年同过去有所不同的，就是对教育的重要性的认识更加深化了，对办好教育同本县经济的关系看得更清楚了，抓教育改革的自觉性更强了。他们从当地经济建设的需要出发，把基础教育、职业技术教育和成人教育作为一个整体来抓，“三教”统筹，协调发展，为平度经济和社会发展，培养有良好素质的劳动者和适应需要的中初级技术人才。

从 1982 年起，平度就从本县的实际出发，实行“分级办学、分工管理”的体制，把发展基础教育的任务落实到乡镇、村庄，在各乡镇建起了中心幼儿园、中心小学和中心中学，形成了一个较好的基础教育的体系。全县现有近 800 所中小学校，在校生 22 万多人。从 1980 年以来，基础教育向全县输送了 9 万多名德智体全面发展的新型劳动者，为劳动大军注入了新的活力，同时每年向大中专学校输送 1000 多名新生。他们计划从 1988 年到 1990 年，分三批在全县实施九年制义务教育，所需师资、校舍、经费都已落实。

从 1984 年起，平度下力量抓职业技术教育。根据平度农业经济区域特点和产业结构调整及人民群众生产生活的需要，确定职业技术学校的布局和专业的设置。在全县先后办起职业高中 5 所，职业教育中心、职业中专各一所，在校学生达到 4500 人，占高中阶段在校生的 48.6%。职业技术教育初步形成体系。几年来，职业技术学校向全县输送毕业生 1339 名，他们中的大部分被县、乡、村企事业单位录用，回到村里的也大都成了当地的技术能手和科技带头户。

平度的成人教育从 20 世纪 50 年代以来，一直是搞得好的。1982 年后，成人教育从文化学习为主转向以实用技术培训为主。现在县里有成人中专和农民师资培训学校，45 个乡镇都有农民文化技术学校（乡成人教育中心），937 个村庄办了农民文化技术夜校，县乡企业办了 40 多所职工夜校。成人教育也初步形成体系。成人教育的学校数、在校生数已相当于普通中小学的学校数和学生数。成人教育不仅为青壮年农民提供了学习新知识、新技术的机会，而且使 5 万多名回乡初高中毕业生接受了不同门类、不同层次的职业技术教育，帮助他们掌握一技之长。

教育与经济的协调发展，使平度人才匮乏的问题开始缓解，劳动者的文化技术素质正在提高。在农业方面，农民技术员已有550多名，比1980年全县农林水科技人员总数还多140多名，而且有了农民助理农艺师；在乡镇企业方面，培养出助理工程师62名，技术员900名。

从1984年起，平度县建立了人民教育基金制度，连续三年共筹集人民教育基金3000多万元，加上县财政三年教育经费拨款3500多万元，使教育经费将近翻了一番，为全县教育事业的发展提供了稳定可靠的经费来源。

为了平度经济的振兴，为了平度人民更加美好的明天，这就是平度重视教育，舍得拿钱办教育，抓好教育改革的出发点。

（1988年1月26日，有删改）

点燃每个人的发展激情
——陕西蓝田管理评价创新推动教育发展纪实

本报记者・王友文

2007年秋季开学，陕西蓝田县小寨初中的张建安校长就收到了一个好消息，从本学期起，学校从县里的二类学校升格为一类。虽说从二类成为一类，今后每年需要面对更高层次的考评约束，学校的发展压力更大，但是张建安依然很高兴。毕竟，这是县教育局对学校实行"教育教学梯次式动态目标管理评价"的最高认可。

而这，仅是蓝田教育发展的一个缩影。"梯次式动态目标管理评价"体系运行三年多来，蓝田根据每所学校的不同禀赋分层设立发展目标，分层管理评价，根据学校的发展成就动态调整，促使每一所学校都奋发有为，使得每一所学校发展的活力都被"点燃"，蓝田的教育在快速发展中实现了整体提升。

师生和学校都要在原有起点上发展

以盛产蓝田玉而享有盛名的蓝田县隶属西安市，但令蓝田人尴尬的是，2007年，该县是全国副省级城市所属县区当中唯一的贫困县。全县年财政支出1.8亿元，而财政收入却不到5000万元。蓝田县境内地貌的复杂也深刻地影响着教育的发展水平，山岭面积占全县面积的80%以上。教育整体水平不高，而且办学水平差异巨大是当地一直面临的难题。

如何调动起每所学校的发展激情，使蓝田教育发展的步履不再如此蹒跚？这是教育局长田征上任之初面临的最大难题，要让全县所有学校都齐步跑，说起来容易，实施起来却并不乐观。毕竟差距就摆在那儿，一把尺子抹平，较低发展层次学校够不着，而县里相对较好的学校似乎又缺乏明确的发展目标。

在投入尚无法实现重大突破的现实下，要实现全县教育的快速发展无疑工作要做到管理上，必须革新管理评价体系，让学校实现主动快速发展。怎样给制度本身注入人性化和创新的因子？勤于钻研的田征对此苦苦思索，他尝试着把量化管理应用到学校管理当中，最终形成了“教育教学梯次式动态目标管理评价”。

“梯次式动态目标管理评价”坚持一切从实际出发，在认同差异的基础上，确立管理评价的着眼点和立足点，寻求管理者和被管理者相互认同的结合点、切入点、突破点，以科学的管理评价培育生长机制，以发展的标尺评判事物变化，促使各层面管理对象实现螺旋攀升、全面推进、整体提升。

纵向管理评价、横向管理评价和目标向管理评价是三个重要维度。其中，纵向管理评价解决“是否提高”的问题，横向管理评价解决“是否发展”的问题，目标向管理评价解决“是否超越”的问题。有了这三维，纵向考查绝对发展增量，横向考查相对发展增量，目标向考查“最近发展区”发展增量，学校发展得快不快，相对速度又是多少、达到了什么样的发展层次都变得一目了然。

“我们认为，坚持尊重差异是教育的最大的公平，三维使每个人都有了奋发有为的机制。”田征认为，“梯次式动态目标管理评价”的主旨在于让学生、教师、学校等教育主体实现原有基础上的提高，提高基础上的发展，发展基础上的超越，不管条件再差，都要在原有起点上发展。

每所学校都有了“冲劲”

在白玉稳任尧山中学校长之前的五年中，该校没有获得过县级以上的奖励，教师没有获得过省、国家级奖励，学校虽然处于县里一类学校的管理层次，但是总体管理比较混乱，以至于事故不断。学校每年都要为此“买单”，少则几千元多则上万元。花钱不算，不少事故还严重干扰了学校的正常秩序。

教师们同样对现状很失望。白玉稳进校后，先摸底，依据实际情况，就近组类，把教师分成初发展型、发展型、优先发展型三类。初发展型教师只要求尽快适应教学，做好教学环节的基本工作；发展型教师要在三五年内成为骨干教师；优先发展型教师要向教研型、学者型转变。各型教师的教学任务和目标也不尽相同。不管哪类教师，一年内只要有明显进步就奖励。

就这样，教师的干劲被点燃了，每位教师都为自己经过努力就可能实现的目标下起了功夫。年级组的教师想方设法共同提高，教研组的教师齐心合力相互提携。两年下来，尧山中学从全县 27 名上升到 13 名，英语的单科成绩更是跃升到第 5 位。

"'梯次式动态目标管理评价'给处于不同层次的学校定下不同的发展目标，这些目标是通过努力能够达到的，并且完成预定目标后有奖励、有激励，你也就能更多地得到收获的喜悦，很好地解决了发展动力的问题。"张建安说，分层定标后，校长们不再感觉困惑、无从下手，毕竟可为、可实现才能激发人的斗志。

"'梯次式动态目标管理评价'有利于引导学校、校长结合学校的校情、学情、教情来制定具有学校特色的治校策略，从而使学校达到可持续发展的目标。"白玉稳感叹，这种管理体制可以说为有识之士搭建了展示的平台。"不用通过其他渠道，不需要托人、送礼、套近乎，只要把学校管好了，学校发展了，就会有名，局里就会给你肯定，这是为布衣之士创造的梦想剧场。"

改革改变了学校的教育生态

北关小学和县教育局一墙之隔，以前一到评优晋级的时候，教师会踩烂教育局的门槛。每当此时，校长赵润学只好关手机、离学校。评优晋级是和工资待遇直接挂钩的，一年名额就那么几个，谁不想往里挤？赵润学介绍，原来学校即使实行民主推荐也不行，照样会有教师不服气。

但是，自从"梯次式动态目标管理评价"实施后，赵润学不用再躲了。学校依据这一评价将教师分为三个层次，分别从 28 个方面提出了目标，对校领导层和后勤，也把校内情况和校外情况进行了比较，制定了详细的考核办法。整体上实行过程评价，年终检查兑现。就这样，学校一下子“安静”了，有关系的托人说情不灵了，没关系的也不用怕被挤掉而愁眉不展了。“现在根本不用再评选了，只要你工作，我们就考虑进去。局里给几个指标，就在榜上从上往下数。你说我还躲什么？”赵润学说。

“在实行‘梯次式动态目标管理评价’之前，奖项基本上都被中年教师拿走了，年龄大、年纪轻的教师基本没有机会。“梯次式动态目标管理评价”要求对教师分层定发展目标、分层考核，对年轻教师加快成长、年老教师保持激情都很有效果。”三里镇中心小学校长陈娟妮说，在基本目标、道德标准要求、业绩赋分方面，青年教师和中年教师的系数是不一样的，这就意味着老中青教师可以在同一个平台上竞争了，年轻教师们等和盼的少了，主动提高要求自主发展的多了。“梯次式动态目标管理评价”同样要求教师行为的改变，尧山中学的教师李武刚尝试改变，他不再以苛刻的面孔来面对学生，对全班学生分层定下目标，并且重点加强对后发展学生的点拨。结果证明，他的改变是成功的，刚刚送走的毕业班，各项指标都完成得非常好，师生关系再也没有像以前那样紧张，他还破天荒地收到了毕业生发来的短信祝福和贺卡。

“有了它，班级的管理风险小多了。”史家寨中学校长王应东说，“梯次式动态管理评价”不仅是一种模式，更是一种思想，有了它，每个人的智慧都被激活了。

梯次式动态目标管理评价让教育不再“偏”

“实事求是地讲，我们原来对后发展学生关爱不够。现在对学生进行了分类管理，对不同学生分类设定发展目标，效果很好。”史家寨中学副校长鲁武英介绍说，学校对于不遵守纪律、逃学的学生定下较低的目标，如果学生经过努力不逃学了就是发展，而学习好的学会关注别人了也是发展。他说这种“刻意”实践的突出成果之一就是学生中途流失的问题得到了极大的缓解，“后发展学生得到了更多的关注和帮助，他们自然就不再厌恶学校了，学校的娃的数量已经比两年前多出了 100 多”。

正是在“梯次式动态目标管理评价”的推动下，北关小学原本见怪不怪的现象没有了。在以前，课表当中音乐、美术经常被所谓的主科抢占，那是因为以前学校只对主科进行评价，而对历史、音乐、美术等不评价。“现在，所有科目都进入了学校的评价体系，不再分重点非重点，每个学科都定标，并且通过抽考的方式来监测。”教导主任张丽娟说，原来小科目他们是凭良心上，现在是不上不行了。

史家寨中学的宋波峰老师去年收获颇丰，先后被评为县先进教师、西安市先进体育工作者，这事要是在以往似乎不可能。像体育、音乐这样的小学科教师别说是市里县上拿奖，就是在学校也缺少评先评优的机会。说起“梯次式动态管理评价”起到的“纠偏”效果，王应东深有感触：“现在老师们各安其位，这对于我们本来相对薄弱的学科建设是好消息。”

从 2002 年蓝田开始实施“梯次式动态目标管理评价”以来，蓝田的教育在实现着整体快速提升，这个过去中考成绩每年都在西安垫底的县，一步一个台阶，今年已经坐到第八的“椅子”上。而全县义务教育阶段学生的入学率更是达到了 100%，小学、初中的巩固率分别提高到 98.6% 和 98.1%，这在贫困山区是罕见的。最近几年，结合“梯次式动态目标管理评价”的实践，蓝田先后有 198 名优秀中青年教师被提拔到教育教学管理岗位上来，一种注重德才兼备、求实创新、追求卓越的用人观正在当地悄然形成。

“虽然蓝田办教育的条件还比较艰苦，但是只要能在学校、教师、学生的潜能发挥上做好文章，教育同样能迈大步。”田征说，动态的管理体系可以不断为学校树立可能实现的发展目标，实现一步一个新起点的自主顺势发展，实现不断超越。

（2007 年 11 月 6 日）

深水区的突围

——上海教育综合改革调查

本报记者·陈少远　赵秀红　董少校

几年间，上海教育迎来了好几拨来探问的外国人——有美国《纽约时报》专栏作家托马斯·弗里德曼，有英国教育高级官员伊丽莎白·特拉斯和尼克·吉布。2016 年 5 月，世界银行也发出声音，要把上海对教育高效投入的做法，作为未来在全球各地推广的经验。

在 PISA（国际学生评估项目）测试中上海学生两次获得全球第一，在 TALIS（教师教学国际调查）项目中上海初中教师又取得 11 个指标的“世界之最”，这些都在牵引着外界的目光。

吸引关注的还有上海的多项改革——营改增、自贸区等改革的率先落地，表明上海正在成为中国新一轮改革开放的“试验田”。

上海对城市发展作了新的总体规划：到 2040 年，建设成为具有全球资源配置能力、较强国际竞争力和影响力的全球性城市。

“这个城市在生长，教育的基础性、先导性作用要充分体现，要形成教育经济社会发展合作共赢的协同联动体制。”上海市副市长翁铁慧说。2014 年，上海全面启动实施教育综合改革，三份对接区域重大发展需求的教育布局规划——“学科规划”“高教规划”“职教规划”随之面世。

改革如弈，攻防有技法，进退有分寸。深水区的这场改革，上海如何突围?

解死局——着此一子，满盘皆活

上海理工大学总会计师赵明把这所学校的“钱袋子”翻开数了数：2015 年，学校专项投入和经常性投入的比例约为 1∶3，分散投入和整体投入的比例达1∶3，而硬件投入和软件投入的比例已达1∶6。

两三年前，上海市高校的“钱袋子”还是另一番景象——在2012年市级财政高等教育经费投入中，经常性经费只占30%，专项经费占去70%。

这样的数字之下，是科研工作者积蓄已久的“牢骚”，也是我国科研体制的长期痼疾——不是钱少，也不是人懒，阻碍科技创新特别是基础研究的最大障碍，是投入结构和管理制度的不合理。

怎么把这个难局走活？上海抓住了“资源配置机制”这步棋。通过高等教育投入的“三个转变”，2015年上海市高校经常性经费和专项经费的比例已经调了个个儿！

细数高等教育投入“分账”，上海大学原总经济师张平伟——这个一辈子都在和教育财政打交道的“见证人”——说自己看到了根本性的改变：在教育部门的预算中，以专项投入为主变成以经常性投入为主；以各专项分散投入为主转向了以学校为单位的整体投入为主；而在专项投入结构上，以软件投入为主取代了以硬件投入为主，“比如像高峰高原学科建设中人才队伍建设经费，就可以达到50%”。

在结构上，高等教育投入还做到了“三个打通”——打通生均公用经费和经常性专项经费、打通“十大工程”专项经费和内涵建设经费、打通用于教师队伍建设的经费。

“上海市政府抓投入，实际上是在抓以投入为核心的资源配置。”翁铁慧说。作为市级财政高等教育投入机制改革试点，让高校自主统筹这70%的经常性投入该怎么花，上海走出了资源配置紧跟科技创新规律和教育发展规律的第一步。

2015年7月，赵明进入总会计师制度试点单位之一的上海理工大学。把这项在大中型国企实行的制度用于高校，上海开了先河。总会计师由政府部门选拔、任命、发工资，实行轮转任职，也让高校经费统筹安排的这只“监管之手”握到了实权。

改革是权力和利益的重新分配，有“放”也要有“管”。总会计师被赋予参与学校重大财务决策的权力，上海理工大学的重大经济活动，需经赵明和校长共同签署审批。同时，他也需发挥财务管理的专业能力，从内控管理上防范学校财务风险。

在如何“管”上，上海屡出新招，将以前条块分割的死局走活——建立以提高教育项目支出效益为目标的综合监督评估机制，关注点从分配管理转向绩效管理。例如，经过绩效考核后，零碎的小专项可以整合为一个大专项。“我们建立绩效评估指标体系，按照五年一轮的投入产出绩效比，对相应的系数和基数进行分配。”上海市教委财务处处长王家一说。

即使2014年就率先在全国整体一次性通过义务教育均衡发展督导认定，“择校”之困也困扰着这个在基础教育阶段有191万名（2013年末数据）在校学生的大城市。上海的一些“明星”公办小学周围，房价也曾一度爬高。对此，上海在扩大教育供给、加强优质教育资源辐射上动起了脑筋。

2014年起，上海陆续在浦东新区、杨浦区等区县开展民办中小学非营利制度试点，区县两级政府在推进免税认定、扩大财政支持范围和力度等方面给予重大支持。

东沟中学是浦东新区的一所公办农村中学，自2005年委托给具有较高教育管理能力的第三方管理后，一改基础薄弱、师生流失严重的旧貌，整体办学水平有了很大改观。

这是一着巧借外智的棋！

2007年，上海开始在全市启动委托管理，提升义务教育阶段薄弱学校办学水平。

2011年，上海又启动“新优质学校”推进项目，专门建设一批不挑选生源、不集聚资源、不争抢排名的“家门口的好学校”。

2016年5月，世界银行把全球基础教育发展论坛开到了上海。这在中国是首次。

在这场名为“公平与卓越”的论坛上，世界银行教育高级局长克劳迪娅·考斯汀表示，上海对教育高效投入的做法，将成为世界银行未来在全球各地实施教育项目时推广的经验。

布新局——深念远虑，谋略有数

访问上海回去后，弗里德曼在《纽约时报》专栏中写道，上海教育“其实根本就没有什么秘密”，他们只是长期在坚守优质学校的根本原则——教师互促教研，家长参与学习，教育管理者以最高标准要求学校……

尼克·吉布在上海听了几天课，他的反馈佐证了中国同行对上海基础教育的评价——基础扎实，具备一定科学性。

上海教育已初见改革“利好”，接下来要做什么？“减负增效——研究现在的教育中合理的东西，将其加强，而对那些不必要的过多负担，就要减掉。”翁铁慧回答，“立体综合的教育评价，是减负增效的基础。”正是因为参加了 PISA 测试，上海发现了“评价”这个可以经营棋局的关键一招。

评价需要系统设计、逐步实施。如今，一套从幼儿园贯通至大学，从学生、学校扩展至区域教育环境质量的评价体系，正在引导上海教育形成新的质量观。

小学一年级的学生，考 98 分和 95 分有什么大区别吗？幼儿园需要学习汉字吗？

在洵阳路小学，这些曾困扰家长的问题已逐渐不再是问题。在这里，一年级学生第一个月不用上任何课，低年级的课堂也不再按以往的语文、数学分科，而由老师自主设计跨学科融合课程。“我既像数学老师也像科学老师。”一位给学生上“海星研究报告”课的老师说。

随着“基于课程标准的教学与评价”（俗称“零起点”“等第制”）的推行，这样的观念在上海幼小领域逐渐盛行：遵循学生身心发展规律，小学一二年级不布置书面家庭作业，不进行书面考试，小学阶段不排名和变相排名……

其中最重要的是，采用分项等第与评语相结合，基于日常观察、提问、表现性任务等对学生开展多元过程性评价。

洵阳路小学四年级学生潘善伟最近为他的“阳光银行”存折增加了两笔

进项——因班级劳动表现优秀，得了 20 个云币，在校园艺术节扮演南郭先生，老师又奖励了 100 个云币。

“阳光银行”是洵阳路小学对学生进行过程性评价的配套激励措施。在上海，不少区县、学校进行顶层设计和细化研究，推动家校合作，在校本化实施“零起点、等第制”方面形成了可辐射的案例与经验。

从 2011 年起，上海基础教育每年都要经历一场“绿色指标”的综合体检：学生的学习动力是否科学，学业负担是否太重，教师的教学方式有什么需要改进，师生关系是否健康……10 个指标下又包含若干个子指标、观测点和评价方法，改变了以学业成绩评价学生的单一性。

拿到“体检报告”后，学校可以横向、纵向解读，以发现平常在教学中隐而不显的问题——谁说苦学才能拿高分？这份“体检”报告展示了学生学业成绩不断提高，但学生负担却比较轻的案例……

目前，上海市正在推进学校发展性督导，将绿色指标作为重要依据之一。与之配套，逐步推进中小学生综合素质评价改革的中学生成长记录册已引入绿色指标评价。

上海抓住了评价改革这一导向性环节。高中学生通过网上预约，就能进入社会实践基地开展志愿服务。一张电子学生证，可以让上海 140 万名中小学生“刷卡”进入多家社会场馆。读卡设备读取学生的电子学生证信息后，通过网络实时将相关信息传送至后台信息管理系统，实现对学生各种学习经历的记录。

各类社会课程资源丰富了学生的学习经历，并成为中小学生综合素质评价的重要组成部分。上海在高考改革中，将高中生的综合素质评价作为高招选拔的重要参考，其中包括品德发展与公民素养、修习课程与学业成绩、身心健康与艺术素养、创新精神与实践能力等四大模块。

截至 2016 年 6 月，上海已整合了各种社会资源，建立起 1673 个市、区两级学生社会实践基地（项目），为高中生开展志愿服务提供了近 32 万个岗位，学生参与社会实践的过程和信息将由专门系统写实记录，保证真实性。

高考改革是真正起杠杆作用和撬动作用的。2015 年，复旦大学、上海交通大学率先试点综合评价录取改革，取得了实效。2016年，试点改革的阵营扩增至同济大学等9所大学。

上海应用技术大学2016年春季高考的现场，人头攒动，其中有一个轻化工程（香精香料）专业受到热捧。怎么选拔“闻香”人才？自主测试环节，学生探鼻仔细嗅辨，并被要求对香气和气味作一番详尽合理描述。

春季高考并非新鲜事，包括上海在内的多地都有实践，但长期面临吸引力不够、报名人数少于招生人数的尴尬，在一些省份已被叫停。

自2015年改革以来，春季高考在上海重新焕发了生机。它首次向应届高中毕业生开放，并纳入了本科院校需通过面试等考核方式测评考生能力的部分特色专业招生计划，为考生提供更多机会。同时，因为增设学校面试或技能测试的环节，也成为应用型本科专业招生的重要平台。

评价改革的利好，在高等教育领域也开始显露。如果不是科研成果分类评价体系的改革，复旦大学信息科学与工程学院光源与照明工程系教授林燕丹的科研成果要得到肯定，可能还要走一段漫长的路。

她的研究是应用视觉理论研究解决驾驶舱的视觉安全问题。但因为相关领域没有建起论文体系，在“影响因子”这一项，她的成果没有数据支撑。在传统评价体系里，这对职务晋升非常不利。

得益于改革后的科研成果和职称评审体系分类考核评价制度，像林燕丹这样做应用研究的教师，在经历了严格评审后，其成果也能得到相应的公正评价。

“这样的评价体系是风向标，让青年教师和原来单靠论文体系不能获得好评的老师，有了更大主动性和积极性。”林燕丹说。

开大局——时世趋变，棋越一步

迪士尼乐园开张了，浦东迎来大量客流。早在一年前，浦东就做了准备，将区内东辉职校的景区服务与管理专业跟上海师范大学天华学院的旅游管理专业贯通，列为“中本贯通”的一个试点专业。

有人认为，对接未来市场需求的这一小步意义甚巨。“浦东姓改革”，它头上堆着多项响亮的改革名号，但不少分析指出，浦东要继续在改革深水区中前进，就必须直面产业总体仍处于全球价值链中低端、创新生态体系不完善等问题。

浦东是一个缩影，它所遭遇的问题代表了上海经济社会转型发展的困境。上海提出战略目标，未来要建成国际经济中心、金融中心、航运中心、贸易中心和具有全球影响力的科技创新中心。但在相关行业及战略性新兴产业，高端人才数量与比例仍明显不足。

启动教育综合改革后，上海以本市经济社会发展、人口变化及人才需求趋势为依据，陆续推出“学科规划”“高教规划”“职教规划”三份规划，前瞻性地把教育发展的棋下早了一步。

浦东试点旅游管理专业贯通培养，可以在《上海现代职业教育体系建设规划（2015—2030年）》找到依据。对应20个国民经济行业门类，这份规划将促进上海重点发展的14个专业门类做了细致的布局调整，同时从学校和区县的维度，铺开了上海未来职业教育发展的蓝图。

上海第二工业大学掀起了一场改革“风暴”——所有专业经历了一次是否符合社会需求、是否对应国家以及上海市的发展战略的论证，在未来社会无法立足的专业都从目录上被删去。

如何为上海培养面向未来的高素质劳动者和知识型、发展型技术技能人才？上海效法世界职业教育体系，打通职业教育的结构壁垒，搭建开放、衔接、融通的现代职业教育体系。同时，推动“双证融通”改革，开发试点专业的国际水平专业教学标准来提升教学。

自2013年起，浦东新区陆续设立“中高职贯通”“中本贯通”试点专业，它们都对接了浦东未来的产业结构布局——“民航安全技术管理”等专业意在服务国际航运中心建设，而“数控技术应用”“机电一体化”等专业则对准先进制造业和大飞机项目的需求……

上海大刀阔斧，推出《上海高等教育布局结构与发展规划（2015—2030年）》，对高等教育重新排兵布阵，改“一列纵队”为“多列纵队”，构建起以人才培养主体功能和主干学科专业集聚度为主要区分标准的上海高等教育分类发展体系。

新的高等教育布局出现了学术研究型、应用研究型、应用技术型和应用技能型四种类型和综合性、多科性和特色性三种类别，上海高校都可以在这个“二维”分类体系“十二宫格”中确定自己的目标和定位。高校分类管理体系随之建立，实行高校分类管理、分类评估、绩效拨款，引导上海高等学校进一步明晰办学定位和发展目标，在各自领域追求一流。

在浦东张江高科技园区，新成立的上海科技大学令人瞩目。这所由上海市政府与中国科学院共同举办的多科性、研究型大学，将服务国家战略写入办学理念，意欲推动大学、国家级科研机构和国家级创新园区联动，推动教育、科技、创新创业融合发展。

它下设物质、生命、信息三大理工科学院和免疫化学研究所、iHuman研究所（专注于人类细胞信号转导的基础和应用研究），瞄准相关领域的前沿科研动向，对制约我国转型发展的重大问题开展研究，探索科技解决方案，并专门设立创业与管理学院，推进创新创业教育和实践。

“上海要建设科创中心，要原始创新，也要将高校的科研成果产业化。”上海理工大学党委书记吴松说。在“十二宫格”的棋盘中，上海理工大学是多科性应用研究型大学的站位，这类学校怎么服务上海发展大局？吴松举出一例：该校科研团队将掌握的太赫兹核心技术推向市场。

太赫兹技术被誉为“改变未来世界的十大技术”之一，在军事、医用检测、通讯等领域都有广阔应用前景。上海理工大学成立太赫兹技术研究院，通过校企合作，推出太赫兹人体安检仪、太赫兹肿瘤细胞诊断仪等一系列应用型科研成果。

上海还重点建设了一批行业特色鲜明、专业设置与职业岗位联系密切的应用技术型高校，引导和鼓励一批市属本科高校向应用型转变，并开展应用型本科专业转型试点建设，自 2014 年 9 月至今已经完成两批。

如何让学科建设支撑上海经济社会的繁荣发展？上海启动了高校高峰高原学科建设规划，要求重点建设一批国内领先、国际一流的高峰学科和若干高峰方向，并强调通过同城协同，建设能支撑战略性新兴产业、上海经济社会发展急需但尚未布局的学科。

“上海的医疗资源丰富吗？没有经过深入调查，难以理解上海医疗人才的紧缺情况。”上海教委相关负责人分析，未来随着深度老龄化趋势愈演愈烈，对医学人才需求将更加强烈。“上海医疗队伍的布局不平衡，中心城区集中，远郊农村地区非常紧缺。”根据经济社会发展趋势和未来行业人才需求结构，《上海高等教育布局结构与发展规划（2015—2030年）》将未来供给的人才重点确定为医学、艺术学、经管、法学、理工农和文史哲教六大类别。

在规划中，未来医学类在校生规模占比将达9%左右，并强调加快培养全科医师、康复医师以及其他高层次医技、医护人才。上海已作出规划，到2030年，六大类别学生各自要占据多少份额。“上海的投入要有明确指向性，盲目投入就是教育资源浪费。”张平伟说。

解了死局，满盘皆活；布了新局，谋略有数；开了大局，海阔天高。自2014年起步，这盘大棋就在证明一种改革思路——胆子大，棋路才能愈加宽广；步子稳，棋局方显运筹帷幄。这盘棋为什么这样下？老话说得好，不破不立，不塞不流，不止不行。细味其中，这盘棋更像是上海教育的今昔在对弈。若想更深入理解上海教育综合改革的谋略和考虑，我们既要溯洄从之，看看道在何处遇阻，又要溯游从之，向着前方而去，用更深远的眼光去寻找动因，才能在深水区成功突围。

（2016年6月27日，有删改）

河南沈丘：教育作风大整顿动真碰硬

本报记者·李见新　通讯员·丁玺　李源

“个别教师把自己的孩子送到外县上学，还谈什么教育自信；少数教师热衷有偿补课，把学生当‘摇钱树’……针对上述问题，我们开出了‘动位子、扎笼子、打板子’三剂良方，在全县教育系统作风整顿中动真格。”日前，河南省沈丘县副县长、县教体局党组书记孙自豪在全县教育系统作风大整顿会议上的发言掷地有声。

作风大整顿开展两个月来，问责 57 人、通报批评 28 人，沈丘县教育系统作风建设取得明显成效。

动位子，没有特例

“积极工作才是最大动力，岗位不是‘铁交椅’，我转岗后，让年轻同志多锻炼，这也是工作需要。”沈丘县教体局人事股股长高万勇说。已在这个岗位上工作了十几年的他，被调整到其他岗位后十分坦然。

针对县教体局机关个别股室存在的政策棚架、为官不为等问题，沈丘县明确规定“重要职权股室负责人任职满五年者必须轮岗；在调整时年满 55 周岁，任满一届至退休者必须轮岗；涉及项目的股室负责人必须轮岗”，并按照“公开公平、人岗相适、以岗定人”的原则，在局机关 26 名股室负责人中，轮岗交流 20 人。

未动而先谋。早在作风大整顿开始前，该县教体局就下发通知，面向社会和基层教师开门纳谏，听诤言、察实情，收到电子邮件 630 多封、手机短信 470 多条、邮政信件 31 封，其中信访举报类就占 30%。

在全县教育系统在编在岗人员中，通过单位推荐、公开评议、组织考察的方式，公开评选1872名优秀人才，建立基础人才库，挖掘教育教学和管理人才，优中选优、公开选拔60名管理和业务类后备干部，建立后备干部人才库，解决人才断层问题，空缺递补、定期更新、优先重用，充分发挥人才支撑作用。

沈丘县教体局还调阅22个乡镇中心校、初中学校五年来的财务资料，进行经济责任审计，考核各中心校人员2016至2017学年度业务，组织教师集中推荐3～5名优秀人才，要求班子成员深入基层走访、座谈、调研，掌握大量线索，甚至对被调整、拟提拔对象8小时之外的生活圈进行侧面了解，综合掌握各类信息、问题材料及群众口碑。

该县教体局通过制订周密方案、严谨议事程序，按照党组成员“只要有一人提出异议就予以否决”的原则，一气呵成，在全县22名中心校校长中选拔调整19名。同时，全县22名中心校会计也全部交流，并由中心校提名、县教体局考察，优中选优，选拔20名初中校长。

“这次选拔阳光公开，只要你的业绩优秀，想不进步都难。”新任纸店镇中心校校长王余良说。此次选拔全凭业绩、口碑，没有一个特例，是这批新任中心校校长的共同感觉。

动位子，动出了活力，动出了干劲。让台上的同志“压力山大”，让台下的同志“山大的压力”。不能胜任者下、为官不为者下、业绩平平者下、蒙混过关者下、问题突出者下、廉洁自律“一票否决”者下。这次乡镇中心校、县教体局中层股室人员调整共涉及142人，受到了上级领导、社会各界、一线教师和学生家长一致“点赞”。

扎笼子，用制度说话

教育系统人多事杂，特殊教师群体不宜“一刀切”，需严格管理，更需人性化制度。为此，沈丘县教体局研究出台了《关于特殊教师群体“一事一议”实施办法》。

“在基层干了30年，对教育教学工作熟悉，到新岗位工作也得心应手。”

该县教体局基础教研室副主任王新平说。他在纸店镇一中历任团总支书记、教务主任、副校长、校长，兢兢业业、任劳任怨，本是公认的校长热门人选，但因年龄没能如愿。根据教师资源合理调配制度，他被安排干“老本行”——从农村中学校长岗位上转调到县教研室任副主任。按以往“惯例”，这几无可能，但现在却变成现实。

“没想到从乡镇调回城区的调令下得这么快！家里的事情处理好了，我就能全身心投入工作。”李老庄乡一中教师刘慧敏说。刘慧敏的丈夫、公爹因病去世，她要照顾上学的孩子，30多公里的路程，让她对学校、家里难以兼顾。刘慧敏交上申请书，没费事，按特殊教师群体“一事一议”制度，县教体局人事部门很快就批准了。

针对教师队伍无序流动、城区学校超编、吃空饷等突出问题，沈丘县出台《关于有序推进教师资源合理调配的实施意见》，本着“县城互调、乡镇互补、以岗定编”的原则，调配县职教中心、县教体局勤管站、县教师进修学校富余人员215人，根据学科、特长、身份、专业合理调配，优先弥补学校教学人员不足，再补充到安保、花木工、水暖工、寝管等后勤岗位，逐步解聘幼儿园等学校自聘后勤人员，缓解财政压力。

过去，评先、晋级、调动存在人为操纵、随意性大等问题，饱受诟病。今年，沈丘县出台《关于评先晋级招教等重大事项公开公示实施办法》。教师评先工作，采取“阳光三公开”的方式：评先方案公开、评选过程公开、评选结果公开。全县评出的600名优秀教师、优秀教育工作者，无一人遭到举报，效果十分显著。

沈丘县教体局印发《教育行政部门“我决策我担当　你办理你负责”的实施办法》《关于在教育系统开展“大调研、大走访”的实施意见》等20多个文件，其中规定的八项制度正在试行，精准聚焦，管住人、管好事，做到接地气、尽人情、好操作、补空白、保稳定。

制度的笼子越扎越紧，“歪门邪道”行不通。沈丘县教学环境明显改善，能上能下成为常态，良好的教育生态已经形成，优秀者能看到希望，感到机会就在身边。

“作风大整顿动真碰硬，定制度、树正气、提精神，形成公平公正、尊师重教氛围，一线教师很有信心。”该县东城办事处回民中学校长李陆峰说。

打板子，问题“零容忍”

针对部分教师热衷有偿补课，学校办学经费被挤占、截留，项目建设乱象丛生，教师资源配置严重失衡等顽疾，沈丘县教体局标本兼治、重在治本，向虚浮假躁宣战、向吃拿卡要开炮、向为官不为亮剑、拿诬告陷害开刀。

“建立容错纠错机制，用好执法执纪、社会监督、舆论监督三把‘利剑’，对存在的问题零容忍。”该县教体局纪检组组长杨晖说，自从教育系统作风大整顿以来，该县教体局查处中午饮酒、无故缺岗等工作作风问题 85 人次，问责 57 人、通报批评 28 人次。

严查项目建设乱象。某乡镇一所幼儿园建设项目荒废多年，引发社会舆论关注，造成恶劣影响。该县纪检监察、司法机关果断出击，刑事拘留 1 人、给予党政纪处分 4 人。

“孙县长，教育作风整改是个大难题，近期你做的一些事让我重拾对教育的热情，但是还有些担忧，做事情难，做成事情更难。”类似这样的短信，孙自豪收到不少。

“受组织委派主持县教体局工作，不是为谋利而来，我对法律、纪律始终充满敬畏，不会畏手畏脚、一团和气，绝不会为蝇头小利、关系人情逾越政策底线，更不会踩踏法律红线。”孙自豪说，“我们决心撕开一个‘口子’，杀出一条‘路子’，坚守教育自信，跳出教育‘洼地’，比翼脱贫攻坚。”

（2017 年 11 月 23 日）

贵州省黔南州：一棵农家白菜的校园之旅

本报记者·禹跃昆　朱梦聪

黔南民族师范学院大二学生袁家杏最近很开心，因为她在学校吃上了妈妈种的白菜。她的家在贵州省黔南布依族苗族自治州平塘县卡蒲毛南族自治乡。“卡蒲，一直都是山清水秀，我从小吃的菜味道都特别好”。

吃上袁家杏家乡味菜的，还有全校1.6万名师生。一棵普通的农家白菜，如何被端上了大学的餐桌?

种菜记

平塘县是贵州省重点扶贫县[①]，卡蒲乡是全国唯一的毛南族自治乡。这里人均占有耕地不足1亩。记者穿行在山谷中看到，山坡上石头中间“见缝插针”种庄稼，而且爬山种地很难，很多村民只好丢荒。就是这样一块扶贫中难啃的“硬骨头”，2016年12月成了黔南民族师院的扶贫对象。

“扶贫就是要真正沉下身去，站在农民中间看问题。”黔南民族师院党委书记邹联克认为，只有坚持问题导向、群众观点，才能挖出真问题、扶助真贫困。

有一次座谈，一位村民试探性地说，自己种的粮食得留着自己吃，要不把多出来的菜收一收吧。

黔南民族师院党委副书记陈治松想，师院一共有1.6万名师生，每天食堂消费大米、猪肉、蔬菜等农产品10余吨，食堂每年需要采购农产品8000万元以上。一边是卖菜难，一边是需求大，扶贫何不从收购多余的蔬菜开始?

---

① 平塘县于2020年3月退出贫困县序列，脱贫摘帽。

“第一次去村里收购，老百姓挑着菜、抓着养的猪和鸡，来到了收购现场，有的甚至拿着一把葱来给我们。”陈治松说，量小、分散的问题摆在了师院的面前，“我们把这些农产品拉回学校，猪叫、鸡叫响彻了整个校园，当天晚上一直安排到凌晨 2 点多，才全部处理好。”

订单生产、规模种菜的想法应运而生。师院先后组织卡蒲乡村干部、村民代表两次到临近县考察产业扶贫，到学校食堂实地深入了解农产品需求情况并组织专家召开座谈会。

随后，师院拿出了一系列针对性的解决方案：联合发改、工商等部门，按照不低于市场平均价收购；师院定期集中进村收购，现场直接给付现金；签订农产品收购合同，村民种多少收多少，期限到 2020 年；师院组织涉农专业师生来村指导，一对一培训种菜，教会为止……

渐渐地，村民的眼神从质疑到信任。这个学校不会跑、种多少都能收、价格不低于市场……一传十、十传百，给黔南民族师院种菜的好事，一下子就传遍了毛南族同胞。

于是，在师院和驻村干部的引导和指导下，各村的合作社成立起来了，空闲的劳动力被分配到各个工种，弄种子、施肥、浇菜、收菜；原来一个村子分散种 20 多种菜，现在一个村规模集中种两到三种菜……

不经意间，村里的种菜结构得到了调整和优化，传统的生产方式发生了变化。“激发内生动力、注重产业扶贫”的理念，被扎扎实实地落到了黔南的大地上。

截至 2018 年 1 月，采购批次增加到了 43 批，采购金额从最初的不足 3 万元增加到了近 50 万元，采购品种数量从原来一次几个品种、几千斤增加到现在一次 10 多个品种 20 多吨，覆盖贫困农户从原来的 300 余户扩大到 3000 多户。卡蒲毛南族乡主要农产品增长相当于前五年总和，增速创了历史最高水平。

黔南民族师院 1.6 万名师生吃上了绿色的蔬菜。那么，平塘县有 10 个乡镇、121 个村、4.2 万名师生，全州有 12 个县市、61 万名学生。他们是否也能吃上自己父母种的菜呢？这里的贫困户是否也能真正脱贫呢？

送菜记

从 1.6 万到 4.2 万，这引起了平塘县委书记臧侃的注意。

平塘县有 4.2 万名师生，每月的营养午餐费是 450 万元，一年的营养午餐费是 4500 万元，同时平塘也是贵州扶贫的重点攻坚地区，69 个贫困村、15227 户贫困户、47128 人。如果也能让 4.2 万名师生吃上自己村子种的菜，尤其是贫困户种的菜，岂不是一举多得？况且师院已经做出成功的示范。

2017 年 6 月，平塘在全县推广校农结合的做法。

但一系列问题随之而来：相比于一所高校，全县中小学的覆盖面更广、路途更远、需求更分散。平塘县教育局营养办主任卢美亮说，全县共有 127 所学校，最远的地方距离县城 110 公里。

种菜容易，送菜成了难题。

同样是坚持问题导向，平塘在逐渐摸索中，碰到问题、解决问题。

针对覆盖面广的问题，平塘没有选择在县城所在地平湖镇，而是选择了县城的地理中心牙舟镇设立营养餐配送中心，进行蔬菜分拣，并采购了 18 辆运菜货车。

针对人手紧张的问题，平塘县教育局成立了专门的食品公司，利用市场手段解决人力资源、管理烦琐等难题，并把所有食堂承包下来、聘用当地人，统一培训、统一管理。

针对需求分散的问题，每个学校每周两次（周二、周五）固定时间统一进行需求信息网上报送。

针对贫困户，平塘县规定扶贫产业规划带上种植蔬菜，每亩补贴 400 元。

种菜有补贴、上门来收购，这让当地人看到了脱贫致富的好机会。

原本在平塘县营养餐配送中心工作的魏林敏，试着带领家里人把自家闲着的 4 亩地全部种上了菜，一年一下子赚了 3 万多元钱。魏林敏索性辞了职，把村里几家人组织起来一起在丢荒的土地上种菜。

通州镇平里河村“能人”龙剑彪原来也在外地打工，后来得知校农结合的好做法，回村创业，带领村里 2000 多人种了 1500 亩蔬菜，一天给平塘县基地运送 5000 到 1 万斤菜，后来被推举为村支书，成了村里的致富带头人。

慢慢地，这种做法进一步延伸到全州，荔波县、三都水族自治县、长顺县、惠水县不断加入进来。荔波县出台文件，将投资 2805 万元建设校农结合基地 5000 亩，覆盖全县 5 个乡，产品供应学校、医院、事业单位职工食堂等。

目前，全州 12 个县市已经启动校农结合工作，投入 1.03 亿元建成蔬菜基地 52 个、养殖场 125 个，采购本地农产品的比例达到了 45%，惠及建档立卡贫困户 7307 户 25488 人，人均增收 3000 元。

规模大了，供应与需求很难做到 100% 对接。对于学校而言，不够的菜还可以从市场上购进；对于农户、合作社而言，多种的菜怎么办？

卖菜记

陈治松想，为何不考虑把这用绿色水、自家肥种出来的菜，拉到最需要绿色、无公害的地方去卖呢？在黔南民族师院的积极联系下，卡蒲的菜第一次走出大山、走进了深圳蔬菜市场。

黔货出山了。

深圳供应商拿着深圳最严格质检机构的报告找到陈治松说，所有指标全部合格，甚至优于其他地方来的菜，卡蒲的菜，免检、全收！

这一次，卡蒲的蔬菜价格涨了 3 倍。

千里卖菜，让卡蒲老百姓获得了更高的收入，也让黔南民族师院获得了更大的转型方略：在省教育厅、省农委的支持下，学校筹措 150 多万元，在卡蒲乡建成了一个拥有农残检测中心、测配方实验室、适用技术培训中心的种养殖示范基地，农学、食品等专业学生来此实践，农民技术讲习所的牌子也挂了上去。无形当中，扶贫也有了可持续性。

多起来的不仅仅是菜，还有人的思想——

平塘的农户发现，收完菜总会剩下残叶，这些可以拿来喂猪，于是种菜的农户自家都会养上两头以上的猪，一头自己吃，其余的可以卖钱。

黔南州的学生发现，学校饭菜比以前香了；教师发现，不用再去操心买菜、做菜的事了，可以专心教学了。

黔南民族师院的教师发现，到了农村，课题研究落了地，回来后课堂也更活了；党委书记邹联克则发现，校农结合让干部们真正沉到基层去了，学校转型发展更有后劲了。

在荔波县玉屏镇福利村，村民玉如定以为记者一行是来收菜，塞了几个刚摘的橘子给我们，说："这是我们自家种的橘子，不来收菜莫得事，有空多来我们村转转。"

（2018年2月8日）

县域教育现代化的先行者

——山东省寿光市推进教育现代化系列报道之一

本报记者·苏令　通讯员·隋艳玲

山东寿光，这个以蔬菜闻名的县级市，教育改革发展也是亮点频出。从1992年以山东省总分第一名的优异成绩实现“两基”，到2000年在山东省率先基本普及高中阶段教育和学前三年教育，2002年率先提出“教育均衡发展”理念，再到2013年首批高标准通过“全国义务教育发展基本均衡县”验收，寿光教育先行先试，总是惊喜不断。

2015年4月，寿光市委、市政府决定在全国县域内先行先试推进教育现代化，并在当年10月出台文件，成立教育现代化领导小组，把实现教育现代化作为政府工作的核心目标，要求市镇两级党委、政府及各有关部门把推进教育现代化建设列入重要议事日程。

2019年，中国教育科学研究院专家组在研究论证后，认为寿光教育现代化发展水平达到了预期目标，为全国县域教育现代化的推进提供了范式。寿光教育现代化发展水平怎样？在推进教育现代化的过程中，进行了哪些探索、做出了哪些努力？为了一探寿光教育现代化的究竟，记者进行了实地采访。

各级教育实现高水平高质量普及

家住寿光德润绿城小区的魏乾坤，女儿在小区里的幼儿园读小班。该幼儿园以前是高收费的民办幼儿园，通过城镇居住小区配套园整治后，办成了小区配套普惠性幼儿园。“现在早上上班前，不出小区就可以送孩子，既方便又安全，还缴费少，实惠！”魏乾坤高兴地说。

实际上，像这样的普惠性幼儿园，寿光市共有178所，占寿光幼儿园总数的92.23%。寿光市副市长陈湘颖说，寿光的学前教育目前已经实现高质量普及，不仅学前三年入园率达到了100%，而且保教质量也在稳步提升。截至2020年6月，寿光市共有幼儿园193所，其中省一类幼儿园以上138所。寿光15处镇街全部被评为“潍坊市学前教育先进镇街”，其中文家、洛城、古城、羊口、双王城5个镇（街、区）所辖公办园全部是省级示范园。

推动各级教育高水平高质量普及，是《中国教育现代化2035》重点部署的十大战略任务之一。在寿光，义务教育阶段入学率、巩固率均达到100%，高中阶段教育普及率超过98%。

在义务教育阶段，寿光在2013年首批高标准通过“全国义务教育发展基本均衡县”验收的基础上，高起点规划学校布局，拓宽投资渠道，优先满足学校建设用地需求。与此同时，寿光市深入推进育人体系建设和课堂、课程改革，建立了市、区、校三级教研联盟体系，建立以发展素质教育为导向的质量监测机制，全面提升了育人质量。“为促进义务教育阶段学校的内涵发展，我们还加强特色学校建设，形成了‘校校有特色，一校一品牌’的良好局面。”寿光市委教育工委副书记黄本新说。

寿光的普通高中，也是一张闪亮的名片。各普通高中学校全面推行选课走班教学，关注学生兴趣特长，开展形式多样的生涯规划教育，为学生终生发展奠基。寿光鼓励各普通高中多样化、有特色发展，寿光每一所高中都立足学生年龄特点和需求，打造了特色活动品牌。寿光一中的德育模式改革、现代中学的学生多元发展、寿光中学的学生自主管理等，都成了特色品牌。

相比亮丽耀眼的基础教育，寿光的职业教育也毫不逊色。在寿光市委书记赵绪春看来，寿光经济社会的快速发展离不开职业教育的支撑。为此，寿光坚持优势资源向职业教育倾斜，市财政三年累计投入17.7亿元。目前，寿光已在全国职业院校技能大赛上先后获得42枚金牌，其“校园＋田园”新型职业农民培养模式也荣获国家级教学成果一等奖。

寿光市教体局党组成员、副局长张新坤告诉记者，从2017年开始，寿光市面向全市提出要求，将学前教育延伸到0—3岁婴幼儿养育服务。当年，寿光投资800余万元建立了19家婴幼儿养育服务中心。在向下延伸的同时，寿光也将教育体系向成人教育延伸。目前，寿光市老年大学每年招收学员2600多人。除此之外，寿光还探索开办网上老年大学、空中老年教育课堂等多种模式相结合的办学新路子，目前已注册的网上学员有5000余人。

各级教育高质量普及，民众满意度也随之提高。在2018年教育部委托中国教科院对31个省（市、自治区）328个县（市、区）进行的基础教育满意度综合测评中，寿光位居全国第一。

推动基本公共教育服务均等化

杨国萍是寿光市特殊教育学校教师。一次课间，杨国萍发现脑瘫儿童小华（化名）一直没有离开座位，走近一看，原来是拉裤子了。杨国萍很快打来一盆温水，拿来备用的裤子，给小华清理干净。而这，是寿光每一名特教教师的工作日常。

像小华一样的残障儿童，能否接受适合的教育，是衡量一个地区教育现代化实现程度的重要标志。除了在特殊教育学校就读，寿光适龄残疾儿童少年接受教育的主要方式有在普通学校随班就读和送教上门。寿光努力为残疾学生随班就读提供必要的便利条件，逐步实现了中轻度残疾儿童少年全部随班就读。目前，全市学前、高中适龄残疾儿童少年在园（校）率逐步提高，义务教育阶段残疾儿童少年入学率超过97%。针对不能入学的重度残疾儿童，寿光市特殊教育学校成立送教上门爱心团队，坚持每周送教一次，每次不少于3课时，目前已累计送教5000余人次。

在保障残疾儿童少年接受优质教育的同时，寿光也着力让偏远农村孩子享受和城里孩子一样的优质教育。为此，寿光市以同一标准建设城乡所有学校，通过实施“全面改薄”、安全饮水、困难学生救助、“互联网+教育”等多项工程，推动城乡义务教育一体化发展。目前，全市37所初中、94所小学全部办成了市级以上规范化小学，其中12所为省级规范化学校。寿光还全面推进办学改革，以集团化办学扩大优质教育资源覆盖面，以学区制改革实现“联盟校”团体发展，以特色创建促进学校内涵提升。这些“组合拳”，使农村孩子在家门口也能享受到优质教育。

除了义务教育，寿光的普通高中教育也是优质均衡的典范。和很多地方不同的是，寿光高中阶段采取划片招生政策，寿光一中、现代中学、寿光二中、寿光中学、渤海实验学校5所普通高中学校的招生，都有着严格的区域划分和明确的对口初中。“由于划片招生，寿光的普通高中并没有出现一家独大的局面，并且整体教育质量在省市均名列前茅。”寿光市教体局党组成员、教科研中心主任肖学军说。

作为“中国蔬菜之乡”，伴随着经济和各项社会事业蓬勃发展，寿光外地务工人员和本地进城经商的流动人口逐年增多。寿光市教体局明确规定，城区所有中小学全部向外来务工人员子女开放，确保全市随迁子女安置率达到100%。与此同时，寿光还健全家庭经济困难学生资助体系。今年春季，寿光为6361名中小学生（幼儿）发放国家资助金417.17万元。5月底，建档立卡、低保、残疾、孤儿、特殊困难家庭贫困学生的春季国家资助金全部发放到学生银行卡中。

“推动基本公共教育服务均等化，是教育现代化的基本要求，也是维护社会公平的基本途径。为此，我们努力让所有适龄儿童，不管是在城市还是在乡村，不论身体健康状况如何、家庭经济条件如何，都能享受到大致均等的优质教育。”寿光市教体局党组书记、局长韩效启说。

教育与经济社会发展和谐共振

红色的辣椒、紫色的茄子、绿色的葫芦挂满枝头，在寿光市职业教育中心学校一座砖混结构的日光温室内，记者感受到了浓郁的田园气息。

寿光市职教中心校长付伟宗告诉记者，这是该校先进种植技术实训中心，也是寿光市“校园+田园”模式培养高素质农民的教学基地。所谓“校园+田园”，就是通过“校园”把涉农专业学生培育成“准新型职业农民”，通过“田园”把农民培育成有文化、懂技术、善经营、会管理的“新型职业农民”。寿光市瀚兴蔬菜专业合作社理事长刘玉江就是“校园＋田园”模式下培养出的优秀农民代表，在他的带领下，1000多户菜农实现了发家致富梦。

“教育与经济社会发展和谐共振，是教育现代化的应有之义，而教育服务‘三农’、与当地经济社会发展和谐共振，也是推进县域教育现代化的必然要求。”韩效启说。

为破解教育方式与农民需求不能有效对接的问题，寿光联合有关院校、36个农业企业、315个家庭农场，建立了农药残留检测等13个校内学产研中心，以及三元朱国际农业科技培训基地等5个“国字号”示范基地、20个市级学研种植农场和521个村级教学站。同时，寿光大力推行“互联网+”，依托“种好地”App、“大棚小喇叭”微信公众号对接寿光农业信息化服务平台，实行学生“网上点菜”，教师“在线下厨”教学，引导学生创建学习型“创业致富共同体”。

截至目前，寿光市先后培育新型职业农民、致富带头人6870人，推广农业专利新技术60多项，该市农民专业合作社达2569家，已取得认证资格证的家庭农场1315家。富裕起来的寿光农民，充分享受到知识技术带来的成果和福利。据统计，2019年寿光市金融机构存款余额达到1064亿元，是山东省唯一过千亿元的县市，其中农村住户存款占到了60%以上。

除了为“三农”提供服务外，寿光教育也在助力工业企业发展。2019年，寿光市职业学校横向技术服务到款额2410万元，较上年增加1.5倍，面向在岗职工、退役军人、下岗职工、农民工、残疾人等开展职业技能提升、劳动力转移等培训服务127086人次，较上年增长33.1%。目前，寿光市有职业院校培养经历的员工占到了企业员工总数的90%以上，职业学校成为助推企业发展的强大动力。寿光职教中心还为下岗失业人员开展小儿推拿、面点制作、家政服务等培训，并成立安全培训中心，每年开展各类安全生产培训200多期、近5万人次。

寿光市还立足职业院校师资优势，构建了以学校教育为主、社区教育多元参与的“一主多元”继续教育培训体系，成立一所市级社区学院、15个镇街社区分院、127 个社区服务中心教学站，每年开展各类技能培训 6.5 万多人次。为了树社会新风，让群众有幸福感，寿光市依托职教中心培训处成立“书香寿光”悦读推广中心，协助社区成立了 100 多个庄户剧团、300 多个文艺演出队，每年组织 50 多场次公益演出，丰富了市民的文化生活。

“目前，寿光已建成首批 300 个乡村振兴示范村，文明达标村覆盖率达到 91.6%，其中，教育的引导作用功不可没。”韩效启说。

（2020 年 8 月 29 日）

短评

凝聚起推进教育现代化的强大合力

本报评论员

加快推进教育现代化，县域是关键点。2019 年，《中国教育现代化 2035》《加快推进教育现代化实施方案（2018—2022 年）》印发。而早在 2015 年 4 月，山东省寿光市委、市政府就决定在全国县域内先行先试推进教育现代化，把实现教育现代化作为政府工作的核心目标。

2015 年以来，山东寿光在推动各级教育高水平高质量普及、推动基本公共教育服务均等化、构建服务全民的终身学习体系、实现教育与经济社会发展的和谐共振等方面取得了显著成绩，为全国县域教育现代化的推进提供了范式。

寿光之所以能够成为县域教育现代化的先行者，主要得益于拥有一个推动教育改革发展的良好生态场，凝聚起了加快推动教育现代化的强大合力。而这个强大合力主要来自以下几个方面：

一是加强党对教育工作的全面领导。寿光以党建统领教育改革发展，各级党委把教育改革发展纳入议事日程，在基层学校创新实施党支部“四制工作法”，协调动员各方面力量共同推进教育现代化，为推进教育现代化提供动力之源。

二是坚持教育优先发展不动摇。寿光市委、市政府提出“教育的事先办、教育的事快办、教育的事急办”，每年约26%的财政收入投向教育，五年出台教育工作相关文件24个、研究教育高质量发展改革事项48次，为推进教育现代化提供了根本保障。

三是遵循教育规律、面向人人。教育现代化的核心是人的现代化。寿光聚焦“人的现代化”，以人的建设为核心，坚持“面向人人”提升办学质量。寿光以“县管校聘”激发教师潜能，以梯级培养工程提升校长办学治校能力，同时深化体制机制改革为校长、教师减负，激发学校办学活力。这些都为推进教育现代化提供了质量保障。

与此同时，寿光各级教育的高质量普及，教育与经济社会发展的良性互动，让老百姓尝到了甜头，形成了“人人关心教育，人人支持教育”的良好风尚，为推进教育现代化提供了良好环境。

教育现代化是一个宏大的课题，涉及各级各类教育，涉及教育的方方面面。有了强大合力，教育现代化的推进就会事半功倍，教育强国就会早日建成，中华民族伟大复兴就会早日实现。

乡村振兴　教育点睛
——共同富裕背景下的浙江美好乡村教育实践

本报记者 · 蒋亦丰[①]

浙东的稻蓬村，渔民朱苏芬在浙江海洋大学教授的帮助下科技养殖梭子蟹，一年挣了 12 万元。

浙南的杨家堂村，松阳县职业中专的学生修缮百年老屋，中国古村落变身为“网红打卡地”。

浙西的七里乡，衢州职业技术学院培训了一批农村经营者，百余家农家乐生意红红火火。

浙北的余村，天荒坪小学的学生在给游人讲解“两山”历史，述说着安吉绿水青山的动人故事。

……

浙江，农村居民人均可支配收入连续 36 年荣膺全国各省区市第一，是我国农业现代化进程最快、乡村经济最活、乡村环境最美、农民生活最优、城乡区域最协调的省份之一。

在产业振兴、人才振兴、文化振兴的时代篇章中，教育人行走在田间山头、江海湖泊，将智慧扎根土地，用行动筑梦未来。

一卷波澜壮阔的乡村振兴山河图，教育提笔，人才点睛，浓墨重彩。

做乡村产业振兴的“排头兵”——村里来了科技特派员

永嘉县界坑乡黄岙头村，曾是个农民人均年收入不足 3000 元的欠发达

① 本报特别报道组：周飞、陈宁一、禹跃昆、蒋亦丰、张春铭、高众，执笔：蒋亦丰。

村。2008 年，浙江大学副教授叶明儿以省科技特派员的身份来到村里。

“教师在学校要教好书，在地方必须马上解决实际问题。”叶明儿走门串户，排摸村里的种植产业，和老乡们聊起家常。叶明儿发现，当地海拔高、昼夜温差大的生态优势，非常适合种植高山茭白。他找来其他地区的优质茭白品种，对村民开展技术培训。他巧妙地设计了“茭鸭共生系统”，将水鸭放入茭白田地里进行养殖，进一步提升品质。

村民有些惊喜，原来种茭白也有奔头。村民有些感动，特派员一待就是十多年。在叶明儿的组织下，村里成立了茭白专业合作社，注册商标“楠溪源”。现如今，黄岙头村茭白种植规模 1300 多亩，仅此一项村民人均年收入就达 2.8 万元。乡亲们亲切地称叶明儿为“财神爷”，乡党委、政府授予他“功勋乡民”。

2003 年，时任浙江省委书记习近平作出重要批示，指出科技特派员制度是一项创新举措，旨在解决农民生产经营中的现实科技难题和培训适用技能，方向正确。同年 4 月，浙江省首批科技特派员踏上征程。

春种一粒粟，秋收万颗子。十多年来，浙江省、市、县三级累计派遣科技特派员万余人次，高校教授、职教教师担当了主力。浙江农林大学教师斯金平带领张村乡村民种铁皮石斛，实现了山区“不砍树也能富”。浙江中医药大学教师程汝滨，把黄沙腰镇的中药材变成了“发财树”。衢州职业技术学院教师诸葛毅，给音坑乡搭建了现代医疗卫生服务体系……

进乡入村的科技特派员建功立勋，被村民们誉为“番薯教授”“竹博士”“草药师”，催生出许多茶乡、竹乡、橘乡。为使帮扶工作扩面提效，特派员所在院校纷纷探索“校地合作”的长效机制。例如，浙江大学先后派出 20 名科技特派员服务龙泉乡村，学校又与龙泉市政府建立了新型农技推广机制，让高校院所高端、前沿的科研成果和技术直接指导农业生产。

绿水青山就是金山银山。村民富起来，乡村也要美起来。

2003 年，浙江启动“千村示范、万村整治”工程，美丽乡村建设拉开序幕。

现今的丰山村，已是海盐县的一个“景点”。而在浙江旅游职业学院教师李冬初来乍到时，它还只是一个普普通通的乡村。“农民房外立面老旧，村里没有专门的停车场，许多景点资源被荒废了。”

李冬用旅游景区的标准，给村里制定了一份“美丽规划”——以“灯、钟、茶、药”为核心要素，打造灯文化节庆区、钟文化研学区、茶文化休闲区、药文化养生区。其中，有几个项目被村委会誉为经典：滚灯文化在县里打响品牌，恢复村里的一个战国编钟遗址，申报浙江中医药文化旅游示范基地。

没出几年，丰山村的洁化、绿化、美化“三化”率达到98%，入选浙江3A级景区村庄。近一年接待游客18200人次，旅游总收入达到550万元。老村民刘喆豪不住地赞叹：“村里干净漂亮了，乡亲们休闲、玩乐的地方多了。节假日来的游客，让村子的人气更旺了。”

丰山村的蝶变绝非孤例。浙江旅游职业学院牵头省内部分院校，开启了“师生助力全省万村景区建设”行动，累计对67个县（市、区）的286个村庄进行乡村旅游发展指导，发展有历史记忆、地域特色、品质业态的景区化村庄，防止一窝蜂式的照搬照抄和大拆大建。94个村庄成功创建省3A级景区村庄，安吉余村创建成为国家4A级旅游景区。该成果是世界旅游联盟发布的50个旅游助力乡村振兴案例中唯一入选的学校案例。

做乡村人才振兴的“蓄水池”——成立浙江农民大学

祖祖辈辈都是农民，到了上大学报考志愿的时候，长辈的一句话触动了应雨蓓：“在农村工作也挺好，毕竟你对农村熟悉。”

应雨蓓和浙江农林大学、仙居县农业农村局签订了三方协议，以一名定向培养生的身份进入浙江农林大学植物保护专业学习。专业对口农业，课程实操性强，尤其到了实习期就跟农民打上了交道。

毕业后，应雨蓓成为仙居县下各镇正式在编的一名农科员。走出农村的大学生又回到了农村，应雨蓓对现在的工作状态很满意：“大学里的知识得到了充分运用，农村广阔天地大有可为。”

振兴乡村靠人才，人才还须扎下根。2012年，浙江在国内较早开展定向培养基层农技人员。招生对象要有意为基层农业事业服务，安排在高校招生的普通类提前录取，并与户籍所在县（市、区）农业部门签订定向就业协议。

学得实、成绩好、就业稳，浙江农林大学跟踪了几届毕业生后给出如是评价。在此基础上，浙江采用类似模式招收粮油储检人员、林技人员等领域的定向培养生，不少专业还是浙江省认定的涉农免学费专业。

2013年底，浙江省委、省政府决定，依托涉农高校和科研院所的人才科研优势，成立浙江农民大学。在模式构架上，浙江农民大学阵容豪华：横向上，整合了浙江农林大学、浙江大学等9家单位，实现人员、场地、师资等共建共享；纵向上，实行省、市、县三级构架，省级9个校区，市级11个分校，县级89家。不另起炉灶，整合各类涉农培训机构资源，采取大平台作业。

村民郁勤飞在自家的2亩土地上种起了葡萄，尽管效益不错，可一个普通农民缺乏先进种植技术和现代营销手段，生意始终做不大。

一筹莫展之际，郁勤飞看到了浙江农民大学的招生通知：不参加高考也能“上大学”，学费全免。还有这样的大学！郁勤飞激动地报了名。课堂上，敏锐的郁勤飞发现，课程方向紧贴市场动向，知识内容非常实用。“一起上课的农民同学文化层次差异大，但大伙都听得懂，没有一个逃课的。”郁勤飞说。

郁勤飞如期拿到了一张浙江农民大学的毕业文凭，学校还为他定制跟踪培养方案，大专家、大教授走进他的葡萄园现场授课。现在，郁勤飞成了义乌市的“葡萄明星”，是许多知名平台的重要供应商。

七年多来，浙江农民大学培育出60多万名农村实用人才和新型职业农民，引领着乡村新业态、新模式的每一个进程。

做乡村文化振兴的“大先生”——村校成了乡村的文化高地

一所学校给一个村子打上文化印记，正在绍兴市上虞区祝温村上演。

从地图上看，祝温村形似一个“大脚板”，设计过校徽的金近小学给村里设计了一个村徽，寓意为村民走在新时代。祝温村过去民风彪悍，“小打天天有，大打三六九”，金近小学参照自己学校的纪念馆，给村里设计了创业文化馆，展出“十佳和谐家庭”“十佳孝子女”，提振正能量。

在金近小学的结对下，祝温村有了第一首村歌、第一幅墙绘，办起了学生综合实践活动基地。村子名气大了，不少文化创意公司登门推销文化服务，被村干部一一谢绝。“学校是乡村的文化高地，帮了我们 20 多年，功不可没，我们始终心怀感恩。”

记者走访了浙江的不少乡村，地方政府、百姓皆有此共识，村校是乡村的文化高地，是文化振兴的“大先生”。在浙江的广大农村，教育文化与乡村文化的结晶俯首可拾——

东海的大陈岛上，大陈实验学校学生用自己的劳作诠释着垦荒精神；

教育家斯霞的故乡斯宅乡，百年校史的斯民小学就是一部乡村变迁史和教育文化史；

江南水乡的乌镇旁，茅盾、王会悟的母校植材小学，开展了追寻先辈足迹的红色研学。

村校在行动，高校亦如是。

2018 年，浙江发起大学生乡村振兴创意大赛，在全国率先探索出真题真做、“政校企村”四位一体的高校服务乡村振兴新模式，涌现了一批文化振兴的典型。

浙江财经大学团队在坪坑村完成了“守望文化馆”项目，给古村带去勃勃生机。浙江农林大学团队在石仓村重振地方老酒品牌。大赛还开辟出专项赛事，如临海村舍美丽庭院、兰溪乡村文化旧居赋能空间、瓶窑镇良渚文化创意等。

曾多次带队到村里举办“成人礼”的浙江财经大学教师刘亚辉告诉记者，村民从一开始的“看热闹”逐渐转向自愿自觉，愿意参与的人越来越多。“在中国的优秀传统文化中审视自己的人生轨迹，不忘根本、清心明志。”

2020年底，这项大赛升格为全国赛，吸纳了更多高校前来参与。参赛高校从首届的54所增加到近500所，参赛师生从5000余人增加到4万余人，竞赛合作基地乡镇从6个增加到123个。通过大赛，更多优秀的乡村传统文化鲜活起来。

美丽乡村，教育点睛。未来的中国乡村，教育又是怎样的角色定位和存在形态？入选了浙江省首批数字社会未来教育重点场景的衢州市余东村，正孕育着乡村教育的一场变革：村里的每一座老屋、每一块空地被充分激活，城区教师进村开发课程，城区学生进村体验农事，整座村就是一个完整的教育场景，留住新乡人、归乡人、原乡人的浓浓乡愁。

共同富裕背景下的美好乡村教育，正阔步走来！

（2021年12月20日，有删改）

短评

美好乡村教育夯实共同富裕之基

本报评论员

百年前，一叶红船从嘉兴南湖启航，载着中国共产党人的初心和梦想，劈波逐浪。无论顺境逆境，中国共产党人都矢志不渝地为中国人民谋幸福、为中华民族谋复兴，朝着实现全体人民共同富裕不断迈进。

21世纪初，浙江发展遭遇“成长的烦恼”，时任浙江省委书记习近平创造性地提出“八八战略”，强调要增强发展的全面性、均衡性、协调性，以更大力度统筹城乡区域协调发展，走共同富裕之路。

党的十八大后，人民对美好生活的向往更是成为全党的奋斗目标。新发展阶段，作为首个高质量发展建设共同富裕示范区，浙江坚定沿着习近平总书记指引的路子奋勇前进，率先破解发展不平衡不充分问题，让人民群众真切感受到看得见、摸得着、真实可感的共同富裕。

从“浙”里，美好成了人民的真实所得；从“浙”里，教育开始走上优质均衡路。

乡村振兴是实现共同富裕的必经之路，教育则是实现乡村振兴的重要动力。没有优质均衡的乡村教育支撑乡村振兴战略，就没有真正的、完美的共同富裕。如今，浙江正积极探索公共服务优质共享路径，着力建设“伴随每个人一生的教育、平等面向每个人的教育、适合每个人的教育”目标体系，以美好乡村教育为支撑打造“浙里优学”金名片。

面向未来、面向世界，是共同富裕视角下乡村教育的最高标志。浙江的乡村教育既为当下培养人才，也为未来提供人才；既为经济服务，也为社会服务。高质量创建乡村振兴示范省、建设共同富裕示范区，浙江始终把人才支撑当成关键一招。

教育资源优质均衡配置，向每个学生公平平等开放，是共同富裕视角下乡村教育的基础标志。浙江是全国最早的全域实现义务教育均衡发展的省份之一，也是最早通过县域义务教育优质均衡发展评估的省份。可以说，在学校建设、师资队伍、机制创新等教育资源的优化配置上，浙江始终关注乡村，向乡村倾斜，走在全国前列。

坚持“五育”并举，落实立德树人根本任务，是共同富裕视角下乡村教育的显著标志。浙江在转变育人模式上一直走在全国前列，从学前的安吉游戏到基础教育的选择性教育，从课改考改的不断探索到评价模式的深刻变革。在这些改革中，乡村学校不只是跟随者，有的地方、有的学校脱颖而出，办出了具有时代特征、家国情怀、乡土特色的教育。

共同富裕背景下，浙江的美好乡村教育已渐入佳境。

像油菜花一样盛开

——江西省上饶市乡村教师队伍发展透视

本报记者·禹跃昆　甘甜

一条山谷，一座拱桥，一排古朴民居，一片金黄油菜花，勾勒出“中国最美乡村”的秀丽。

江西上饶，地处赣、浙、闽、皖四省交界，下辖的婺源拥有“中国最美乡村”的美誉。在这里，一座村庄就是一个博物馆。在这里，广袤的农村就是最大的现状。

但外人看不到的是:“H”形的奇特地理形态，让湖滨、丘陵、山谷纵横交错，全市南北最狭窄的连接处仅10公里，东西最狭长的距离达到了210公里；曾是全省人口第一大县的鄱阳县刚刚脱贫摘帽，拥有160万人口，而全市人口最少的县仅有20万人口，人口分布不均；全市乡村教学点大量存在，婺源的教学点曾达到259个，“一校一师”数量曾达到162个，占全县公办学校总数的50.6%。

地处中部欠发达地区，地形复杂、农村占比大的上饶正面临教育高质量发展的转型期，具有鲜明的样本意义。这里就是中国乡村教育振兴的主战场。

面对未来、观照当下，上饶市委、市政府把教师作为教育发展的第一资源，闻鸡起舞、日夜兼程，擦亮“学在上饶”品牌，加快推进上饶教育高质量、跨越式发展，奋力开启建设教育强市新征程。

多做一点，留住人才——本土化差异化的“政策+”

“乡村教育振兴的‘牛鼻子’是人，更是人才。要把教师当成人才来看待！”在上饶市教育局党组书记、局长侯小仙看来，从人到人才，一字之差的背后是对于乡村教师理念的迭代、选才标准的提升和供给政策的细化。

为了给乡村源源不断地供给人才、留住人才，上饶在用足用好现有国家、省级政策基础上多做一点，采取了一系列适合本地的“政策+”办法。

从2007年开始，上饶的初中毕业生报考志愿时发现，竟可以填报自己所在乡镇中心小学的教师定向计划。回到本乡本土工作，还带着编制，一时引得众多学生特别是优秀学生报考。

在“一校一师”占比众多的婺源等乡村教育大县，能歌善舞、一专多能的定向师范生成了众多教学点的“宝”。

——为了能够用足用好定向师范生政策，上饶采取的“政策+”就是：细化前端本土化服务与培养。去年7月，在总结前期定向师范生培养经验的基础上，上饶幼儿师范高等专科学校推出系列重磅举措：成立乡村教育振兴学院，对定向生实施单独学院式管理；建立定向生片区包干制度，成立12个县市区工作组，一一对应、全面覆盖上饶市12个县市区，全年按月细化片区包干服务内容。

——为了让乡村教师不再家校两头跑，上饶采取的“政策+”就是：精准实施“归雁计划”。自2016年以来，上饶在江西省率先推出“归雁计划”“团圆计划”“温暖计划”等举措，开通返乡任教绿色通道。目前，全市共有1323名教师回原籍任教。

——为了让上饶的学校招到留得住的人才，上饶市教育局和人社、编办、纪检等部门组团陪同学校带着公章招聘、面试，当场签订三方协议。

——为了让乡村幼儿园有稳定的教师队伍，上饶给每个乡镇中心幼儿园配备至少2名在编教师。

在本土化、差异化的施策理念下，各县（市、区）充分发挥自身特点，瞄准痛点，提高政策精准度，把政策实施的效果最大化。

在广信区，针对全区南北狭长的地理特征，把农村偏远乡镇补贴政策的两个标准重新细化为三个标准，让最偏远的教师能够安心从教。

在婺源县，大力实施“红烛奖教金”制度，每年给“一师一校”教学点在编教师发放3000元。

在德兴市，建立起教师工资收入对当地公务员收入动态调整机制，义务教育教师平均工资高于本地公务员。

瞄准关键，用好人才——以关键带动全面

1月6日，一份公开选拔6名校长的通知，搅动了整个玉山县。

在城区端明小学做了多年副校长，刘承荣一直有一个绿色教育梦：得一个山环水绕处，寻一群志同道合人。

“阳光来了！”刘承荣得知要公开选拔校长后，一开始还打退堂鼓，但是接下来公开透明的流程，让他放下心来。经过选拔，他以第一名的成绩被选拔到六都乡中心小学做校长。

现在，绿色教育梦正在这所乡村校得到落实。

“这一次公开选拔，就是要大张旗鼓地在全县树立、传递选人用人的好生态和正能量。”玉山县政协副主席、县教育体育局党委书记赵东青介绍，“从这次开始，以后新任校长必须公开选拔。”

公开选拔校长，打造出了好生态。

攻克了校长选拔这个关键环节，玉山县先后探索了推行校长交流轮岗制度、推进校长职级制管理、设立“三名”工程专项基金等深层次的系统化改革。

在上饶市教育局副局长郑乐春看来，专啃硬骨头将会获得关键环节的突破，继而带来整体性、系统性的变革。

面对选人用人上的硬骨头，上饶教育人迎难而上——

教师理念不新？上饶借助“上上合作”机制，加强与上海的合作对接，先后组织教师到上海跟岗学习培训达580多人次。上饶先后举办了五届华东师大信江教育论坛和一届北师大信江教育论坛，全国知名专家纷纷来到上饶授课，现场参训人员3500余人，线上实时收看共计50万人次。

名师数量不足？上饶深入推进名师名校长领航工程，与教育部中学校长培训中心签订合作框架协议，组织开展名师、名校长评选及梯队人才遴选。

开展名师名校长工作室课题立项评审，设立名师工作室 15 个、名校长工作室 9 个，划拨名师名校长工作室建设资金 132 万元。

班主任待遇低、没人干？上饶市以班主任团队为关键突破口，注重激发班主任工作积极性，提高班主任福利待遇，提升育人效果。以玉山县为例，小学班主任从每月每班 100 元提高到 400 元，初中班主任从每月每班 150 元提高到 500 元。

弯道超车，赋能人才——摸准数字教育的脉搏

行走在上饶信息化校园里，会发现一些特殊现象——

信息化教学做得最好的不一定是信息学科教师，而是数学、物理甚至体育、音乐等学科教师；

农村孩子对于数字教育的热情和需求更旺盛，一旦找到突破口，取得成绩的速度和高度就会超过城市孩子；

……

深入梳理分析发现，特殊现象的背后，是上饶摸准了数字教育助力教师队伍建设的脉搏，即人工智能教育是大众的，不是独有的；是重应用的，不是重软件的；是主动的，不是被动的。

“摸准脉搏，少走弯路。”在侯小仙看来，教师是乡村教育发展的第一资源，是推动智能教育实施的关键要素，没有教师观念的转变、能力发展、素养提升，很难实现传统教育向智能教育的跨越。

侯小仙介绍，特别是与上海开展“上上合作”后，在上海挂职领导、教育专家的帮助下，上饶规划出了教育信息化的顶层设计和推进路线，各县区结合各自实际进行有益探索。

“教育信息化要可持续化发展，必须不断提升师生的信息理念和素养。”说这话的是铅山县电教站站长祝天生。本是高中英语教师的祝天生，2014 年到电教馆后，带着几位教师完成了一个网络环境下人工智能助力教师发展的课题。

随即，一场信息化浪潮在铅山县铺开——

先后印发《关于加强教育机器人的实施意见》《关于进一步推进人工智能教育的实施意见》，在全县中小学普及人工智能与编程教育；每周末两节教育信息课，把全县教师轮训一遍；制定教师信息技术能力运用考核表，完善教师信息化水平的督导评价制度……

一项“以需促训、以训促学、以赛促教、以督促用”的人工智能助力教师培养的机制正在走向成熟：所有学科的教师们都“动”了起来，在信息化加持下，各科的课程创意迭出，教师的课题呈井喷状生发出来，成了从县市、省再到国家各层次的课题申报、数字教育交流、典型发言中的“常客”；而铅山乡村的孩子们在世界机器人大赛等赛事中频频获得一等奖……

地处武夷山脉北麓的山区小县铅山，以理念为先、实用为要的有效举措，最终成功入选教育部人工智能助推教师队伍建设试点区。

为了解决农村教学点的“开不齐课、开不足课、开不好课”和师资短缺等问题，2015 年，上饶市在婺源县试点推动“专递课堂”建设。

婺源先后投资 5000 余万元实施教育信息化建设项目，建成两间全省首家智慧钢琴教室，云录播教室 22 间，“专递课堂”项目覆盖全县所有中心小学及村小、教学点，顺势推进“专递课堂教研共同体”建设，实现城乡孩子“同上一堂课”，有效缓解偏远山区师资紧缺现状。2020 年，婺源县成功入选全国“基于教学改革、融合信息技术的新型教与学模式”实验区。

过去几年，作为闽浙赣革命根据地核心区的上饶，把智慧教育作为中西部欠发达地区解决师资、资源、条件等不足的一个利器，通过人工智能教育赋能教师，努力实现了弯道超车。

薪火相传，尊重人才——激发教师的内驱力

每年教师节，德兴市都会举行一场专属于教师的盛典——教育荣誉殿堂颁奖。

每年围绕一个主题，评选出“十佳最美教师”“师德模范”“教学能

手”“家校合作实践者”“尊师重教实践者”“模范乡村教师”等奖项。市委、市政府、市人大、市政协四套班子的所有正副职领导全部出席。

很多教师坦言，在职业生涯中能上一次德兴教育荣誉殿堂就知足了！

不单单是德兴，在上饶的各个县（市、区），教师特别是乡村教师也都受到了社会极高的尊重。

婺源出台县领导联系“一校一师”教学点及优秀教师、家庭经济困难教师制度，并将教育工作纳入对乡（镇、街道、园区）科级领导班子考核内容；每年安排多名优秀教师休假疗养。

玉山县出台《建设江西教育强县的十条举措》，设立“三名工程”专项基金200万元，大力提高教师待遇，筹设爱心教育基金……件件暖到教师内心。

而更大的礼包正在路上，上饶市即将专门印发《关于加强教师关爱工作的实施意见》，礼包内容包括：中小学教师凭“教师礼遇优待卡”，办理公交卡享受五折优惠，免费游览上饶市域内国有各大景点及纪念馆、展览馆、博物馆等。

安排一线教师特别是长期从教教师进行疗养休养，重点向符合条件的班主任和乡村教师倾斜；统一建立中小学教师（包括退休教师）健康档案，落实教师一年一次的健康体检制度。

办好教工食堂，提升早餐和中餐品质，免费为参与托管等工作的教师提供晚餐……

在侯小仙看来，教师区别于其他职业的一个显著特征就是自觉性。

种下去一粒粒尊师的种子，激活了一位位教师献身教育的自觉性，长出了一棵棵幸福成长的参天大树——

在婺源县偏远的大山深处教了大半辈子书，江湾镇栗木坑小学校长黄碧辉面对着下辖6个“一校一师”的教学点，却“乐此不疲，沉浸其中”：参加课堂教学竞赛获县级一等奖、市级三等奖，省市级刊物上发表论文十几篇，多次主持省、市级课题立项并结题。

作为全国教育系统先进集体，地处偏远农村的广信区煌固镇汪村学校形成了以校为家的传统，拥有20多对夫妻教师。张恕民刚刚来到汪村学校做校长，便总结出学校“三爱”的家文化：爱岗敬业、爱校如家、爱生如子。

近年来，上饶市获评全国最美教师1人、全国模范教师2人、全国优秀教师3人、全省模范教师8人、全省师德标兵2人……乡村优秀教师在上饶扎堆涌现，创造了上饶乡村优秀教师“群体现象”。

在上饶广袤的农村，乡村教师们就像一朵朵金黄的油菜花，散开在美丽的乡村原野中，静静等待一个个饱满果实的成熟。

中国最美乡村，最美的恰是乡村教师。

（2022年4月1日）

短评

激发乡村教师的教育自觉性

本报评论员

乡村教育振兴的“牛鼻子”是人才，这是教育高质量发展的关键所在。因此，振兴乡村教育需要把教师当作人才。从人到人才，一字之差背后，是对于乡村教师理念的迭代与更新。

人才是稀缺的，需要百般呵护。如果没有真金白银，又没有真心实意，是很难吸引和留住人才的。上饶的做法恰恰抓住了乡村教师的痛点，激发了他们从事教育的自觉性，助力了乡村教育的振兴。

第一，振兴乡村教育需要解决教师的急难愁盼。这些急难愁盼很多是“小事”，但很“关键”。面对乡村教师，政府、社会需要“捧着一颗心来”，更需要拿出“穿绣花针”的功夫来解决教师的“关键小事”。

上饶的具体实践包括：帮助单身教师寻找合适的伴侣、为夫妻教师争取能装下两张床的房子、教师的待遇不低于甚至高于公务员、让教师回到本乡本土、课后服务后解决好教师晚餐和孩子接送的问题……

第二，振兴乡村教育需要外部赋能。乡村和外部不应是相互抛弃的、竭泽而渔的，而是有着血脉联系的天然命运共同体。不面对乡村，城市没有方向。不发展乡村，城市没有底气。

过去几年，上饶教育发展最大的变化就是理念的提升。理念的变革，带来的是系统性的重构、跨越式的发展。而这些理念的变革，很多是借助于外部的介入。从上饶的具体实践来看，这些助力乡村教师队伍发展和乡村教育振兴的外部利器包括：数字技术、先进地区的帮扶、社会的捐资助学。

第三，振兴乡村教育需要内部变革。能否激发内生动力，这是振兴乡村教育的必由之路，也是评判振兴成败的关键。

在上饶我们看到，在校长队伍建设方面，抓好“公开选拔”这一关键环节，渐次推动了校长交流轮岗、后备人才库等后续改革；在新教师培养方面，抓好“定向生培养”这一关键环节，同时不搞“一刀切”、用好所有配套政策；在教师成长动力方面，抓好“自觉性”这一关键环节，激发教师自我幸福成长的心灵力量。

当前，教育事业正面临从基本均衡迈向优质均衡的关键期，正面临向高质量发展的转型期。地处中西部欠发达地区，“上饶们”的教育事业“腰”壮不壮，事关全局。这也正是今天我们寻找和发现上饶的样本意义所在。

值得欣慰的是，乡村教育振兴的画卷已在赣鄱大地等中西部地区缓缓描绘。

后　记

《变革与创新：通向更美好的教育》，是从《中国教育报》创刊40年来见报的作品中精选出的典型经验报道集。40年来，《中国教育报》一代代记者、通讯员采写的作品数以十万计，这个集子只是《中国教育报》在典型经验报道方面的一个缩影，既浸透着记者的汗水和心血，更折射着中国教育40年来，特别是党的十八大以来，教育事业发展的变革与创新轨迹。

《中国教育报》作为全国教育战线唯一的日报，作为教育新闻宣传的“国家队”，坚守教育主流媒体定位，秉持为教育改革发展鼓与呼的初心，始终以典型“立报”。一代代记者、通讯员不畏艰难险阻，不惜千里跋涉、数月采访，只为走进教育现场、走进学校师生，用专业视角发现并深入报道教育战线涌现出的改革典型和创新精神，推出了一大批精品力作。

需要说明的是，因作品集字数的限制，本书选取的40篇作品只是40年来《中国教育报》工作通讯的极少部分，远不能兼顾到每一位曾经或正在为中国教育报奉献的同仁，这是我们在编选本书中最感遗憾的事情。同时，因在2003年、2013年曾分别出版过《春天的故事：中国教育报纪念创刊20周年通讯集》和《时代的脉动：中国教育报创刊30周年典型报道集》，经中国教育报编委会批准审核，本书作为上述两书的续篇，选取的作品大部分是近十年来的报道。也正因字数受限，我们对部分作品作了删改，或只选取了系列报道中的一篇，未能一一征询作者意见。作为编者，在此深深致歉。

回望来时路，40年来，一代代教育报人勠力同心、接力奋斗，以新闻的力量见证、记录、推动中国教育深刻变革，为中国教育提供有价值、有深度、有意义的典型经验和实践样本。面向未来，我们将继续坚持“方向性引领、专业化服务”的办报宗旨，立足教育、走进校园，挖掘典型经验，讲好教育故事，为建设教育强国不断鼓与呼。

编　者

2023年7月